G. E. (Gustav Emil) Burkhardt, R. (Reinhold) Grundemann

Die kleine Missions - Bibliothek

Die evangelische Mission unter den Eskimo in Grönland und Labrador

G. E. (Gustav Emil) Burkhardt, R. (Reinhold) Grundemann

Die kleine Missions - Bibliothek
Die evangelische Mission unter den Eskimo in Grönland und Labrador

ISBN/EAN: 9783743316454

Hergestellt in Europa, USA, Kanada, Australien, Japan

Cover: Foto ©Lupo / pixelio.de

Manufactured and distributed by brebook publishing software
(www.brebook.com)

G. E. (Gustav Emil) Burkhardt, R. (Reinhold) Grundemann

Die kleine Missions - Bibliothek

Dr. G. E. Burkhardt's
Kleine Missions-Bibliothek.

Zweite Auflage,
gänzlich umgearbeitet und bis auf die Gegenwart fortgeführt

von

Dr. R. Grundemann,
Pastor zu Mörz bei Belzig.

Erster Band: Amerika.
Erste Abtheilung:
Die Eskimo in Grönland und Labrador.

Bielefeld und Leipzig.
Verlag von Velhagen & Klasing.
1876.

Die evangelische Mission

unter den

Eskimo in Grönland und Labrador

von

Dr. G. E. Burkhardt,

Zweite Auflage,

gänzlich umgearbeitet und bis auf die Gegenwart fortgeführt

von

Dr. R. Grundemann,

Pastor zu Mörz bei Belzig.

Bielefeld und Leipzig.

Verlag von Velhagen & Klasing.

1876.

Vorwort.

Dr. G. E. Burkhardts „Kleine Missions=Bibliothek", ein Buch, das in den letzten anderthalb Jahrzehnten vielleicht mehr als irgend ein anderes in Deutschland zur Förderung einer genaueren Kenntniß der Missionssache im allgemeinen beigetragen hat, erscheint hiermit zum zweitenmale. Eine neue Bearbeitung desselben war schon darum un vermeidlich, weil die Darstellung die inzwischen erfolgten Veränderungen berücksichtigen und sich bis auf die gegenwärtigen Zustände erstrecken sollte. Der mit vielen Amtsgeschäften belastete Verfasser konnte für eine solche Bearbeitung nicht mehr die nöthige Muße finden und em= pfahl dem Verleger, die Sache in meine Hände zu legen.

Da ich für meine ersten Missionsstudien an diesem Werke das wichtigste Hülfsmittel gehabt hatte und mir das Buch aus jenen Zeiten her lieb geblieben war (obwohl ich es später nur dann und wann zum Nachschlagen brauchte), kam mir der betreffende Auftrag recht will= kommen. Es ist mir aber in dieser Sache gegangen wie einem Ar= chitekten, der an einem ihm in der Jugendzeit lieb gewordenen Hause einen Erweiterungsbau ausführen soll. Geht er an die Arbeit, so sieht er nun doch vieles mit ganz andern Augen an als vor Zeiten. Da gibt es manches schon in der Anlage, das nach seinen nunmehrigen Ansichten nicht so bleiben darf, und hie und da ist nach seinem jetzigen Verständniß zu ändern. Fängt er aber erst mit dem Renoviren an, so fällt ein morscher Balken nach dem andern, und schließlich muß er froh sein, wenn er nur die Hauptwände hält und nicht ganz und gar zum Neubau gezwungen wird, mag an denselben auch noch so manches sein, was der Aenderung wohl bedürfte.

Fünfzehn Jahre sind freilich für eine Sache, die nicht in flüch= tigem Vorübergehn sich schnell abwickelt, eine kurze Zeit. Fallen sie aber grade in eine Epoche, in der eine neue Phase der Entwicklung eintritt, so kann das Vor und Nach diesem Zeitraum einen sehr be= trächtlichen Unterschied aufweisen. Es wird kaum bestritten werden,

daß die Missionssache, insbesondere ihre Auffassung seitens der heimat=
lichen Missionsgemeinde, sich jetzt in einer derartigen Entwicklung befindet.
Es ist hier nicht der Ort, ausführlicher nachzuweisen, wie jene einseitige
idealistische Auffassung der Mission, wie sie in den früheren Jahrzehnten
so allgemein war, nicht mehr haltbar ist. Man begnügte sich damals
mit rührenden Anekdoten und stark aufgetragenen Farben, in denen ein=
zelne Züge ausgemalt wurden, sei es im schönsten Lichte, sei es in den
dunkelsten Schatten. Die Mitteltöne der schlichten nüchternen Wirk=
lichkeit fehlten in jenen Bildern. Die Erzählungen von den Missions=
gebieten gewannen, von einer Hand zur andern gehend, etwas Legenden=
haftes. Unwillkürlich übten die Wünsche des frommen Missionsinter=
esses ihren Einfluß auf die Darstellung. Die minder erfreulichen Züge
wurden weggelassen, die erfreulichen übermäßig hervorgehoben und
ausgedehnt, so daß derartige Schilderungen sich weit von der Wirk=
lichkeit entfernten.

Es hat sich nun aber immer mehr die Ueberzeugung Bahn ge=
brochen, daß nur ein Bekanntwerden der ungeschminkten Wirklichkeit
der Missionssache wahrhaft dienen kann. Die Kleine Missions=Bibliothek
selbst verdankte schon dahin gehenden Bestrebungen ihr Dasein. Sie
sollte helfen eine „genaue und umfassende Kenntniß" der Missionsgebiete
anzubahnen, wie das Vorwort zur ersten Auflage sagt. Dennoch muß
man sich wundern, wie tief das ganze Werk noch unter dem Einflusse
jener Richtung steht. Als ich dasselbe fleißig benutzte, stand ich selbst
noch zum guten Theil unter demselben und merkte nicht, wieviel das
Buch in dieser Hinsicht zu wünschen übrig ließ. Inzwischen habe ich
selbst ausgedehnte andere Studien gemacht, zu denen mich die Heraus=
gabe des Allgemeinen Missions=Atlasses nöthigte. Ich habe die Mis=
sionsgebiete mit nüchternem Auge ansehen gelernt. Nun aber zum
Zwecke der vorliegenden Bearbeitung tiefer in die Quellen eingedrungen,
ergeht es mir wie dem oben erwähnten Architekten, und ich muß ge=
stehen, daß sich mir manchmal während der Arbeit die Frage auf=
gedrängt hat, ob es nicht besser wäre, hier ganz von Grund auf neu zu
bauen?

Die Art und Weise, in der die erste Auflage gearbeitet wurde,
konnte auch bei dem besten Streben des Verfassers nach nüchterner
Darstellung der Wirklichkeit diesem Ziele nicht besonders nahe kommen.
Der Titel des Werkes ist bezeichnend: es ist eine Bibliothek nicht blos
der äußeren Anlage nach. Es enthält vielmehr eine Zusammenstellung
von Schilderungen, Erzählungen u. s. w. aus der deutschen Missions=
literatur, die großentheils wörtlich wiedergegeben, aber geschickt zu einem

Bilde verbunden sind, das freilich seinen mosaikartigen Charakter nicht verleugnet. Das Material aber war mehr oder weniger unter der oben angedeuteten einseitigen Auffassung entstanden, die sich damit, wenn auch durch die Auswahl vielleicht etwas limitirt, auf die Kleine Missions-Bibliothek übertrug. Dies war in einem um so größeren Maße der Fall, als der Verfasser nicht einmal bei den englischen und amerikanischen Missionen auf die Originalquellen zurückging, sondern sich mit den deutschen Bearbeitungen begnügte. Es ist begreiflich, wie die letzteren, die zum großen Theil zu ausschließlich erbaulichem Zwecke angefertigt waren[1]), das Bild der Mission bereits noch mehr idealisirt hatten.

Soviel Verdienste dieses Werk auch bisher um eine weitere Verbreitung von Kenntniß der Mission gehabt, so sehr es nach dieser Richtung in Segen gewirkt hat — das darf man sich doch nicht verhehlen, daß wer seine Kunde von der Mission ausschließlich aus Burkhardt schöpfte, nicht ein mit der Wirklichkeit möglichst übereinstimmendes Bild derselben gewinnen konnte.

Hier liegt für die Neubearbeitung die wichtigste aber auch schwierigste Aufgabe, deren ich mir — wie ich offen gestehe — erst im Laufe der Arbeit in vollem Maße bewußt geworden bin. Wäre dies vor dem Beginne derselben geschehen, so hätte ich vielleicht nicht den Muth gehabt sie zu unternehmen. Doch die Hand war einmal daran gelegt und konnte nicht wieder zurückgezogen werden. Ich darf mir freilich nicht einbilden, daß es mir gelungen ist jene schwierige Aufgabe in allen Stücken so zu lösen, wie es die hohe Wichtigkeit der Sache erfordert hätte. Manche der historischen Abschnitte tragen noch immer in etwas das Gepräge einer idealisirenden und an der Wirklichkeit vorbeigehenden Darstellung an sich. Vielfach habe ich wohl — wie ich es nach bestem Wissen und Gewissen mußte — das kritische Messer angesetzt. Dennoch vermochte ich nicht eine durch und durch sachgemäße Darstellung zu geben. Das Richtigste wäre es wohl gewesen, die betreffenden Abschnitte der Geschichte aus den Originalquellen — und zwar nicht blos aus den Missions-Schriften, sondern auch aus der ganzen dahin bezüglichen übrigen Literatur — gründlich zu studiren und dann in selbständiger Erzählung dem Leser vorzuführen. Doch abgesehen davon, daß dann das Buch kaum noch unter seinem alten Titel hätte gehen dürfen, kam die schwerwiegende Erwägung dazu, daß solch ein Verfahren für einen durch ein, wenn auch noch so leichtes Amt ge-

---

[1]) Wie denn selbst Geschichten in der Bearbeitung für Kinder benutzt sind.

bundenen Mann völlig unanwendbar sein mußte. Es würde wahr=
scheinlich eine volle Manneskraft 20—30 Jahre lang in Anspruch neh=
men. Es wird auch hier Theilung der Arbeit eintreten müssen. —
So sehr ich daher auch bedaure, daß ich hier nicht ein Werk aus einem
Gusse liefern kann, und daß einzelne Theile desselben eine von einander
abweichende oder vielleicht einander entgegengesetzte Auffassung zeigen,
ließ sich diesem Uebelstande[1]) doch unter vorliegenden Verhältnissen nicht
abhelfen, und ich hoffe, daß der Leser mit solchen Incongruenzen gütige
Nachsicht üben wird.

Andre Theile des Buches habe ich von Grund auf umgearbeitet,
namentlich die Rubrik Land und Leute. Die Hauptaufgabe war, dem
Leser ein möglichst anschauliches Bild von den Ländern und Völkern,
die für die evangelische Mission in Betracht kommen, zu geben. Soviel
nun auch die erste Auflage darin bereits Dankenswerthes geleistet hat,
meine ich doch es läßt sich mehr erreichen, wenn man anstatt der bloßen
Aufzählung der Naturprodukte oder Kulturgegenstände oder der ab=
strakten Schilderungen nach gewissen Rubriken concrete Bilder aus dem
Leben liefert, die ein Volk in der Scenerie seines Landes, in seinen
Beschäftigungen u. s. w. dem Leser so vorführen, daß er so viel als
möglich sieht, was er sehen würde, wenn er persönlich dort einen Be=
such machte. Am besten wäre es, wenn wir solche von Augen=
zeugen gezeichneten Bilder ohne weiteres hätten aufnehmen können.
Leider aber finden sich solche, überhaupt seltenere Schilderungen fast
nie in dem Maße, das grade unser Rahmen verlangt.[2]) So mußte
denn der Versuch gemacht werden, die mannigfaltigen Charakterzüge,
welche die Quellen boten, zu einem lebendigen Ganzen mit Rücksicht

---

[1]) Derselbe findet sich übrigens schon an einigen Punkten in der ersten Auflage,
z. B. wenn die Methodistenmissionen oft in unbeschränkt anerkennender Weise be=
sprochen werden, dann aber wieder an einer andern Stelle eine ziemlich herbe Kritik
von lutherischer Seite gleichfalls Aufnahme gefunden hat. — Besonders bedaure ich
z. B. daß ich den 2. Abschnitt des 3. Heftes, die Mission der Baptisten auf Jamaica
nicht von Grund aus neu bearbeiten konnte. Bei aller Anerkennung, die wir Männern
wie Burchell und Knibb zu Theil werden lassen, sollte eine besonnene Darstellung
doch nicht versäumen zu zeigen, wie viel Eifer mit Unverstand, ja in gewissem Maße
Fanatismus in ihrem Wirken sich findet. Dies konnte jedoch nur geschehen, wenn
nicht von vorn herein demselben die ungetheilteste Zustimmung gezollt wurde. Den
ganzen Abschnitt aber neu zu liefern war ich nicht im Stande, da die leichter zugäng=
lichen Quellen, die zu diesem Zwecke zu benutzen gewesen wären, alle vom Partei=
standpunkt aus geschrieben sind.

[2]) Wo Vorhandenes dem angedeuteten Zwecke entspricht, wird solches möglichst
benutzt werden, wie z. B. für Labrador die Beschreibung der letzten Visitationsreise.

auf den gemeſſenen Raum zuſammenzuſchmelzen. Daß dabei die Phan=
taſie mit arbeitet, und vielleicht die Zuverläſſigkeit der Darſtellung ge=
fährdet, war mir nicht verborgen; ich habe indeſſen hier noch mehr als
bei andern derartigen Verſuchen ihr Zügel enzulegen geſucht, ſelbſt mit
Verzichtleiſtung auf größere Farbenfriſche, die ſich oft aufbrängen
wollte. Ich kann dafür einſtehen, daß jeder der ausgeführten Züge
ſich mit Quellen belegen läßt, und daß ich mich grade in dieſem Stücke
vor einem unſachlichen Generaliſiren möglichſt gehütet habe.

Man wird dem erſten Hefte es anmerken, daß ich beim Beginn
der Arbeit die kühne Abſicht hatte, das ganze Buch mit dergleichen
Bildern zu illuſtriren. Die Rückſicht auf den gemeſſenen Umfang des
Werkes machte dieſem Verſuch bald ein Ende. Zur Charakteriſirung
von Land und Leuten aber glaube ich ſie auch ferner beibehalten zu
ſollen. — Es liegt klar auf der Hand, daß dieſe Form der Darſtellung
nicht eine im ſtrengen Sinne wiſſenſchaftliche iſt, und daß eine Bei=
fügung von Beweisſtellen aus den Quellenſchriften, um die ich von
ſehr beachtungswerther Seite angegangen wurde, hier ſich unausführbar
zeigte. So wichtig ich es auch halte, daß die Miſſion und ihr Studium
der Wiſſenſchaft dient, ſo war doch dieſem Buche ein anderes Ziel ge=
ſteckt. Es ſoll den Miſſionsfreund mit den Verhältniſſen der Miſſion
in den Heidenländern möglichſt bekannt machen. Waren mir nun
dabei durch die geſteckten Grenzen ſchon vielfach die Flügel beſchnitten,
ſo daß ich oft nur Skizzen und Fragmente bieten konnte, ſo wäre es
unbillig geweſen, um der wenigen Leſer willen, die etwa dies Buch zu
Fachſtudien benutzen werden, einen Appendix von Beweisſtellen beizu=
fügen, der meiſtens die betreffenden Abſchnitte ſehr beträchtlich vermehrt
haben würde. Auch muß ich geſtehen, daß für manche von wirklichen
Bildern entlehnte Züge oder für ſolche, die aus Kombination vielleicht
weit von einander entfernter Notizen ſich ergeben, ein Beleg nur ſehr
umſtändlich würde gegeben werden können.

Ueberhaupt habe ich von einer Angabe der Quellen abgeſehen. Es
will mir nicht ſcheinen einer Arbeit eine Anzahl von Büchertiteln vor=
zuſetzen, wenn man die Bücher nicht ſelber geleſen hat. Derjenige,
welcher ſich nicht durch das Vorwort der erſten Auflage darüber belehrt
hat, daß dieſe Angaben nur für ſolche ſind, die über die betreffenden
Gegenſtände weiter ſtudiren wollen, wird ſich billig wundern, wenn er
in manchen dieſer Bücher etwas ganz anderes findet als der Abſchnitt
gibt, an deſſen Spitze ſie ſtehen. Es iſt ja überhaupt mißlich, andern
Bücher zu empfehlen, die man nicht ſelbſt durchgemacht hat. Ich hätte
nun freilich mit gutem Rechte eine ziemliche Anzahl von Titeln an=

geben können. Durch die Freundlichkeit der Verwaltung der Königlichen Bibliothek in Berlin ist mir das Material in sehr reichlichem Maße zur Verfügung gestellt worden. Indessen die knappe Zeit ließ mich bei weitem nicht alles ausnutzen, was ich in die Hand nahm. Oft mußte ich mich mit etlichen Notizen, die mir grade vor die Augen kamen, begnügen. Daher werde ich mich darauf beschränken, in dem Vorwort die Werke anzudeuten, die ich ausführlicher durchgearbeitet und hauptsächlich als Quellen benutzt habe. Wer weitere Literatur sucht, findet sie sehr sorgfältig angegeben in Waitz Anthropologie der Naturvölker, ein Werk, das ich hier als eine Hauptquelle für alles Ethnographische in meiner Bearbeitung der Kleinen Missions-Bibliothek nennen will [1]).

Für Grönland brauchte ich das vortreffliche Buch von Dr. H. Rink, Grönland geographisk og statistisk beskrevet. Kjöbenhavn 1857. 2 Bände. [2])

Manches über die Eskimo entnahm ich Ross, J., Narrative of a second vogage ff. London 1835, und Hall, Life with the Esquimeaux. London 1864.

Sonst benutzte ich:

Hans Egede, Ausführliche wahrhafte Nachricht. Hamburg 1740.

Paul Egede, Efterretninger om Grönland. Kjöbenhavn 1790.

David Kranz, Historie von Grönland. Barby 1770.

Lars Dalager, Grönlandske Relationer. Kjöbenhavn 1751.

Für Labrador war wenig zu finden in dem dicken Werk von Cartwright, a Journal of Transactions ff. Newark 1792.

Für Heft II ist zu nennen:

Talvj, Geschichte der Kolonisation von Neu-England. Leipzig 1847.

Maximilian, Prinz zu Wied, Reise in das innere Nordamerika. Frankfurt 1839.

Catlin, Letters and Notes ff. London 1844.

Schoolcraft, Information respecting the history, condition and Prospects of the Indian tribes. Philadelphia 1851.

Reports of the Commissioner of Indian Affairs.

Fritschel, Geschichte der christlichen Missionen unter den Indianern. Nürnberg 1870.

---

[1]) Die ausgedehnte Angabe der Missionszeitschriften, die von den betreffenden Missionsfeldern handeln, glaubte ich um so eher fortlassen zu können, als die betreffenden Nummern in den Registern dieser Zeitschriften leicht aufgefunden werden können.

[2]) B. Ehel, Grönland ff. Stuttgart 1860, ist eine größtentheils wörtliche Uebertragung und zugleich vielfach verwirrende Verarbeitung der beiden Bände von Rink.

Newcomb, a Cyclopedia of Missions. New-York 1860
(NB 1855).
Brett, the native Tribes of Guyana. London 1867.
Für Heft III:
Carmichael, Domestic Manners ff. London 1833.
Madden, a Twelve-month's residence. London 1835.
Gurney, a Winter in the West Indies. London 1841.
Day, Five years residence in the West Indies. London 1852.
Zum Theil wurden benutzt:
Underhill, The West Indies. London 1862.
Horsford, a voice from the West Indies. London 1856.

Für die neuesten Ereignisse auf den Missionsfeldern und den jetzigen Stand der Missionen wurden überall die neueren Jahresberichte der betreffenden Gesellschaften benutzt.

Daß mancher etwas ausgedehnte Abschnitt in dieser Auflage ge= kürzt werden mußte, versteht sich von selbst, da für die Nachträge Raum zu schaffen war. Ich habe namentlich manche von den Anekdoten ge= strichen. Ich glaube nicht, daß solche überhaupt viel zu einer gründ= lichen Kenntniß der Mission beitragen können, da sie, wie sie nun ein= mal meistens sind, eine tendenziöse Färbung an sich tragen.

Ich habe bereits angedeutet, wie es mein Bestreben war, möglichst objektiv[1]) und sachgemäß die Zustände zu schildern, wie sie waren resp. wie sie sind. Mag solche Schilderung nun den Wünschen der Missions= freunde entsprechend sein oder manches vorgefaßte Urtheil zerstören, auf jeden Fall wird sie der Mission bessere Dienste leisten als eine solche, die sich scheut der Wirklichkeit ins Antlitz zu schauen, und die in manchen Stücken ängstlich der Wahrheit aus dem Wege geht, weil sie ihre Schärfe fürchtet. — Ich weiß, daß ich bei manchem Leser Tadel ernten werde, weil ich mit fest eingewurzelten Ansichten (wie z. B. hinsichtlich der Sklavenemanzipation) gebrochen habe. Aber ich bin in diesem Stücke keineswegs subjektiven Regungen gefolgt, sondern die Macht der Verhältnisse, in denen die Folgen und Früchte der Eman= zipation zu Tage treten, hat mich zu der veränderten Auffassung gedrängt und wird jeden dazu drängen, der sich den Thatsachen nicht verschließen will.

Die Mission ist nicht etwas Unfehlbares. Ueberall wo man sie so auffaßt und ihre aus der Schwachheit und Sündhaftigkeit der Men=

---

[1]) Objektiv mußte ich auch sein, wo es sich um derbe, unser Zartgefühl unan= genehm berührende Gewohnheiten der Naturvölker handelt, soweit meine Quellen reichen. Wem dergleichen zu stark ist, möge das Buch nicht, oder nur mit Vorsicht lesen.

schen, die sie treiben, herstammenden Schatten mit idealisirenden Farbe
übermalt, wird der Sache seblst nur geschadet.

Von. andrer Seite aber wird man mir vorwerfen, daß ich mi
oft einer zu erbaulichen Ausdrucksweise bedient habe, auch in selbständ
gearbeiteten Partien. Einer unsrer bedeutendsten Ethnographen, be
ich einen Theil des Manuskripts vorzulegen Gelegenheit hatte, fan
darin manches „nicht ganz nach seinem Schnabel", obwohl er die Prob
wohlwollend und anerkennend beurtheilte. Ich möchte in diesem Punk
darauf hinweisen, daß solche Ausdrucksweise nicht so sehr den Da
steller, als die Faktoren der dargestellten Sache charakterisiren sol
Hie und da mußte ich auch wohl eine oder die andre Wendung au
nehmen, die zwar meinem Geschmack nicht völlig entspricht, aber be
Geschmack und die Richtung der Zeit und der Personen, von denen b
Rede ist, veranschaulicht. — Andrerseits aber ist im Interesse der Ob
jektivität auch in dieser Beziehung keineswegs die Kritik zurückgedräng
worden, insbesondere da, wo die Personen hinter die Sache zurücktrete

Damit hätte ich die Gesichtspunkte dargelegt, die mich bei mein
Arbeit leiteten. Unter allen aber stand mir doch der am höchsten, au
mit diesem geringen Werke dem Herrn und Könige zu dienen, unt
dessen Scepter allein alle Völker Heil und Frieden finden könne
Seine Sache ist die Mission. Schlicht und einfach, menschlichen Au
putzes nicht bedürfend, schreitet sie einher, ja vielfach unscheinbar un
in der Knechtsgestalt, in der Er selbst auf diese Welt kam. Freili
aber dürfen wir uns nicht verhehlen, daß sie durch die Unvollkommenhe
und Sündhaftigkeit der Menschen, die darin wirksam sind, i
ihrer äußeren Erscheinung vielfach entstellt wird. Und doch ist b
Mission das Feld, auf dem sich trotz aller menschlicher Mängel un
Schwachheiten die Lebenskräfte des Gottesreiches deutlicher und be
Abglanz seiner himmlischen Herrlichkeit klarer zeigen, als auf manche
andern Lebensgebiete, auch wenn wir den künstlichen Heiligenschein we
löschen, der oftmals darum gebreitet worden ist. — Möge der He
denn in Gnaden auch dieses Buch segnen, daß es beitrage, die Mi
sionssache weiter und weiter bekannt zu machen und manche Herzen fü
dieselbe zu erwärmen.

Mörz, am Weihnachts-Heiligabende 1875.

R. Grundemann.

Inhalt.

Die Eskimo in Grönland und Labrador.

A. Grönland.

1. Grönland unter den Normannen.

Es war im Jahre 982, als ein Wikinger-Schiff von Island kommend
en Westen steuerte. Muthige Männer mußten es sein, die sich in
olch' einem gebrechlichen Fahrzeug auf das wilde Meer hinaus wagten,
umal, da es hier nicht dem sonnigen Süden galt, von dem die Skal=
en sangen, sondern ein Land in Eis und Schnee starrend, das zwölf
[a]hre zuvor einer der verwegenen Schiffer, da er vom Sturme ver=
[ch]lagen war, gesehen hatte. Doch Thatendurst drängte den Mann, der
ort am Steuer stand. Der Heimat war er überdrüssig. War's ja
[d]och auch nicht einmal seine rechte Heimat, denn schon ein Jüngling
[w]ar Erik Rauda (der rothe) mit seinem um Todschlages willen flüch=
[ti]gen Vater aus Norwegen nach Island gekommen. Später selbst wegen
[m]ancher blutigen Fehde geächtet, war er mit seinen Getreuen lange
[Z]eit unstätt und flüchtig zwischen öden Bergen umher geirrt, bis in ihm
[d]er Entschluß zu jener abenteuerlichen Reise reifte. „Wie wahr ist der
[V]ers, den Odhinn geschnitten", so mochte er denken, als er über die lan=
[g]en, weißgekrönten Wogen sinnend hinschaute —

> „Der Dornbusch, dorrt, der im Dorfe steht,
> Ihm bleibt nicht Blatt noch Borke.
> Ihm gleicht der Mann, den niemand mag.
> Wie lange erträgt er das Leben?"[1])

Drum hielt die markige Hand mit eisiger Ruhe das Steuer mitten
[i]n allen Gefahren, selbst als der ungewohnte Anblick der im Sonnen=
[s]chein blitzenden, schwimmenden Eisberge manchem im Gefolge das Herz
[e]rschütterte.

Endlich tauchte das Land aus der Flut. Dunkle Klippen säumten
[e]ine hohe, zerrissene, und mit Gletschern bedeckte Felsenküste. Doch
[v]ergeblich suchte man zu landen. Ueberall war das von den Rändern
[m]orsche Treibeis im Wege. So segelte man südwestlich der Küste

---

[1]) Mannhardt, Die Götter der deutschen und nordischen Völker. S. 172.

__0__

folgend, bis man den Südpunkt des Landes erreichte.[1]) Hier war (
zugänglicher, doch unwirthlich und abschreckend. Um einen bewohnbare
Platz zu finden lief Erik in manchen Fjord ein. Doch überall starrt(
nackte Felswände und mit Eis und Schnee bedeckte Gebirge dem f
chenden Auge entgegen. Tagelang fuhr man nordwärts und hin u
her, aber vergeblich. Schon wurden die Tage kürzer, schon blieb b
frische Schnee auf den Klippen liegen, da drängte die Noth, auf ein
der unzähligen Inseln den ersten besten geschützten Platz zur Uebe
winterung zu wählen.

Nur Menschen von der Abhärtung und Entbehrungskraft der alte
Wikinger waren im Stande, ohne weitere Hülfsmittel die Mühsa
eines solchen Winters zu überstehen. Man hätte wohl erwarten m
gen, daß auch sie so bald als möglich diesem nichts versprechende
Lande den Rücken gewandt hätten. Nicht so Erik. Mit doppelte
Eifer wurden im nächsten Sommer die Nachforschungen fortgesetzt. Un
welcher Erfolg krönte sie endlich, als beim tieferen Eindringen i
einen Fjord die erstaunten Blicke der Normannen über grüne Hüg
schweifen konnten, die sich in sanfter Wellenform von den fernere
schneebedeckten Bergen zum Meeresufer niedersenkten. Während drauße
zwischen den Scheren noch eiskalte Nebel lagerten und der schneiden(
Seewind einher pfiff, lachte hier warmer Sonnenschein über der h
teren Landschaft. Während draußen nur graue Moose den unfruc
baren Felsboden bedeckten, unterbrachen hier Gruppen von Weiden un
Birkengebüsch, wenn auch nicht über Manneshöhe vom Boden empo
strebend, die weiten, mit bunten Blumen geschmückten Rasenflächen. D
und dort fanden sich ganze Strecken bedeckt mit Beerenpflanzen,[2]) der(
Früchtchen sich schon zur Reife zu schwärzen oder zu röthen begannen
Im stillen Wasser des Fjordes spielten Schaaren von Seehunden, un
in den klaren Bächen bemerkte man vortreffliche Lachse.

Erwägt man die Entbehrungen, die Erik mit den Seinigen erduld(
und hält die ersten Eindrücke, die diese Gegend auf sie machen mußt
denselben gegenüber, so wird man das freudige Erstaunen verstehe
mit dem der Held das „grüne Land" begrüßte und damit jener mäd
tigen nordischen Insel überhaupt den Namen gab, den sie bis auf b
heutigen Tag trägt: Grönland.

Vielleicht aber war es nicht das freudige Erstaunen allein, der
dieser Name seinen Ursprung verdankt. In dasselbe mischte sich vielme
kluge Berechnung. Nicht alle seine Anhänger waren nämlich dem Er
gefolgt. Den zurückbleibenden hatte er beim Abschiede versprechen müsse
falls er ein gutes Land entdecken würde, noch einmal nach Island z
kommen und auch sie herüber zu holen. Auch er wünschte ja ihr
Uebersiedlung, die vielleicht nicht erfolgt wäre, wenn bei seiner Schi
derung des neuen Landes die überwiegenden Schattenseiten nicht dur(

---

[1]) Die alten Urkunden nennen ihn Hvarf, Wendung; jedenfalls das jetzige Ka
Farvel.

[2]) Empetrum nigrum, die Rauschbeere (norw. Krækkebaer) und Vacciniu
vitis idaea, Preißel- oder Kronsbeere, sowie V. myrtillus, Heidel- oder Bickbeere.

rvorhebung der Lichtseite etwas zurückgedrängt worden wären, wie
es durch jenen Namen geschah. — Doch er wollte nicht etwa leicht=
inniger Weise nur im Vertrauen auf einen immerhin beschränkten
latz mehr Menschen als dieser ernähren konnte herüber ziehen. Deshalb
hr er fort sorgfältig alle Fjorde zu untersuchen und mit wunder=
rem Scharffinn fand er auf 100 Meilen weit an der gefährlichen
lste alle diejenigen Plätze auf, welche noch heute als die bewohnbaren
tätten gelten können. Darüber waren drei Jahre vergangen.

Als der kühne Seeheld nach Island zurückgekehrt war, machten
ne Berichte daselbst großes Aufsehen. Nur seine bittersten Feinde,
n derentwillen er in die Acht gethan, konnten die alten Unbill nicht
rgessen, und noch einmal gab es blutigen Kampf. Einen Sieg erfocht
:it nicht; erlangte jedoch einen Vergleich, vermöge dessen er ungestört
chiffe zu einer neuen Fahrt ausrüsten konnte. Nun aber schlossen sich
m manche reichen und mächtigen Häuptlinge an; denn schon wurde
r wachsenden Bevölkerung der Insel das brauchbare Land zu knapp.
ine ganze Flotte von 25 Schiffen steuerte den grönländischen Ge=
lden zu.

Nur 14 derselben erreichten das Ziel. Nach Eriks Anweisung
rtheilten sich die Kolonisten in die verschiedenen Fjorde, und nun
gann ein reges Leben in dem bis dahin öden Lande. Der Führer
tte für sich den besten aller Plätze an dem nach ihm benannten Eriks=
ord gewählt. Man kann mit ziemlicher Bestimmtheit annehmen, daß
  derjenige war, an welchem das jetzige Julianehaab[1]) liegt. Dort
aute er mit Benutzung einer flachen Felswand sein Haus, dessen Ruinen
an heute noch findet.[2]) Zwei bis drei Ellen lange, rothe Sandstein=
öcke, befestigt durch eingekeilte kleinere Steine, bilden die Mauer, deren
ugen einst mit Mörtel wohl ausgefüllt waren. Man muß sich wun=
rn, wie es möglich war, ohne die Hülfe von Maschinen solche Fels=
cke an ihre Stelle zu bringen. Eine Oeffnung mit einem großen
chen Steine überdeckt, war die Thür. Fenster wurden, wie es scheint,
s überflüssiger Luxus entbehrt. Wo aber sollte man Balken und
parren zum Dache nehmen? Auch dafür wurde Rath. Den aufmerk=
men Blicken Eriks war es nicht entgangen, daß an der äußeren Küste
  manchen Stellen zahlreiche Baumstämme, augenscheinlich vom Meere
gespült lagen. Wo kamen sie her, in diesem Lande, das keinen
zigen Baum trug?[3]) Jedenfalls sahen sie die Normannen als ein
schenk ihrer guten Götter an, die ihnen alle Mittel darreichten, sich
  diesem Lande eine Heimat zu gründen.

Vielleicht waren die kleineren Hütten des Gefolges, die sich um
sen Fürstenbau gruppirten, ganz aus jenem Holz errichtet; denn
e es scheint findet sich auf den Stellen der alten Niederlassungen nur
eine Ruine eines steinernen Gebäudes. Das waren die hohen Säle,
n denen so viel in nordischen Gesängen die Rede ist und von denen

---

[1]) „aa" lautet im Dänischen gleich „ö".
[2]) Nicht weit von Igallito.
[3]) Man nimmt an, daß das Treibholz aus den Wäldern der Kontinente stammt,
  wo es durch die Flüsse ins Meer geschwemmt wird.

wir uns, befangen in der Vorstellung unserer gegenwärtigen Kultu
verhältnisse, schwer ein richtiges Bild machen können. An Schmi
wird es auch dort in Bratalüb[1]) (so nannte Erik Rauda seinen Woh
platz) nicht gefehlt haben. Die lange Winterdämmerung brachte Mu
genug, um die Hände zu allerlei geschickten Holzschnitzereien in Bewegu
zu setzen. So wurde das Haus mit verzierten Geräthen, Tischen, ru
den Lehnsesseln u. s. w. versehen. Auch Skalden ließen ihre Lied
erklingen, in denen die Thaten der Asen gepriesen wurden, die b
Muth der Mannen begeisterten. Mochte derselbe zunächst auch nur i
Kampf mit dem weißen Bären, in der Jagd auf das Rennthier u
das nicht ungefährliche Walroß sich bethätigen, so wurde doch au
Grönland bald der Schauplatz blutiger Fehde, wie sie bei jenem krie
rischen Geschlecht nicht ausbleiben konnten. Selbst von den Frauen h
uns die mit sagenhaften Ausschmückungen durchwobene Geschichte eini
Züge aufbehalten, die sie als Heldenweiber kennzeichnen. Im übrig
wird's bei ihnen auch hier nicht an der germanischen Innigkeit u
den häuslichen Tugenden gefehlt haben, die der Schmuck des Weib
sind. Im Sommer lag es zum Theil ihnen ob, die Schafe und Zieg
zu hüten (wie auf den heimischen Fjelden), sowie von dem üppig
Grase den Heuvorrath für den Winter zu bereiten. Jene Hausthie
wurden, wenn auch Pferde und Rinder erwähnt werden, doch wo
allein in größerer Zahl gehalten und gediehen im grönländischen Klima
mochte auch die Wolle immer rauher und härter werden. Doch wußt
die Mädchen mit fleißiger Hand sie vom Rocken zu spinnen und ließ
die Spindel schnurrend über das Steinpflaster des Saales hintanze
während die Frauen an dem einfachen Webstuhle[2]) mit unsäglich
Geduld durch die herabhängenden und mit Steinchen beschwerten Fäd
des Aufzuges den Einschlag einflochten. Proben dieses groben Zeug
finden sich noch jetzt wohl erhalten in den Gräbern eines grönländisch
Friedhofs, die das Meer nach und nach hinweg wäscht. — Ackerbau
nur später in sehr geringen Versuchen von vornehmen Leuten getrieb
worden. Dem gemeinen Mann blieb Brod eine fremde Sache.

Diese Züge mögen genügen, um die Lebensweise der Normannen
Grönland anzudeuten. Wir müssen jedoch das Bild vervollständigen dur
Erwähnung der jährlichen Seefahrten, zu denen diese Männer imm
aufs neue durch ihre Unternehmungslust gedrängt wurden. Nic
blos mit Island, sondern selbst mit der alten norwegischen Heim
wurde ein reger Verkehr aufrecht erhalten. Die Erzählungen von de
grünen Lande lockten auch von dort immer mehr Auswanderungslusti
dahin. . Unzufriedene Häuptlinge pflegten schon seitdem Harald Haa
fagr die Alleinherrschaft an sich gerissen hatte, das ihnen verleide
Vaterland zu verlassen. Solche vernahmen nun mit Freuden die Kun
von der jungen Kolonie und ihre Einladung hinüber zu kommen. -

---

[1]) Brattelib, Vertrauen auf den Abhang — vielleicht mit Rücksicht auf die Fel
wand, an die sich das Haus lehnte.

[2]) Archäolog' des M..eum in Kopenhagen Nro. 422.

Doch gingen von Grönland auch Wikingerzüge nach andern europäi=
schen Ländern und kehrten mit reicher Beute beladen zurück.

So mehrte sich die Bevölkerung und der Wohlstand des Landes,
das bald weit und breit berühmt wurde. Daß schon vor Ankunft der
Normannen andre Menschen dort gelebt hatten, zeigten die Spuren von
Wohnungen und Reste von Fahrzeugen und Geräthschaften, die sie dort
antrafen. Daß sie mit Urbewohnern in Berührung gekommen seien,
wird nur in einem Falle von der Sage angedeutet. Nach dieser traf
ein Held auf einer mühseligen Reise an der auch damals schon mit
Packeis dicht besetzten Ostküste ein paar zwerghafte Weiber an, die
eiligst entflohen, nachdem er die eine von ihnen verwundet hatte.

Die ersten, uns bekannten Grönländer also waren germanischen
Ursprungs. Doch sie waren, wie schon angedeutet, Heiden. Auch bei
Brataliid mögen dem Odhinn und dem Thorr blutige Opfer gebracht
sein.. Doch hatte das Wikingerleben wohl schon dazu beigetragen, bei
den Normannen die Religion der Väter in manchen Stücken zu er=
schüttern. Nur so erklärt sich der schnelle Erfolg der christlichen Mission,
durch welche schon anderthalb Jahrzehnte nach Grönlands Entdeckung
dem Heidenthume daselbst ein Ende gemacht wurde.

Im Jahre 999 sandte Erik seinen Sohn Leif nach Norwegen.
Dort hatte das Christenthum bereits Eingang gefunden, mußte jedoch
noch manche harten Kämpfe gegen die fest im Volke wurzelnde Ver=
ehrung der alten Götter bestehen. Der damalige König Olaf Tryggvesón
„verwandte seine wilde, ränkevolle Kraft auf den Sieg der Kirche"[1]
mit seinen von England und Bremen gekommenen Priestern. An sei=
nem Hofe fand der junge Leif freundliche Aufnahme. Er verweilte
dort ein Jahr, wurde unterrichtet, getauft und kehrte erfüllt mit den
Bestrebungen, die Olafs Beispiel in ihm entzündet, nach Grönland
zurück. Mit ihm zog ein Priester.

Leider ist uns der Name dieses ersten grönländischen Missionars
nicht aufbewahrt. Den größten Theil der Bekehrungsarbeit übernahm
übrigens wohl Leif selber. Zunächst überredete er seine Mutter Thiod=
hilde, die sich sofort taufen ließ. Dann zog er von Fjord zu Fjord
und fand wie es scheint bei keinem der Häuptlinge, wenigstens im süd=
lichen Theile des Landes, ernstlichen Widerstand. Das Volk folgte den
letzteren ohne weiteres. In den nördlichen Ansiedlungen finden sich
noch mehrere Jahre später Heiden erwähnt. Auch Erik selber wollte
von seinen alten Göttern nicht lassen. Doch legte er seinen Leuten
kein Hinderniß in den Weg. Ja er gestattete es, daß an seinem Wohn=
platze, der nun einmal den Mittelpunkt der ganzen Kolonie bildete, dem
Christengott ein Heiligthum errichtet wurde. So erhob sich denn bald
zu Brataliid eine Kapelle im Stile jener skandinavischen Holzkirchen,[2]
die in ihren seltsamen Verzierungen Spuren davon aufweisen, wie schroff
der Uebergang vom nordischen Heidenthum zum Christenthum war.

---

[1] Hase, Kirchengeschichte.
[2] Wie zu Olitterdal, Borgund und Wang, letztere jetzt in Schlesien. Vergl. Kunst=
geschichte von Kugler u. a.

Nur äußere Formen waren gewechselt. Alte Vorstellungen wurde
unter neuen Namen festgehalten; von einer Sinnesänderung und vo
Erneuerung des Lebens finden sich keine Andeutungen. Kämpfe zwische
einzelnen Personen, wie zwischen größeren Parteien waren nichts Se
tenes. Furchtbar war die Macht der Blutrache, die ungehindert geüb
ganze Geschlechter ausrottete. Auch die Raubfahrten nach andern Lär
dern wurden noch lange nicht abgestellt, wiewohl unter den folgende
Geschlechtern die Schiffahrt mehr zur Handelsschiffahrt wurde, die be
Mangel der an Produkten armen Kolonie immer mehr durch eine rege
mäßige Einfuhr von Waaren andrer Länder abhalf.

Von allen Thaten, die jene unternehmungslustigen Seehelden vol
brachten, ist wohl die bedeutendste die Entdeckung Viinlands. Es stel
fest, daß darunter ein Theil Amerika's, und wahrscheinlich die Geger
der Neu-England-Staaten gemeint ist. Leif war der erste, der es besucht
nachdem es zuvor von Bjarme Herjulfsön nur gesehen, aber nic
betreten war. Seinen Namen verdankt es einem Deutschen Namer
Tyrker, der nach der Sitte des nordischen Abels das Amt eines Ho
meisters zu Brataliid bekeidete und nun seinem früheren Zögling ar
seiner Entdeckungsreise gefolgt war. Unser Landsmann meinte in be
Vitis Americana,[1] die ihre üppigen Ranken durch den Urwald schlan
die edle Rebe seiner Heimat erkannt zu haben und trank sich mit de
Saft ihrer Beeren sofort einen Rausch. Das Getränk scheint be
normannischen Gaumen zugesagt zu haben; wieder ein Zeugniß ihre
Genügsamkeit.

In Viinland trafen unsre Helden zum erstenmale mit Eingeborne
zusammen, man weiß nicht ob mit Indianern oder Eskimo. Der Ve
kehr mit ihnen ist kein gutes Zeugniß für das Christenthum der No
mannen, denn sie tödteten die fremden Menschen, die ihnen in den We
kamen, ohne weiteres. So oft Viinland von Grönland aus besuc
wurde, gab es Kämpfe. Die gewiß sehr gewünschte Niederlassung ar
der fruchtbaren Küste wurde dadurch verhindert. Und wenn es au
später zu Handelsverbindungen mit den Skrälingern — so nannte ma
die Eingebornen — kam, so entstand doch kein bleibender friedlich
Verkehr zwischen jenen und den Ausländern. Die Fahrten nach Vii
land treten daher immer mehr zurück und verschwinden zuletzt ganz

Wie fruchtbar und segensreich hätte es werden können, wenn be
mals jene Entdecker der neuen Welt sofort Keime lebendigen Christe
thums dorthin verpflanzt hätten!

Noch viele Jahrzehnte hindurch finden wir in Grönland das al
Heldenleben in ursprünglicher Kraft, aber auch Rohheit. Allmähli
jedoch verliert es sich. Die Kolonie nimmt an Wohlstand zu, d
Volksmenge wächst. Es bildet sich eine republikanische Verfassur
aus unter dem zu Brataliid wohnenden Amtmann, dem ein Thing zu

---

[1] Bei uns jetzt vielfach zur Bekleidung von Lauben und Verauben verwend
unsrer Spezies in vielen Beziehungen ähnlich — nicht zu verwechseln mit dem fälschl
genannten wilden Wein, Ampelopsis.

Seite steht. Zwei Bezirke[1]) werden unterschieden: der westliche und der östliche; letzterer der reichere dem jetzigen Julianehaab entsprechend, ersterer nach Norden bis etwa nach Godthaab hinaufreichend. Der Ostbezirk umfaßte 190 Wohnplätze und 11—12 Kirchen. Der West- bezirk etwa 90 Plätze mit 3—4 Kirchen. Nach diesen Angaben kann die Kolonie auch in der Blütezeit nicht mehr als einige tausend Seelen gehabt haben. — Das Christenthum drang tiefer und tiefer ein und milderte die rohen Sitten. Die Zahl der Kirchen mehrte sich. Ja zu Anfang des zwölften Jahrhunderts wurde in Garde eine Kathedral- kirche gebaut und das unter Bremen gestellte Bisthum Grönland begründet. Man glaubt Trümmer der ersteren nicht weit von Bra- taliid an dem jetzigen Platze Kaksiarsuk aufgefunden zu haben. Ein Mönchskloster erhob sich daneben. — Es wird eine lange Reihe von Bischöfen von Garde aufgezählt. Manche sind jedoch nie dorthin ge- kommen, andre haben nur kurze Zeit sich dort aufgehalten.

Mit dem Ende des zwölften Jahrhunderts hören die zusammen- hängenden Nachrichten von der Kolonie auf. Ihre Blüte begann wohl schon zu welken. Doch war die Verbindung mit dem Mutterlande noch keineswegs abgebrochen; vielmehr wurde sie 1261 in besonderer Weise aufs neue geknüpft, als der Bischof Olaf es dahin brachte, daß sie ihre Selbständigkeit aufgab und sich dem norwegischen Könige unterwarf. Diese Aenderung scheint unter Mitwirkung der Geistlichkeit ohne beson- dere Schwierigkeit bewirkt zu sein. Damit wurde denn die alte Gesetz- gebung verändert. Nur ein königliches Fahrzeug, die sogenannte „Grön- landsknarre", segelte jährlich nach Grönland, andern Schiffen war der Handel dahin verboten; jenes hatte gewisse Abgaben zu erheben, die jedoch oft ausblieben. Manche Knarre scheiterte und es vergingen Jahre, ehe eine neue ausgerüstet wurde.

Von nun an werden die Nachrichten von Grönland immer spar- samer. Vom Jahre 1377 wird ein wichtiges Ereigniß berichtet; der erste Zusammenstoß der Normannen mit den von Norden kommenden Skrälingern. Wahrscheinlich traten jene diesen ebenso gegenüber, wie einst den Eingebornen in Viinland. Wir haben von dem Eskimostamme, der unter den Skälingern jedenfalls zu verstehen ist,[2]) keine weitere Kunde. Nach allen Analogien jedoch mußten sie ein ruhiges stilles Völkchen sein, das erst durch die Grausamkeit der Kolonisten zu dem ihm bis dahin unbekannten Kriege gereizt wurde. Zum erstenmal werden sie hier ihre zweckmäßigen und mit Geschick gehandhabten

---

[1]) Oesterbygden und Westerbygden wird gewöhnlich unrichtig mit Ost- und Westbau überseßt. Bygb (Bölgb) ist ein spezifisch norwegisches Wort, das eine bewohnte Land- schaft bedeutet. Die Ansicht, daß der östliche Distrikt auf der Ostküste Grönlands zu suchen sei, ist noch sehr verbreitet, wie sie auch die erste Auflage dieses Werkes hat. Durch H. Rinks Darlegungen ist sie jedoch völlig widerlegt worden. Die Namen erklären sich auch bei der angegebenen Situation, da man von Norden kommend von Kap Desolation bis Igallito 20 Meilen nach Osten zu reisen hat.

[2]) Die Eskimo haben noch jetzt das Wort Karalit mit der Ueberlieferung, daß ihnen dieser Name von fremden Menschen beigelegt worden sei. Dies Wort stimmt nach dem Lautgefüge der Eskimosprache vollständig mit Sträling.

Waffen, die sie sonst nur zur Jagd gebrauchten, gegen Menschen gerichtet haben. Doch die Normannen hatten ihr feindseliges Auftreten gegen die Ankömmlinge schwer zu bereuen. Ihre Schwerter vermochten nichts gegen die sicher gezielten Pfeile und Wurfspieße der kleinen ganz in Pelz gekleideten Menschen.

In dem genannten Jahre wurde die ganze europäische Bevölkerung des westlichen Bezirks aufgerieben. Die auf die Schreckensbotschaft aus dem östlichen Distrikt zur Hülfe herbeieilenden Männer fanden keine Menschenseele mehr am Leben. Das Vieh lief halbverwildert auf den Bergen umher.

Der Rest der Kolonie fristete fast noch ein Jahrhundert lang ein kümmerliches Leben. Die Verbindung mit dem Mutterlande ward immer seltener. Die Zufuhr unentbehrlicher Artikel hörte allmählich auf. Neben den Ueberfällen seitens der Eskimo wird auch ein solcher, ausgeführt von englischen Freibeutern, erwähnt, bei dem viel Menschen geraubt wurden, um die durch die Pest gelichtete Bevölkerung in England zu ergänzen. Vielleicht hat jene Seuche auch in Grönland zahlreiche Opfer gefordert. Kurz: in der zweiten Hälfte des fünfzehnten Jahrhunderts verschwinden alle Spuren der Europäer in Grönland. Die letzten Reste derselben wurden, wie man nach einer Sage der Eskimo annehmen darf, aufgerieben, nachdem sie mit den letzteren eine Zeitlang neben einander gewohnt hatten.

Ethnographische Spuren bei den jetzigen Südgrönländern machen es jedoch wahrscheinlich, daß zum Theil auch eine Vermischung statt fand. Man bemerkt unter ihnen Physiognomien mit europäischen Zügen. Doch es war einer späteren Zeit aufbehalten, diese Bemerkung zu machen. Noch vor dem völligen Untergange der Kolonie waren die wenigen alten Schiffer ausgestorben, die jemals Grönland besucht hatten. Die Ueberlieferung verdüsterte und verwirrte die Kunde jenes Landes, die von früher her leiser und immer leiser nachklang, und zuletzt sehen wir dasselbe vor den Augen Europa's bedeckt mit nebelhafter Nacht, durch die wie wunderbarer Schein die Erinnerung an vergangene Herrlichkeiten zuckt.

2. Hans Egede.

Norwegen hat mit seiner zerrissenen Scherenküste, mit den tief in das Felsenland gesprengten Fjorden und den eisbedeckten Fjelden viele Aehnlichkeit mit Grönland. Daher stammte der erste Besiedler jener fernen Gestade, den blutige Kämpfe aus der Heimat vertrieben. Eben daher kam mehr als fünfhundert Jahre später der Mann, der im Drang edler, christlicher Liebe das Vaterland verließ, um aufs neue eine europäische Ansiedlung auf Grönland zu gründen und es dauernd mit Europa in Verbindung zu bringen: Hans Egede. — Doch lernen wir ihn selbst kennen mit den ersten Keimen seines Unternehmens.

Romantisch liegt der Pfarrhof von Vaage nicht weit vom Meeresstrande auf einer der Lofoden=Inseln, deren kühne, zackige Felsengipfel
scharf abstechen gegen die breiten unabsehbaren Fjelde des südlicheren
Festlandes. Die Mitternachts=Sonne vergoldet die Gipfel. Lange
Schatten ziehen sich in den Thälern herab. Alles ist still in der Natur
sowie in den Fischerhütten, die sich malerisch um die Pfarre gruppiren
und deren Rasenbächer von zahllosen Stiefmütterchen blau gefärbt er=
scheinen. Nur im Pfarrhause ist einer wach, der kaum dreiundzwanzig=
jährige Pfarrer, ein echter Norweger, dem der feste kernige, ja zähe
Charakter, sowie die Tiefe eines innigen Gemüthes auf dem Antlitz
geschrieben steht. Er sitzt mit einem dicken Schweinslederbande am Fenster
eifrig bis in die Nacht hinein, die hier dem Studium nicht ein Ende
macht. Torfäi Grönlandia antiqua heißt das Buch), das ihn so fesselt
und des Schlafs vergessen läßt. Endlich wird es hingelegt auf den
handfesten Holztisch, mit dem die schlichte Einrichtung des Zimmers
übereinstimmt. Sichtlich erregt kniet der fromme Pfarrer nieder. Wir
hören ihn halblaut beten: O lieber Gott und Vater, ist's wahr, daß
unsre Brüder und Schwestern dort leben, verwildert, ohne dein Wort
und Sakrament, ja wohl wie die Heiden, ohne dich und den du gesandt
hast, Jesum Christum, zu kennen, so sende mich hinaus, daß ich aufs
neue ihnen deinen hochheiligen Namen verkündige! Amen, in Jesu
Namen Amen — so schließt er in fester Zuversicht die Bitte besiegelnd.
Und doch zucken wieder schwankende Gedanken durch seinen Sinn, als
er ins Nebengemach getreten, den Blick bald auf die schlummernde
Gattin, bald auf den kleinen Paul in der Wiege wendet. Mit tiefem
Seufzer sucht er selbst die Ruhestätte auf.

Hans Egede war jedoch nicht der Erste, der an die verschollenen
Landsleute in Grönland dachte. Schon im Laufe des sechszehnten
Jahrhunderts waren einigemale Schiffe zur Wiederauffindung der
alten Kolonie ausgesendet worden, die jedoch verleitet durch den Namen
„Oesterbygde" sich mit vergeblichen Bemühnngen der Ostküste zugewandt
hatten. Erst 1585 entdeckte eine englische Expedition unter Davis die
Westküste wieder. Hierdurch wurde auch der dänische Unternehmungs=
geist angeregt. 1605 schickte Christian IV. drei Schiffe dorthin, die
Pelze, Fischbein, Walroßzähne u. s. w. von den Eingebornen erhandel=
ten, wobei sie keineswegs dem Christennamen immer Ehre machten.
Einige der letzteren wurden auf grausame Weise gefangen, wobei man
viele andere tödtete. Man brachte jene als Trophäen nach Kopen=
hagen, wo sie eine Zeit zur öffentlichen Belustigung gezeigt, bald dem
Heimweh erlagen. Von nun an beginnt eine Reihe von Expeditionen,
zu denen sie wohlfeil zu erlangenden Waaren lockten, und von denen
man die Entdeckung weiterer Schätze hoffte. Glaubte man doch selbst
Silbererz gefunden zu haben, und ein Schiff brachte sogar eine Ladung
vermeintlichen Goldstaubes mit, der sich jedoch als Schwefelkies erwies.
Trotz mancher Enttäuschungen lernte man aber immer mehr den Wal=
fischfang als eine ergiebige Quelle kennen, die wirklich die beschwerliche
Reise lohnte. Eine dänische Handelsgesellschaft hatte sich zu diesem
Zwecke gebildet. Doch mehr als sie trieben holländische und deutsche

Walfischfahrer ihr einträgliches Gewerbe in den grönländischen Gewässern
Diese Schiffer kamen vielfach mit den Eingebornen in Berührung
doch ohne denselben einen günstigen Begriff von den Europäern beizu
bringen. Grausamkeit, Blutvergießen, falscher Handel und andre Brand
male des Entdeckungs-Zeitalters kamen immer wieder vor. Anderer
seits aber geschah von dieser Seite nichts, um das Land zu erforschen
das Volk zu untersuchen und das Ende der alten Kolonie aufzu
klären.

Das war es ungefähr, was Hans Egede bei Torfäus und aus mancher
andern Quellenschriften über Grönland erfahren konnte. Aber viele Fragen
die ihm hundertfach durch den Kopf gingen, blieben ihm unbeantwortet
Es ist nicht ganz klar, ob er die „wilden Heiden" selbst für die Nach
kommen der Normannen hielt; oder dieselben erst aufsuchen zu müssen
meinte. Jedenfalls war er durchdrungen von herzlichem Mitleid gegen
jene vielfach so unchristlich behandelten Menschen, zu denen er unter
allen Umständen zunächst gehen mußte, auch wenn sie nicht die Ab
kömmlinge seiner Landsleute waren, die vielleicht auf der von ewigen
Eis eingeschlossenen Ostküste ein elendes Leben fristeten.

Doch so groß auch das Verlangen des frommen Predigers war, den
Unglücklichen zu helfen, so stellten sich demselben immer wieder die
ungeheuren Schwierigkeiten und Gefahren, sowie die Pflichten gegen
seine Gemeinde und gegen Weib und Kind entgegen. Harte Kämpfe
erschütterten seine Seele über Jahresfrist um so mehr, als er bis dahin
mit keinem Menschen, selbst mit seiner Gattin nicht von seinem Vor
haben gesprochen hatte. Um seine quälenden Gedanken los zu werden
wandte sich Egede 1710 an den Bischof von Bergen, von wo aus die
Grönlandsfahrt besonders betrieben ward, und an den Bischof zu Dront
heim, dessen Sprengel die Gemeinde Vaagen angehörte, legte ihnen sein
Vorhaben dar und bat, sich bei dem Könige Friedrich IV. dafür zu
verwenden. In Bergen aber, dessen greiser Bischof Randulff die
Vorschläge mit Freuden zu fördern versprach, hörten Verwandte der
Frau Egede's mit Entsetzen von seinen kühnen, abenteuerlichen Plänen
und suchten von dieser selbst briefliche Auskunft über die Sache zu
erhalten.

Da gab es denn auf der sonst so stillen Pfarre harte Auf
tritte, denn auch Frau Gertrud ließ an Energie nichts zu wünschen
übrig. Wie ein Blitz aus heiterem Himmel hatte die unerwartete
Kunde gezündet, und zu allen innern Kämpfen des armen Ehemannes
kam nun der Schwall der Vorwürfe, zu deren Unterstützung auch all
Freunde und Bekannte herbeigezogen wurden. Wirklich gelang es diesmal
den fast zur Reise gediehenen Entschluß zurück zu drängen, um so mehr
als die Verwendung der Bischöfe ohne Erfolg blieb.

Dennoch fand Hans Egede keine Ruhe. Die Worte des Herrn
kamen ihm nicht aus dem Sinn: Wer Vater oder Mutter mehr lieb
denn mich, der ist meiner nicht werth, und wer Sohn oder Tochter
mehr liebt denn mich, der ist meiner nicht werth. Aber so wie er
seinem bekümmerten Herzen Luft machte, ertönten alsbald die Klagen
und die Vorwürfe der Frau, also daß er lieber hätte sterben mögen

wie sein Tagebuch sagt. Dabei ließ er nicht ab auf Mittel und Wege
zu sinnen, um sein Vorhaben auszuführen. Immer fleißiger studirte
er alle Berichte über Grönland, deren er habhaft werden konnte. Sollte
der gewinnbringende Handel mit dem noch nicht erforschten Lande, das
noch viel verborgene Hülfsquellen hegen mußte, nicht alle Kosten seines
Unternehmens decken? Auch der Bischof von Drontheim hatte in seiner
Antwort an den Goldstaub erinnert, der einst von Grönland mitgebracht
ein sollte, und erzählte man sich doch, daß jener Kapitän, der die Ladung
Schwefelkies mitbrachte, sich nur darum zu Tode geärgert habe, weil
ihm ein geschickter Goldschmied aus einem kleinen Reste jenes voreilig
ins Meer geschütteten Materials wirklich Gold ausgeschmolzen habe.
Ein kleiner Theil von den Schätzen Grönlands würde zur Ausfüh=
rung des Unternehmens genügt haben und hätte wohl auch die Beden=
ken der klagenden und zankenden Frau beschwichtigt. Man kann sich
denken, welche Anfechtungen von dieser Seite den frommen Mann be=
drängten.

Doch der Sinn der Gattin sollte auf andre Weise gebrochen und
umgewandelt werden. Manches Ungemach, Verdrießlichkeiten, drohende
Gefahr und unerwartete Durchhülfe war die Zuchtschule, in die sie der
Herr nahm. Ein Vorgang, den uns Paul Egede aufbehalten hat, mag
auch dahin zu nehmen sein. Als etwa zehnjähriger Knabe war derselbe
zur Zeit der Ebbe an den Strand gegangen, um Butten zu stechen. In
einem Eifer bei dem glücklichen Fang merkt der kleine Mann es gar
nicht, daß die Flut im Anzuge ist. Schon plätschert rings um ihn
das merklich sich hebende Wasser, das bereits die tiefen Rinnen erfüllt
und somit den Rückzug abgeschnitten hat. Es bleibt nichts anders übrig
als auf einem Felsblock Zuflucht zu suchen. Doch auch dieser wird zu
Zeiten von der Flut bedeckt. Nun kommt die Mutter in Herzensangst,
und sieht ihren Liebling in der gefährlichen Lage einige tausend Schritt
vom Lande entfernt. Kein Boot ist zur Stelle, keine Hülfe möglich.
Der Vater, scheint es, war abwesend. So steht denn die rathlose Frau
mehr als vier Stunden lang mit klopfendem Herzen am Ufer, mit un=
verwandtem Blicke die steigenden Wogen messend. Doch — Gott sei
Dank! — ehe sie die Füße des Kindes benetzen, haben sie ihren Höhe=
punkt erreicht, und nach abermal vier Stunden des Fallens ruht der
kleine Wagehals gerettet in ihren Armen. — Wie, wenn es nun
wirklich ein Werk des Herrn wäre, was dein Mann vorhat? so dachte
sie bei derartigen Erfahrungen. Nach und nach schwand das Wider=
streben und, wie es bei energischen Charakteren oft in solcher Lage geht,
trat an dessen Stelle ein aufrichtiger Eifer für das, was bis dahin
bekämpft worden war. Zuletzt brannte Frau Gertrud vor Begierde
so bald als möglich nach Grönland zu kommen.

Mit frohem Danke sah Egede in dieser Umwandlung einen gött=
lichen Fingerzeig, daß nun das Werk zu beginnen sei. Ohne sich viel
mit Menschen zu besprechen, kündigte er sein Amt, hielt im Juli 1718
zu Vaage seine Abschiedspredigt und siedelte mit seiner Frau und vier
Kindern nach Bergen über. Alle Mittel für seinen Unterhalt be=

schränkten sich auf ein kleines Vermögen von 300 Speziesthaler[1]). Nu wenige Leute in der wohlhabenden Handelsstadt fanden ein Verständni für die Absichten des sonderbaren Ankömmlings. Die meisten hielter ihn schlechtweg für verrückt. Mit den Versuchen, eine grönländisch Handelsgesellschaft zu bilden, wollte es nicht glücken. Die einen sagten „Wir sind nicht im Stande mit den Holländern zu konkurriren, die ben ganzen Handel nach Grönland in der Hand haben. Andere meinten Diese Kriegszeiten seien für derartige Unternehmungen nicht geeignet[2]. Da waren denn die Aussichten trüb und düster, wie die schweren Regen wolken, die fast unabläffig über Bergen hangen.

Gern hätte Egede selber ein Schiff ausgerüstet, doch was waren daz seine 300 Spezies? Ohne Amt und Beschäftigung, niedergeschlagen un bekümmert suchte er nach weiteren Quellen. Da gerieth er[3] au den Stein der Weisen. Er verschaffte sich einige der einschlägige „philosophischen" Werke, die er eifrig studirte, und aus denen ihm di Sache so klar wurde, daß er alsbald mit Experimenten begann, bi jedoch nicht glückten. Er ließ sich aber nicht abschrecken, setzte sich mi einem Apotheker in Verbindung, von dem er „die chimischen Hand griffe" erlernte, und fuhr fort zu experimentiren. „Allein meine Hoff nung", so erzählt er, „schlug mir ganz fehl; denn von aller diese Hudelei, mit der ich mich fast zwei Jahre plagete, hatte ich nichts al vergebliche Mühe und Arbeit, beschmutzte Finger und den Verlus meines Geldes", sobaß er zuletzt des überdrüffig wurde. Auch kame ihm andere Werke in die Hände, aus denen er lernte, daß dieser Kran lauter Betrügerei sei.[4])

Inzwischen war mit dem Tode des ungestümen Schwedenkönig der Friede wieder hergestellt. Friedrich IV. hatte nun wohl Ruhe, da man ihn mit Erfolg an Grönland erinnern konnte, welches immer nod als eine norwegisch-dänische Besitzung betrachtet wurde. Auch war den frommen Könige Verständniß für die christliche Seite des beabsichtigter Unternehmens wohl zuzutrauen. Egede reiste daher selbst nach Kopen hagen, und seine Vorstellungen hatten den Erfolg, daß eine königlich Aufforderung an die Kaufmannschaft zu Bergen erging, den Hande nach Grönland aufzunehmen dem besondere Begünstigungen und Unter stützungen zugesagt wurden. Doch verlief noch mehr als Jahresfris unter viel Bekümmerniß, Gebet und Flehen, bis Egede sich am Zie

---

[1]) 450 Thlr. Pr. Cr.

[2]) In das genannte Jahr fallen die letzten kriegerischen Anstrengungen Karl XII. von Schweden.

[3]) Vergl. H. E. Ausführlich wahrhafte Nachricht, Seite 155 ff.

[4]) Dennoch hat Egede die Goldmacherei nicht ganz aufgegeben. Selbst nad Grönland ließ er sich noch bezügliche Werke schicken, deren er zuletzt nicht weniger als 6 besaß, und ein Experiment daselbst hätte ihm und den Seinigen faft das Leben gekoftet Er hat es a. a. O. „more philosophico parablewels als einen philosophischer Traum" erzählt, der dem bamaligen Geschmacke wohl entsprach, für uns jedoch di Grenzen des Anstandes etwas hart berührt. Dieser Zug aus dem Leben des Egede wi überhaupt aus seiner Zeit verstanden sein. Auch ein sonst so nüchterner, frommer Mann wie Semmler, war bekanntlich ein eifriger Goldmacher.

seiner Wünsche sah. Einige Kaufleute, gerührt von dem heiligen Eifer und der ungebeugten Beharrlichkeit des Mannes, willigten ein und bildeten eine Handelsgesellschaft.

Ein Schiff, „die Hoffnung", wurde gekauft, das Egede und eine Anzahl andrer Norweger zur Gründung einer Kolonie nach Grönland überführen und dort überwintern sollte. Außerdem wurden noch zwei Schiffe, eines für den Walfischfang, das andre, um Nachricht von dem Fortgange des Unternehmens heimzubringen, ausgerüstet, worauf binnen kurzem auch die königliche Bestätigung des Unternehmens und die Ernennung Egede's als Heidenpredigers mit einem Jahresgehalt von 300 Thalern einlief.

So sah sich endlich Egede, von der Gesellschaft zum Haupt des Un=
ternehmens bestellt, am Ziele seiner Wünsche, und trat in Jesu Namen am 3. Mai 1721 mit Weib und Kindern seine Reise an. Vom 12. Mai an, bis wohin wegen widriger Winde die offene See nicht hatte gewonnen werden können, ging die Fahrt rasch vor sich, und schon am 4. Juni war die Südspitze Grönlands erreicht. Aber von einem grünen Land war nichts zu sehen, und acht Stunden weit erstreckte sich das Eis, theils fest zusammenhangend, theils in mächtigen Stücken umher=
treibend, von der Küste 'ins Meer hinaus und machte eine Landung unmöglich. Darum segelten die Schiffe längs der Westküste am Eise hin gegen Norden, um eine offne Stelle zur Anfahrt zu finden. Mehrere Wochen vergingen mit vergeblichem Hin= und Herfahren, die Schiffer wurden schon ganz verzagt und wollten nach Norwegen zurück=
kehren. Egede aber, dessen Herz an dem Lande festgeankert war, ließ sich in keiner Weise darauf ein. Da geriethen die Schiffe am 24. Juni zwischen mächtige Eisschollen hinein, und das, auf welchem sich Egede mit den Seinen befand, bekam sogar ein Leck, so daß alles in Angst und Schrecken gerieth. Und Egede? „Ich gedachte", erzählte er selbst: „Ach! wie hat doch Gott die Sünde meiner Jugend aufbehalten, daß er sie auf solche Weise strafet! Wie kann es aber seiner göttlichen Barm=
herzigkeit gemäß sein, daß er die unschuldigen Meinen meine Sünde mit entgelten läßt? — Ich ging darauf in mich und dachte den Wegen nach, die Gott mich bisher geführt hatte. Mein Gewissen gab mir das Zeugniß, daß meine Absicht bei diesem Vorhaben vor Gott rein und aufrichtig gewesen; und daß Gott mir auf besondere Weise darin fort geholfen, konnte ich augenscheinlich sehen: wie sollte es denn nun ge=
schehen können, daß er mich in dieser Noth verließe? Ich ermahnte also den Herrn, er solle seine Ehre retten und meinen Glauben stärken, daß ich bei Rettung aus dieser Gefahr, samt den übrigen, Anleitung bekäme, seine wunderbare Vorsehung, Gütigkeit und Allmacht zu rühmen und zu preisen. Unter anderm fiel mir hier zu meinem Troste ein, was sich mit des heil. Apostels Paulus Schiffahrt zugetragen, als er nach Italien fuhr, Apostg. 27. Davon machte ich eine Anwendung auf mich, hoffend, es werde auch Gott mir und den Meinigen dieselbe Hülfe und Rettung wiederfahren lassen". — Und Gott half auch aus dieser Noth fast wunderbar heraus. Eine Woche hernach gelang es, nach noch manchem vergeblichen Versuch einen offenen Zugang zum Lande und

einen sicheren Hafen zu finden. Dies geschah am 3. Juli 1721 au
sogenannten Bals-Rivier.[1])

Ehe wir jedoch mit den Norwegern das Land betreten, machen wir
uns mit diesem sowie mit dem Volke näher bekannt, das sie dort an
statt der vermeintlichen Abkömmlingen von ihren alten Landesleute
antrafen.

3. Grönland und die Eskimo beim Beginn der dänisch-norwegische Kolonisation.

Fast zwei Jahrhunderte lang hatte man in Europa ganz unrichtig
Vorstellungen von Grönland gehegt, die bei jedem Besuche mehr ober
weniger enttäuscht wurden. Ohne die Kraft, Abhärtung und Genüg
samkeit der alten Normannen zu besitzen, suchte man nach dem Lande,
in dem diese einst in Wohlstand gelebt; fand aber nur eine für Euro
päer angeblich unbewohnbare Küste, von der man sich, ohne sie näher
zu erforschen, abwandte. Die angetroffenen Bewohner achtete man
kaum als menschliche Wesen. Nur die Schätze des benachbarten Meeres
hatten für die bloß Gewinn suchenden Schiffer ihre Anziehungskraft. —
Erst durch die uneigennützige Liebe Egede's ist jenes merkwürdige Land
uns erschlossen worden. Auch er freilich befand sich in Beziehung auf
die Lage der Oesterbygde noch in dem bereits angedeuteten Irrthum,
welchen aufzuklären der neuern Zeit und besonders dem tüchtigen For
scher, Herrn Dr. H. Rink,[2]) vorbehalten war.

Betrachten wir in kurzen Zügen nunmehr das Land, soweit unsre
jetzige Kenntniß reicht. Sie stützt sich auf eine anderthalb Jahrhundert
lange Beobachtung. Da sich in diesem Zeitraum die Beschaffenheit
des Landes nicht verändert hat, so darf man wohl annehmen, daß das
selbe auch in der alten Zeit kein anderes war.

Grönland ist die größte Insel der Erde, auch wenn es sich nicht
weit über die bis jetzt erreichten nördlichsten Punkte seiner Küsten er
strecken sollte. Es umfaßt 35000 Quadratmeilen, also ein Areal drei
mal so groß wie das des deutschen Reiches. Das ganze Binnenland
ist mit einer ungeheuren Masse von Eis bedeckt, die bei einer Dicke
von 2000 Fuß eine unabsehbare, wellige und von tiefen Spalten
zerklüftete Fläche bildet. Nur in der Nähe ihres Randes wird dieselbe
von einzelnen Bergen unterbrochen, die als dunkle Felseninseln über sie
hinausragen. Zwischen diesen liegen an einigen Stellen zusammenhän
gende Senkungen, den Thälern eines Stromsystems entsprechend, deren
Hauptstränge in je einen der Fjorde münden. An diesen Punkten ist

---

[1]) Rivier, holländisch, bedeutet Fluß, und wird oft in Revier entstellt, womit es
nichts zu thun hat. Der Balsfluß oder, wie richtiger zu sagen wäre, Fjord soll seinen
Namen von einem Schiffer Namens Balthasar erhalten haben.
[2]) Grönland, geographisk og statistisk beskrevet. Kjöbenhan 1857. 2 Bol. Es gibt
eine freilich in einigen Beziehungen nicht sehr gelungene deutsche Bearbeitung: A. v.
Etzel, Grönland, Stuttgart 1859. Vgl. darüber Allgemeine Missionszeitschrift 1875.
Jenes epochemachende Werk ist auch wesentlich als Grundlage für den ersten Abschnitt
dieses Festes benutzt worden.

..s Eis in stetem Vordringen begriffen und sendet namentlich bei
..ommer über mächtige Eisberge ins Meer hinaus. Die über 1000 Fuß
..cke Eisplatte wird mit langsamem aber ungeheurem Drucke vor-
..ärts geschoben und gleitet auf dem Grunde des Fjords so lange fort,
.. b.. r vordere Theil vom tieferen Wasser gehoben wird und unter dem
..usammenwirken beider Kräfte mit furchtbarer Erregung des Meeres,
..e auf vier Meilen weit zu spüren ist, abbricht. Man sagt: „Die
..isblinke (Gletscher) kalbt". Wir können uns kaum eine Vorstellung
..n der Größe der so entstandenen, oft seltsam gestalteten Eisberge
..achen, die einen Inhalt von 50—100 Millionen Kubikfuß und
..rüber haben. Sie leuchten hell wie Krystall und scheinen im
..onnenlicht blitzend in die Ferne; oder spielen in mattem Grün oder
..rtem Himmelblau. Dem Schiffer begegnen sie ihrer Zeit schon
..eit im Süden, als Grüße des eisigen Nordlandes. In der Nähe
..s letzteren drohen sie ihm, in größerer Zahl umherschwärmend, den
..ntergang.
       Die jenes Binnenland umgebenden Küstenstriche, das sogenannte
..ußenland, haben an einigen Stellen eine Breite von 15 bis 20
..utschen Meilen, an andern nur von 5 und weniger. Wie schon
..en angedeutet, haben wir hier ein überall mit langen Fjorden zer-
..üftetes Gebirgsland, vor dem eine Menge von größeren Inseln sowie
..nzählige nackte Felsklippen hingestreut liegen. Der Gegensatz zwischen
..m äußeren rauhen Küstenrande und den geschützten Ufern der Fjorde
..it ihrer hügligen Umgebung ist oben geschildert worden.[1] Mehr als
..rei Viertel des gesammten Areals dieser eisfreien Zone besteht jedoch
.. hohen von Thälern durchbrochenen Plateaus und Bergen, die sich
..bis 3000, ja 6000 Fuß über den Meeresspiegel erheben. Die oberen
..heile derselben sind auch in beständigem Schnee und Eis gekleidet, das
..doch von dem des Binnenlandes verschieden ist und bis zu einer gewissen
..inie im Sommer verschwindet.[2] Dann erblickt man die grüne
..egetation (u. z. Birken und Weidengebüsch), an einigen Stellen Süd-
..önlands bis über eine Höhe von 1000 Fuß hinaus. Meistens
..nkt sich das Terrain nach dem Binnenlande zu, und dort sind Ueber-
..änge von einem Fjord zum andern möglich oder führen bequem über
..ünes Hügelland. Dasselbe wird hie und da unterbrochen von Seen sowie
..n Flüssen, deren einige, aus dem Binneneis entspringend, eine trübe
..hmutzige Farbe haben. Vielfach eilen sie kaskadenartig über Felsblöcke
..hin. Kleinere Bäche drängen sich, manchen rauschenden Wasserfall
..ldend, von allen Seiten den Fjorden zu.
       Von der Temperatur Grönlands macht man sich meistens über-
..iebene Vorstellungen. Die Kälte ist auf der Küste bei weitem
..cht so intensiv, wie in andern Polarländern. In Julianehaab be-
..ägt die mittlere Wintertemperatur — 5½° R., wogegen der Sommer
..eilich nur +7° aufweist. Erst hoch im Norden, wie in Upernivik

---

[1] Vergl. Seite 2.
[2] In Nordgrönland liegt die Schneelinie in der Höhe von 2000 Fuß, in Süd-
önland jedenfalls höher.

unter dem 73⁰ n. Br. finden sich außergewöhnliche Kältegrade, wie b
Mittel mit — 17° zeigt. Dort ist es vorgekommen, daß bei der Fei
des heil. Abendmahles der Wein im Kelche gefror. Sommer, in den
die scharfen Nachtfröste nicht ausbleiben, sind dort keine Seltenhe
Nichtsdestoweniger ist der Winter auch in den südlicheren Landstrich
hart zu nennen, da die Kälte erstaunlich lange anhält. Oft liegt d
Schnee noch im Mai so hoch, daß man nur durch ausgegrabene Gän
von einem Hause zum andern kommen kann; und es kommt vor, b
solche Gänge in jenem Monat nochmals von frischem Schnee verschütt
werden. Meist verschwindet das Eis der Landseen erst im Juni. B
da bis zum Anfang des September dauert der kurze Sommer, in be
die unablässig wirkenden Sonnenstrahlen in geschützter Lage eine bede
tende Hitze erzeugen. Doch schlägt derselbe wieder ziemlich schroff
den Winter um, wenn auch die bedeutendste Kälte sich auf die b
Monate Dezember, Januar und Februar beschränkt.

Die lange Winternacht ist nicht so dunkel, wie sie oft gesch
dert wird. Nur in den nördlicheren Theilen Grönlands verschwind
die Sonne für längere Zeit unter dem Horizonte. In Upernit
wird sie 79 Tage lang nicht gesehen; in Omenak bleibt sie 87 Ta
aus, weil die hohen Gebirge im Süden ihre Strahlen nach länge
Zeit abhalten, bis endlich am zweiten Februar zum erstenmale c
Theil ihrer Scheibe durch eine Felsenkluft schaut, um schon nach ein
Minute wieder zu verschwinden. Dabei färben sich denn immer um t
Mittagszeit die Berggipfel in prächtigem, purpurrothen Dämmerschei
Die finstre Zeit macht sich nur dann drückend fühlbar, wenn sie n
unruhigem, stürmischen Wetter, mit dicker Luft oder Schneegestöb
verknüpft ist. Bei klarer Luft entbehrt man auch dort an keine
Wintertage ein Tageslicht von zwei bis drei Stunden. Die dem H
rizont sich nähernde Sonne ruft dann auf der Nordseite des Himm
eine intensive, rothe Dämmerung hervor, die in weitem Bogen b
unteren dunkelblauen Theil des Gewölbes umspannend ein wunderbar
Farbenspiel bildet. — Weiter nach Süden zu bleibt die Sonne sel
in den kürzesten Tagen nicht ganz weg. Bei Godthaab verweilt sie at
dann noch 3½ Stunde lang über dem Horizonte, und in den südlichst
Ansiedlungen kommt die Tageslänge der unsres norddeutschen Vaterland
immer näher. — Das Nordlicht, so erhebend auch das Schauspiel sein
aus dem lichten Bogen hervorschießenden farbigen Strahlenbüschel se
mag, dient kaum, wie oft gesagt, zur Erleuchtung der dunkeln Wint
zeit. Dagegen ist dies von dem viel intensiveren Mondlicht zu sage
das bei klarem Wetter noch in beträchtlicher Entfernung die Gegenstän
deutlich erkennen läßt.

Auch das Ausbleiben der Nacht zur Sommerszeit findet sich n
in den nördlichen Theilen Grönlands. Zu Upernivik währt da
das ununterbrochene Tageslicht fast vier Monate. Die Sonne beschrei
bei ihrem höchsten Stande in je 24 Stunden einen Kreis, dessen tiefst
Theil doch den Horizont nicht berührt. In Godthaab dauert der läng
Tag 20½ Stunde, doch bleibt es im Juni und Juli um Mitterna
noch so hell, daß man im Freien ohne Mühe lesen kann.

Von den Winden ist der warme Südost zu erwähnen, der oft
[p]lötzlich die Temperatur bedeutend erhöht und nach schon eingetretenem
[W]inter wieder Thauwetter herbeiführt. Wahrscheinlich verdankt er
[se]inen Ursprung einem am Aequator aufsteigenden heißen Luftstrom,
[de]r sich selbst auf den ungeheuren Eismassen des Binnenlandes nicht
[vö]llig abkühlt. Er fegt gewöhnlich mit großem Ungestüm durch das
[ze]rrissene Außenland zur See und steigert sich zuweilen zu furchtbaren
[O]rkanen. Klare Luft und Kälte bringt der Nordwestwind, während
[i]m Süden Regen und Schnee herbeigeführt wird. Die Masse des
[le]ßteren ist so bedeutend, daß wenn im Laufe des ganzen Winters kein
[T]hauwetter einträte, das ganze Land mit einer 12—15 Fuß hohen
[D]ecke überzogen sein würde.

Das Meer friert außerhalb der Scheren bei Südgrönland nie zu,
[o]b auch zwischen diesen ist das Eis im Winter so unbeständig, daß es
[ni]cht (wie dies bei Nordgrönland der Fall ist) der Kommunikation durch
[S]chlitten zu dienen vermag. Aber auch die Verbindung durch Böte wird
[fü]r längere Zeit unmöglich gemacht, wenn im Februar oder März Massen
[vo]n Treibeis um das Kap Farvel hertreibend die Küste besetzen. Die
[S]chollen sind 20—50 Fuß im Durchmesser (selten größer) und 10—12 Fuß
[di]ck, und liegen so dicht, daß sie von weitem gesehen eine Fläche zu
[bi]lden scheinen. Es ist dies gefrorenes Meerwasser und daher nicht zu
[ve]rwechseln mit den erwähnten Eisbergen oder Blöcken (Kalbeis), die
[au]s Süßwassereis bestehen. Erst im August pflegt dieses Treibeis zu
[ve]rschwinden, und dann erst sind die Häfen für Schiffe zugänglich.
[V]or den nördlicheren Theilen der Küste erscheint es nur ausnahms=
[w]eise.

Suchen wir nun zunächst den Menschen auf, wie er in diesen
[V]erhältnissen heimisch ist. Nur an der Küste finden wir seine Wohn=
[st]ätten und schließen daraus mit Recht, daß wir es mit einem Fischer=
[vo]lk zu thun haben. Doch ist die Bevölkerung so dünn, daß wir
[st]undenlang an dem felsigen Lande, zwischen den Klippen hinrudern
[m]üssen, ehe wir die ersten Spuren menschlichen Daseins entdecken.
[D]ann aber finden wir auch nicht ein großes Dorf, sondern drei bis
[vi]er Häuser, wenn man jene niedrigen, kastenartigen Erhebungen über
[de]m Boden so nennen darf. Die etwas schräg ansteigenden Wände
[si]nd grün, denn sie bestehen aus Rasenstücken, die abwechselnd mit
[S]teinen über einander gepackt sind, und deren Gras an der Außenseite
[lu]stig fortwächst, so lange die härtere Kälte es nicht verhindert. Das
[fla]che Dach ist aus einem Balken mit Querhölzern gebildet, worüber
[Fe]lle, kurzes Gestrüpp, Rasen und Erde gelegt sind. Vor jedem Winter
[be]darf es der Erneuerung oder Ausbesserung, und wehe, wenn dann
[no]chmals unerwartete Regengüsse eintreffen, die leicht die ganze Arbeit
[ve]rgeblich machen. Eine Thür ist nicht zu bemerken; wohl aber ein
[ni]edriger 6 bis 8 Schritt langer Gang, durch den man kriechend
[in]s Innere gelangen kann. Beim ersten Versuch diese Pforte zu

paffiren dürften wir vermuthlich durch ben entfetzlichen Geftank, ı
uns entgegen bringt, abgefchreckt werden.

Drum fehen wir erft auf die Bewohner diefes höhlenartigen Bai
die dort in ihren Fahrzeugen herangerubert kommen. Die meif
Männer fitzen einzeln, jeder in feinem 12—15 Fuß langen, hinten u
vorn fpitzen Kajak, der aus einem leichten, rings mit Fellen über
genen Geftelle befteht. Nur in der Mitte ift eine Oeffnung, in die l
Rubrer fo hinein paßt, baß fein um einen erhöhten Rand derfell
feftgefchnürter Pelzüberwurf¹) keinen Tropfen Waffers einbringen lä
Mit großer Gewandtheit werden die Doppelruder gehandhabt, und pf
fchnell fchießen die leichten Böte, deren manches doch mit mehre
Seehunden beladen ift, über das Waffer. Ein paar größere (Umi
Frauenboot genannt) werden von Frauen gerudert und gefteuert. D
befinden fich darin auch mehrere Männer mit dem Ertrage ihrer Fifch
arbeit. Jetzt ift das Land erreicht. Die Frauenböte werden a
Ufer gezogen und umgekehrt auf die dazu beftimmten Pfähle in l
Nähe der Häufer forgfältig aufgeftellt. Eben dahin bringen die Män
ihren Kajak, den fie, leicht wie eine Feder, auf den Rücken nehm
Ihre Wurfpfeile in der einen Hand, der andern die erlegten S
hunde an einem Riemen nach fich fchleppend, gehen fie den Häufern

Doch betrachten wir diefe kleinen Menfchₑₙ, von denen nur wen
volle fünf Fuß meffen mögen. Männer und Weiber find ganz
Seehundspelz mit auswärtsgekehrten Haaren gekleidet. Wenn jene l
vorher am Kajak feftgefchnürten Ueberwurf ablegen, fo zeigt ihre weit
Kleidung ziemlich denfelben Schnitt wie die der Weiber. Das Ob
gewand ift rings gefchloffen, fo baß es oben nur eine grabe für l
Kopf paffende Oeffnung hat. Dahinein zu fchlüpfen erfordert ger
eine große Gefchicklichkeit. Der untere Rand, der mit weißem und
den Weibern reichlicher mit buntem Leder und Glasperlen befetzt
läuft vorn und hinten in eine Schnippe aus. Ueber den Rücken hä
eine Kappe, die bei Regen und Kälte fo über den Kopf gezogen wer
kann, baß nur das Geficht frei bleibt. Bei den Weibern aber ift t
Oberkleib fo eingerichtet, baß auf dem Rücken noch ein Kindchen ba
Platz hat. Sonderbar fchaut dort das kleine, felbft in Pelz gekleit
Wefen aus feinem Verfteck über die Schulter der Mutter hin und gr
mit dem Händchen nach ihrer lang herabhängenden Ohrbommel.
Unter jenem Rock blicken die aus gleichem Stoff gefertigten Beinkleı
die bis zu den Knien reichen, und bei den Weibern gleichfalls ı
buntem Befatz gefchmückt find, hervor. Erwähnen wir noch die ı
anfchließenden Pelzftiefeln (bei einigen auch Strümpfe aus feineı
Pelzwerk und Schuhe), fo ift alles befchrieben, was man von der K
bung fieht.

Vor allem machen diefe unterfetzten, ftarken Geftalten den Einb
der Wohlgenährtheit. Das ziemlich flache Geficht ftrotzt fo von F
baß felbft die kleine, platte Nafe bei diefem und jenem tief zwifc
den fchwellenden Wangen zu liegen fcheint. Die Hautfarbe ift

---

¹) Kapitek.

Bräunliche gehendes Grau. Freilich müßte man erst eine sehr
ünbliche Waschung vornehmen, um dem natürlichen Farbenton auf
n Grund zu kommen, der durch dichten Schmutz erheblich verdunkelt
scheint. Dennoch läßt sich trotz desselben noch die Röthe der Wangen
kennen. Die kleinen, etwas schiefstehenden, schwarzen Augen sind
mlich ausdruckslos. Gegen das breite Gesicht scheint der Kopf nach
en sich etwas zu verjüngen. Die pechschwarzen, starken Haare hängen
l den Männern schlicht um den Kopf, sie sind ringsum gleichmäßig
kürzt, über der Stirne aber ganz weggeschoren; die Frauen binden
i zu einem hoch aufstehenden Wulst zusammen, und setzen eine beson=
re Ehre darin, denselben recht hoch zu machen. Dabei werden die
aare derart angespannt, daß die äußersten bald ausfallen. So sind
e Frauen oft schon im zwanzigsten Lebensjahre durch einen kahlen
and um den Schädel entstellt, wie sie denn überhaupt die Jugend=
lsche schnell verlieren. Den Männern fehlt der Bart, da sie jedes
aar desselben sorgfältig ausrupfen.

Um nun das Leben der Grönländer kennen zu lernen, folgen wir
srer Gesellschaft in ihre Häuser, deren eins bei 60 Fuß Länge und
Fuß Breite für 6 Familien zur Wohnung eingerichtet ist. Die andern,
ineren fassen nur 2 bis 3 Familien. Durch den erwähnten schmalen
ebrigen Gang kriecht nun einer nach dem andern hinein und schleppt
ne Seehunde oder Fische mit sich. Das Innere ist mit einer dicken,
n allerlei ekelhaften Gerüchen durchdrungenen Luft erfüllt. Eine
eihe von Pfählen trägt den Mittelbalken, auf dem die Decke ruht,
e einem hochgewachsenen Mann nur eben aufrecht zu stehen gestatten
ürde. Jene Pfähle aber, von denen nach der Hinterwand Felle gespannt
ob, theilen das Gebäude in verschiedene Abtheilungen, deren jede von
ner Familie besonders benutzt wird. Der hintere Raum derselben
von einer niederen Pritsche ausgefüllt. Vor dieser steht an der einen
eite ein kleiner Schemel mit einer aus Weichstein geschnittenen, halb=
ondförmigen, fast fußlangen Lampe, in der ein aus Moos bereiteter
ocht brennt, gespeist mit dem Fette des stückenweis hineingeworfenen
eehundsspeckes. Darüber hängt an Lederstreifen ein aus gleichem
aterial gefertigter, schachtelförmiger Kessel, in dem Fleisch und Fett
ätelt. Weiter ist eine Art Rost angebracht, auf dem die nassen Kleider
trocknet werden.

Die Wände sind mit alten Fellen bekleidet, die früher den Ueber=
g der Böte bildeten, und hier mit Seehundsrippen, die als Nägel
nen, befestigt sind. Den Pritschen gegenüber befinden sich ein paar
rreckige Fenster. Seehundsdärme, luftdicht eingefügt, vertreten die
telle des Glases. Darunter befindet sich zu beiden Seiten des Ein=
nges eine schmale Bank.

Von Hausgeräthen ist nicht viel zu bemerken. Ein hölzernes mit
inernen Knöpfchen verziertes Wassergefäß zeigt saubere Arbeit, die auf
schicklichkeit schließen läßt. Daneben liegt ein stinkender Eimer von
schem Leder, in dem das Wasser geholt wird. Eine große Rolle aber
ielt hier ein gewisses anderes Gefäß, das bei den Völkern niederer
ulturstufen zumeist unbekannt ist. Hier hat jede Familie ein solches

2*

unter ihrer Pritsche; doch dient es nicht blos zur Bequemlichkeit, |
dern um die darin eingeweichten Felle zum Gerben zu präparu
woburch es zu einer Quelle doppelten Gestankes wird. Sauberer
jenes mit bunten Figuren ausgenähte Lebersäckchen, das keiner Fam
fehlt, in dem bessere und reinlichere Kleider verwahrt werden.

Doch beobachten wir die Bewohner weiter. Es geht bei ih
alles höchst ruhig und pflegmatisch vor sich. So bedeutungsvoll
von den heimkehrenden mitgebrachte reiche Beute ist, macht sich
Freude darüber bei den daheim gebliebenen nicht in lautem Jubel L
Die letzteren finden wir bis auf die Beinkleider entblößt, die Wei
auf den Pritschen in hockender Stellung, einige Männer auf densel
nach unsrer Weise sitzend. Jene nähen Pelzkleider, wobei Fischgrä
oder geschärfte Vogelknochen als Nadeln dienen, während der Zn
aus feingespaltenen Thiersehnen geflochten ist. Diese arbeiten n
weniger geschickt an Pfeilen und andern Jagdgeräthschaften. Jetzt (
wird die Arbeit bei Seite gelegt, und die gefangenen oder erle(
Thiere in Augenschein genommen. Auch die heimgekommenen erlebi
sich nun ihrer übrigen Kleidung, wobei wir bemerken, daß unter l
Rock noch ein anderes u. z. aus Vogelfellen, mit einwärts geket
Federn gefertigtes Gewand getragen wird. Dieses wie jenes star
von Schmutz und beherbergen nicht wenige Insekten, deren einige n
reud des Entkleidens kaltblütig mit sicherm Griffe gefangen und zwi(
den Zähnen zerknackt werden. — Man mag sich wundern, daß
im Hause alle nackend sitzen, während doch die Witterung schon v
und kalt ist. Doch die erwähnten Lampen dienen zugleich zur Heizu
und die Menge der auf den verhältnißmäßig kleinen Raum zusamn
gedrängten Menschen erhöhen durch ihre Ausdünstung und ihren Athe
die Temperatur so bedeutend, daß hier jeder Europäer bald in Schn
kommen würde.

Nun geht es an das Ausweiden der Seehunde, eine Arbeit
Weiber, die dabei auf Reinlichkeit keine Rücksicht nehmen. Aller
rath und Abfall bleibt auf dem Boden liegen und trägt noch le
dazu bei, die Luft der Wohnung zu verpesten. Mit Messern, die
geschärften Knochen verfertigt sind, werden die Häute sorgfältig g(
und abgezogen. Unter denselben liegt eine mehrere Zoll dicke Fettsch
die man gewöhnlich als Speck bezeichnet. Bald sind ansehnliche Hau
derselben auf dem Boden gesammelt, von denen sofort die Lam
gefüllt werden. Von dem frischen Fleisch dagegen beginnt die g(
Gesellschaft alsbald mit sichtlichem Appetit zu speisen. Ein andrer T
davon wandert in die Kessel über den Lampen, um gekocht eine
wünschte Abwechselung zu bereiten. Es ist unglaublich, was für g(
Massen von Fleisch diese kleinen Menschen vertilgen. Auch die Kii
schieben ein Stück nach dem andern in den Mund, nachdem sie
daran klebende Blut nebst Fettheilen mit Behagen abgeleckt haben.

---

[1] Das reichliche Fett der Körper erhöht durch die Menge des zugeführten Kol
stoffes die beim Athmungsprozeß vor sich gehende Verbrennung.

In einem und dem andern Kessel wird von den gefangenen Fischen
ocht, nachdem man eine Beigabe von Seehundsspeck hinzufügt, der
besseren Schmelzens halber mit den Zähnen zerkaut wurde. Auch
jes Gericht schmeckt unsern Grönländern vortrefflich. — Nun ist der
petit gestillt. Die Kinder rollen sich auf der Pritsche hin und her,
in dem vollgepfropften Magen baldigst wieder Raum zu schaffen.
e Alten sitzen still in vollster Befriedigung tief aufathmend. Dennoch
n man sich nach der Mahlzeit noch einen kleinen Nachtisch nicht ver-
en. In bedenklicher Nähe bei jenem oben erwähnten Gefäße steht
anderes mit eingemachten Heidelbeeren, untermischt mit kleinen
ückchen Seehundsspeck. Eine Handvoll davon mundet noch vortrefflich.
nn aber wird vorläufig mit dem Essen Schicht gemacht, um ohne
dsicht auf besondere Zeiten damit wieder anzufangen, sobald dazu
um geworden. Inzwischen wird mancher Trunk aus dem Wasser-
äß gethan, in das man ab und zu ein Stück Eis wirft, um das
asser frisch zu erhalten.

Wäre der Fang etwas geringer ausgefallen, so würde die ganze
ute mit einem Male verzehrt sein. Nicht so sehr weise Fürsorge
: die Zukunft, als vielmehr der Ueberfluß der Speisen veranlaßt hier
Sammlung von Vorräthen. Erstere kommt nur in Betracht, wo
sich um Leckerbissen handelt, wie z. B. bei der Bereitung jenes
idelbeergerichtes. In demselben Sinne werden nun die Köpfe der
ehunde draußen in einer Felsspalte mit schweren Steinen bedeckt,
damit der weiße Bär oder der schlaue Fuchs sie nicht raube, —
: spätere Zeiten aufbewahrt, wo sie in halb verfaultem Zustande
Delikatesse dienen.[1] Ist reichliches Fleisch vorhanden, so wird
nches Stück davon beigefügt. Ebenso werden die kleineren Fische,
oie die in Streifen geschnittenen größeren, auf Sehnen gezogen, um
ber Luft getrocknet, später verzehrt zu werden, doch nur, wenn die
lle der Nahrung von dem nie geringen Appetit nicht bewältigt
rden kann. Aber auch in solchen Zeiten wird die regelmäßige Ar-
t nicht eingestellt und auch der reichlichste Erwerb von Lebensmitteln
ursacht keine Trägheit und Nichtsthuerei. Am nächsten Morgen
nen wir die ganze Gesellschaft wieder bei ihrer angestrengten Thä-
keit auf dem Meere finden, die energische und zähe Naturen ei-
:bert.

Doch fragen wir, ehe wir weiter das Leben dieses Völkchens be-
reiben, nach seinem Namen. Sie nennen sich Innuit (singul. Innuk)
h. Menschen, u. z. mit einem sehr ausgebildeten, nationalen Selbst-
vußtsein. Ihre abgeschlossene Lage hatte ihnen ja auch nicht viel
legenheit gegeben andre Menschen kennen zu lernen. Die Normannen,
muthlich die ersten Fremden, die ihre Vorväter sahen, kamen ihnen,
e wir oben sahen, in keiner Weise als Vertreter der Menschlichkeit
lgegen. Und wie jene selbst in den kleinen Skrällingern nur Kobolde

---

[1] Mikiak.

sahen, so mochten diese auch die großen grausamen Wesen nicht gen
sein als Menschen anzusehen. Obgleich sie dann später mit den Re
der aufgeriebenen Normannen sich vermischten, wovon noch jetzt man
echte Grönländer des südlichen Küstenstriches mit blonden Haaren
blauen Augen Zeugniß gibt, so war diese Mischung doch so vollstän
daß keinerlei Spuren von ethnographischen Unterschieden im Vo
bewußtsein zurückblieben. Die Europäer ferner, die sie seit dem E
des sechszehnten Jahrhunderts kennen lernten, imponirten ihnen frei
zunächst durch ihre großen Schiffe und durch die Macht, die sie ent
teten. Da sie aber sich mit dem, was dem Grönländer die Hau
momente des Lebens sind, unbekannt und zu den ihm unentbehrlich
Verrichtungen ungeschickt zeigten, so wurde jene erste Anerkennung b
durch eine Mißachtung gegen die Kablunät (sing. Kablunak —
nannte man die Fremden) aufgewogen. Viel trug dazu auch die
menschliche Behandlung der Eingebornen bei, deren sich die euror
schen Schiffer vielfach schuldig machten. So wurden sie also
ihrem nationalen Stolz durch jenen Verkehr nur bestärkt.

Dennoch hatte derselbe auf sie tief eingreifenden Einfluß, weni
was das äußere Leben betrifft, als vielmehr in moralischer Beziehu
Auch Egede traf die Grönländer nicht mehr in ihrem originalen
stande. Später hat namentlich der englische Polarfahrer Roß hoch
Norden Grönlands und auf der Halbinsel Boothia felix Stämme
troffen, die allem Anscheine nach nie in Berührung mit Fremden
wesen waren. Von ihrem Leben lassen sich wahre Lichtbilder zeich
die unsrer gewöhnlichen, auf dogmatischen Voraussetzungen beruhen
Auffassung der heidnischen Völker unlösbare Aufgaben stellen.[1]

Dies müssen wir für die weitere Betrachtung der Grönländer

---

[1] Besonders die Boothianer werden als so vortreffliche Menschen geschildert,
wir nur wünschen könnten, daß unsre christliche Bevölkerung im Durchschnitt ih
ähnlich wäre. Lüge und Betrug sind ihnen völlig unbekannt. Von Selbstsucht ist n
zu bemerken, da sie stets bereit sind, mit dem Nächsten ihre Nahrung zu theilen,
wenn sie selbst nicht mehr für den nächsten Tag genug hätten. Hülflose und gebrech
Personen werden mit Sorgfalt gepflegt. Während des ganzen Winters, in dem
sie beobachtete, merkte man nichts von Streitigkeiten. Gegen einander zu käm
wäre ihnen unerhört. Nur einen einzigen Fall wußten sie, in dem einer einen an
getödtet hatte. Der Mörder war darauf von dem ganzen Stamme gemieden.
sah sie niemals verdrießlich, stets fleißig. Daß in einigen Fällen Gegenstände
Schiffe entwendet wurden, erklärt sich aus ihren ganz verschiedenen Begriffen hinsich
des Eigenthums. Es wurde auch alles wieder zurückgegeben, und jene Fälle wur
seltener, nachdem man ihnen begreiflich gemacht, daß das Stehlen etwas böses
Sobald sie merkten, daß sie den Europäern etwas nicht recht gemacht hatten, bemüh
sie sich, es wieder gut zu machen, und waren nicht eher vergnügt, bis die Verzeihung
halten. — Der christliche Charakter Sir John Roß's bürgt dafür, daß wir es hier r
mit den absichtlichen Schönfärbereien, wie sie der Humanismus im vorigen Jahrh
dert beliebte, zu thun haben. Nur ein schneidender Mißklang geht durch den son
wohlthuenden Bericht, nämlich die Verhältnisse des ehelichen Lebens. Je nach
ständen hat ein Mann 2 Frauen, oder eine Frau 2 Männer. Außerdem aber
sprechen die Zustände ziemlich den Wünschen der Free Lovers. „In diesem Stücke,
merkte Roß, der sonst die tiefsten Sympathien für diese Leute mitbrachte, „stehen
unter den Thieren." (Vgl. J. Roß, Narrative of a second Voyage ff. Lon
1835. Appendix.

Rechnung ziehen, um nicht ihrem Heidenthume vieles zuzuschreiben, was erst von der Berührung mit Europäern herrührt. Sie sind übrigens nur ein Theil von einer weit verbreiteten Nation, die, wiewohl nur in kleine Stämmchen zersplittert, die nördlichen Küsten Nordmerika's und die angrenzenden Polarländer inne hat. Nach Süden hin treffen sie hin und wieder mit den Indianern zusammen. Zwischen beiden herrscht die tödtlichste Feindschaft. Von den Indianern stammt er auch bei uns eingebürgerte Name Eskimo, der soviel bedeutet als: die, welche rohes Fleisch essen. Wahrscheinlich ist dies ein Spottname. Sie selbst scheinen sich von Grönland bis zur Behringsstraße Innuit zu nennen und stimmen in Sprache und Lebensart mit einander überein, nur daß jene in einen westlichen und östlichen Dialekt sich scheidet. Die Stärke der Nation läßt sich kaum annähernd bestimmen. Es scheint, daß bildeten die Grönländer den größeren Theil derselben.

Die ethnographischen Forschungen über diesen Theil der Menschheit sind bei weitem noch nicht abgeschlossen. Soviel steht fest, daß die Eskimo mit Völkern der nördlichen Küstenländer Asiens, namentlich mit den Tschukschen (Namollo) verwandt sind. Auch gehören zu ihnen verschiedene Völkerschaften des früher russischen Theiles von Amerika. Nach neuern Studien soll ihre Sprache eine Verwandtschaft mit der ihrer Feinde, der Indianer, unverkennbar aufweisen.[1] Dies ließe sich aber erklären durch Annahme der Sprache von der einen oder andern Seite, wie solche auch anderwärts vorkommt.

Doch wenden wir uns zurück zu unsern Innuit in Grönland und lauschen, um ihrer Sprache etwas abzuhören. Zunächst fällt uns das harte, tief aus der Kehle hervorgestoßene „r" auf, das an die Gutturallaute der Schweizer erinnert. Die häufigen Endungen der Sylben auf „k" und „t" bewirken eine gewisse Eintönigkeit. Unendlich lang ziehen sich die zusammengesetzten Wörter hin, deren eines oft einen ganzen Satz ausdrückt. Die Rede wird meist mit besonderem Mienenspiel begleitet, und die kleinen, glanzlosen Augen deuten den Sinn des Gesagten mit mannigfachen Winken an. Bald hört man, wie die Luft mit einem eigenthümlichen Laute durch die Kehle geschlürft wird und das bedeutet Bejahung; bald wieder wird sie mit einem andern feinen Laute durch die gerümpfte Nase gestoßen, und das zeigt die Verneinung an.

Könnten wir als Linguisten in den Bau der Sprache eindringen, so würden wir über ihre Feinheit und Mannigfaltigkeit erstaunen. In einigen Beziehungen übertrifft sie die ausgebildetsten Sprachen durch das Vermögen verschiedene Nüancen eines Gedankens durch bestimmte Formen scharf auszubrücken. So findet sich z. B. ein doppelter Konjunktivus, nämlich ein kausaler und ein konditionaler. Auch gibt es ihnen besonderen Modus interrogativus und permissivus. Die Bezeich-

---

[1] Mündliche Mittheilungen des H. Prof. Gerland.

nung der dritten Person Singularis und Pluralis erfolgt durch mann
faltige Verbalformen mit solcher Genauigkeit, daß selbst in indire
Rede drei verschiedene Personen neben einander mit der größten Bestimm
heit unterschieden werden können, während wir in diesem Falle oft n
durch beigefügte ausdrückliche Nennung der Person die Deutlich
erreichen. Die Deklination ist einfach; doch bildet jedes Substantiv
seinen Dualis, sowie eine Reihe besonderer Formen durch Verschm
zung desselben mit den den Possessiv-Pronomen entsprechenden Suffix
Daß die Sprache keineswegs ungeschliffen ist, zeigt auch der dopp
Imperativ, dessen eine Form nur eine höfliche Erinnerung ausbrü
während die andere für den bestimmten Befehl gilt. Ueberall la
sich der Grönländer kurz und präcis ausdrücken, soweit sein Gedan
kreis reicht, der freilich in seinem originalen Zustande über die si
lichen Dinge nicht weit hinausging. Für die in jenem einförmig
Leben wichtigsten Gegenstände ist übrigens ein reicher Wortschatz v
handen, so daß z. B. zur Uebersetzung unsres Wortes „Eis" ni
weniger als 6 Wörter zu Gebote stehen.

Einförmig ist das Leben des Eskimo: Oben an steht darin
mühsame Seehundsfang, der außerordentlich abgehärtete Naturen
fordert. Oft rudert so ein Mann Stunden lang im rauhen Wind u
Wetter umher, bis in seinem Bereiche ein Seehund seinen bärti
Kopf aus dem Wasser steckt, um Luft zu schnappen, denn diese Thi
wittern zu leicht den Verfolger. Ist aber der günstige Augenblick
so trifft der kurze Wurfspieß wohlgezielt die Beute. Die widerha
Spitze bleibt in derselben fest haften, während der Schaft sich lösend
den Wellen schwimmt, die schon Spuren von Blut zeigen. Jene a
ist an einer Leine befestigt, die zusammengerollt vorn auf dem Ka
liegt und sich nun mit der Hast, in der das verwundete Thier flie
abwickelt. Macht es dabei eine Schwenkung, so daß die Leine sich v
wickelt und sich um das Fahrzeug schlingt, so kommt der Jäger lei
in Gefahr, indem sein Kajak umschlägt, und obwohl er von Juge
auf sich geübt hat den gefährlichen Burzelbaum auszuführen, bei b
er nach rechts in die Flut versinkt, um mit geschickter Wendung sei
Bootes links wieder aufzutauchen, so wird hier, wo der Seehund
der Todesangst in entgegengesetzter Richtung an der Leine zerrt,
seine Kunst zu schanden. Fast in jedem Jahre büßt hier oder da
Grönländer auf diese Weise sein Leben ein, wenn nicht Gefährten
der Nähe sind, um ihm rechtzeitig zu Hülfe zu kommen. Doch biesn
ist alles gut gegangen. Die Leine ist vollständig abgewickelt. Die
ihrem Ende befestigte mit Luft gefüllte Blase bewegt sich auf b
Wasser immer langsamer fort und bleibt endlich stehen. Nun ist
Thier verendet und der Jäger zieht es mit vergnügter Miene hera
Der beschriebene Fang gehört zu der alltäglichen Beschäftigu
eines jeden Grönländers, so lange die Seehunde sich an der Kü

fhalten.[1]) Seltener ist der Walfischfang, der immer nur von einer
ößeren Gesellschaft unternommen wird. Auch Weiber und Kinder,
t 50 Personen und mehr fahren zu diesem Zwecke in den Umiaken
f die See hinaus. Alle haben ihre besten Kleider und festlichen
chmuck angelegt, denn vor unsaubern Leuten würde der Walfisch
ehen. Dort in der Ferne sieht man den Wasserstrahl, den er wie
ne Fontäne in die Luft wirft. Eilig rudert man ihm entgegen.
orn im Boote steht ein Mann mit dem Harpun, den er dem mäch=
zen Thiere in den Leib stößt. Auch hier spielt wieder die Leine mit
r Blase eine Rolle, die das Untertauchen verhindert. Aber es ist
ne langwierige Jagd, und der große Fisch muß noch oft mit Spießen
rwundet werden, bis er endlich erschöpft den Todesstreich erhält.
nn springen die Männer in wasserdichter Kleidung in die Flut und
nschwärmen den Koloß, der 2—300 fetten Ochsen an Gewicht gleich=
mmt. Von allen Seiten fangen sie an, die dicke Haut abzuschälen,
e als Delikatesse (Mattak) sofort gekostet wird. Dann schneiden sie
eiter Massen des dicken Spedes und Fleisches heraus, mit dem sich
e Böte füllen. Solche Beute gibt Nahrung für lange Zeit.

Etwas anders gestaltet sich die Beschäftigung der Eskimo in Nord=
rönland, wo der Seehundsfang vielfach auf dem Eise betrieben werden
uß. Das Thier thaut mit seinem Athem kleine Löcher im Eise auf,
e es auch bei strenger Kälte offen erhält, um von Zeit zu Zeit dort
uft zu holen. Da sitzt so ein kleiner Mann auf einem einbeinigen
essel regungslos und fast vor Kälte erstarrend einen halben Tag lang,
nverwandt die Spitze seines Spießes über der Oeffnung haltend. Er
uß dem schneidenden Winde grade das Gesicht entgegenkehren, um
m Seehund die Witterung zu entziehen. Oder er liegt bei Sonnen=
hein, wenn diese Thiere selber auf das Eis kommen, der Länge nach
uf demselben und spielt geschickt die Rolle eines ihres Gleichen, wobei
fortwährend knurrt und brummelt wie jene es thun. Auch der Pelz
günstigt die Täuschung. Außerdem wird der Seehundsfang auch mit
etzen betrieben.

Noch größer aber ist der Unterschied der Lebensweise, wie wir sie
Nordgrönland treffen, von der vorher beschriebenen dadurch, daß im
Winter hier auch das Meer gefriert und damit für lange Zeit die
öte außer Gebrauch setzt. Dann tritt der von Hunden gezogene
chlitten an ihre Stelle, mit dem man bei günstigen Verhältnissen
ußerordentlich schnell reisen kann. Ein paar Stücke Treibholz und
iemen aus Seehundshaut genügen zur Konstruktion dieses wichtigen
eräthes. Höchst einfach und anspruchslos wird auch die Bespannung
rhalten. Die wolfähnlichen Hunde, die nicht bellen, sondern nur ein
iseres Geheul vernehmen lassen, sind zwar Hausthiere, haben aber

---

[1]) Die Art der Seehunde, welche in Südgrönland am meisten vorkommt, Phoca
önlandica (schwarzseitige S.), ist ein Zugthier, das regelmäßig im September an
en Küsten erscheint und im Februar wieder fortzieht. In Nordgrönland ist eine
dre Spezies allgemeiner, die das ganze Jahr über bleibt, Ph. fötida Netsibe (Netz-
tte?) genannt. Man findet sie meistens in den Eisfjorden.

nur das Vorrecht auf den Abfall von den menschlichen Nahrungsmittel
Besonderes Futter und selbst Obdach wird ihnen nicht gewährt. S
müssen sehen, wo sie etwas finden, und begnügen sich wohl mit b
Muscheln, die der Strand ihnen bietet. Im Sommer fressen sie selt
Heidelbeeren. Oft leiden die armen Thiere empfindliche Noth. Ihr
4—12 werden an langen Leinen vor den Schlitten gespannt u
laufen frei vor demselben, nur geschickt durch die Peitsche des Treibe
gelenkt. Die Zuneigung und Treue andrer Hausthiere sucht m
umsonst bei ihnen. Elend, wie sie gehalten werden, sind sie auch fal
und tückisch und werden zuweilen selbst ihren Herren gefährlich. Z
Zeiten besonderer Noth sterben sie in großer Zahl hin; was da
wieder eine höchst nachtheilige Stockung des Erwerbes auch in besser
Zeit zur Folge hat.

Der Erwerb der täglichen Nahrung ist freilich die Hauptsache b
dem Grönländer. Um den Seehund, der die Stelle des täglichen Brod
vertritt, drehen sich alle seine Gedanken. Doch bringen auch Feste u
Vergnügungen Abwechselung in das einförmige Leben mit seinen A
beiten.

So sehen wir denn unsre Gesellschaft von neulich in ihren Fah
zeugen auch einmal auf einer Besuchsreise zu einer befreundeten Niede
lassung an einer andern Stelle der Küste. Der Winter ist inzwische
vorgeschritten, und die Zeit der Sonnenwende eingetreten. Das ist d
Saison der Vergnügungen. Steht auch die schwerste Kälte noch bevo
so ist doch alles fröhlich in dem Gedanken, daß der Höhepunkt b
Winternacht wieder einmal überwunden ist.

Noch ist das Meer offen, wenn auch die Klippen mit einem Ran
von Eis umgeben sind. Leichte Dämpfe kräuseln von der Wasserfläd
empor und erfüllen die sonst heitere Luft mit zahllosen feinen Eiskr
stallen. Die Böte und die Kleidung unsrer Eskimo zeigen mand
Spuren von dem spritzenden Wasser, das sich sofort in Eis verwandelt. -
Dort aber tauchen die Häuser auf, denen der Besuch gilt. — Scho
erwarten die Gastgeber ihre Freunde und bewillkommen sie beim La
den mit Gesang. Sie helfen die Fahrzeuge ausladen und aufs Trocke
bringen, wobei ihnen sogleich kleine Geschenke, ein halbverfault
Seehundskopf, der als Leckerbissen gilt, ein Fuchsfell oder dergl. ei
gehändigt werden. Nun führt man die Gäste ins Haus, die sich m
höflicher Bescheidenheit erst mehrfach nöthigen lassen, ehe sie durch b
bekannten Eingang kriechen. Drinnen werden ihnen die Oberkleid
abgenommen und auf den Rost zum Trocknen ausgebreitet. Dan
setzen sich die Männer zu den Männern, die Weiber zu den Weiber
auf die Pritschen und bald ist eine lebhafte Unterhaltung im Gang
Hier werden die Erlebnisse in den Familien besprochen; der versto
benen Verwandten gedacht, die man gemeinsam beweint und beklag
bald kommt das Gespräch jedoch auf allerlei gleichgiltige Geschichte
Bei den Männern ist die Jagd zu Wasser und zu Lande der unaufhö
liche Gegenstand der Unterhaltung. Mit größter Genauigkeit werd

alle Einzelheiten von der Erlegung eines Seehundes berichtet, wobei lebhafte Gestikulationen die Rede begleiten.

Inzwischen ist die Mahlzeit fertig geworden, die bei solchen Gelegenheiten zuweilen eine lange Speisekarte aufweist. Die Gäste aber lassen sich sehr nöthigen, um nicht den Schein auf sich zu ziehen, als ginge es ihnen daheim etwa ärmlich. So hält man zunächst seinen Appetit in Schranken. Selbst die Kinder bleiben bescheiden, wie sie denn auch den vorgesetzten Erzählungen der Erwachsenen stille und aufmerksam zuhören. Das gute Zureden der freundlichen Wirthe ist denn aber doch nicht vergeblich, und zuletzt ist die ganze Gesellschaft so voll, daß sie alle platzen möchten.

In diesem behaglichen Zustande beginnen sie nun Spiel und Tanz. Da tritt ein Mann vor mit der Trommel in der Hand. Sie ist aus einem Reifen Fischbein und einem dünnen Felle gemacht und wird an einer Handhabe mit der Linken gehalten, während sie mit der Rechten vermittelst eines Stöckchens taktmäßig geschlagen wird. Es ist dies das einzige Instrument der Grönländer. Bei jedem Schlage hüpft der Vortragende ein wenig auf, bleibt jedoch immer auf demselben Flecke. Dazu singt er vom Seehundsfang, vom Wetter, von der wiederkehrenden Sonne u. s. w. Oft aber sind die Lieder auch launigen und satirischen Inhalts und geißeln die Fehler gewisser Personen. Nach jeder Strophe fallen alle Anwesenden mit dem stehenden Refrain ein: „Amna ajah ajah ah hu!" Der Sänger aber bemüht sich, mit den wunderlichsten Gestikulationen, Verdrehungen der Glieder und Grimassen den Gegenstand seines Vortrages zu veranschaulichen u. z. mit solchem Eifer, daß er bald in Schweiß geräth. Ist er erschöpft, so tritt ein andrer an seine Stelle. So geht es bis in die Nacht hinein. — Zur Abwechselung kommen auch andre Unterhaltungen in die Reihe. Dort setzen sich einander gegenüber, schlagen Arme und Beine in einander und jeder sucht den andern herüberzuziehen. Wer Sieger bleibt rühmt sich, und fordert einen andern zur Kraftprobe. Die jüngeren Leute werfen ein Hölzchen, in dem sich ein Loch befindet und an welches ein Band mit einem Nagel befestigt ist, so, daß sie den letzteren in das Loch zu bringen suchen. Wem dies zwanzigmal gelingt, der hat gewonnen. Wem es einigemal nicht gelingt, dem werden mit einem verkohlten Stöckchen ebensoviele schwarze Striche ins Gesicht gemacht. Es gibt noch mehrere ähnliche Spiele. Bei denselben geht es zwar heiter aber ziemlich ehrbar zu, wie denn die Jungfrauen überhaupt eine zurückhaltende und schamhafte Stellung einnehmen und getrennt für sich spielen. Um so auffallender ist es, daß bei solchen Gelegenheiten unter den Verheiratheten zuweilen die schamloseste Unsittlichkeit vorkommt.[1] Erst gegen den Morgen begibt sich die Gesellschaft zur Ruhe, schläft bis ti.. .a den Tag hinein, und dann fängt das Schmausen von vorne an.

---

[1] Auch hier findet, wie sonst bei den Eskimo, Austausch der Weiber statt.

Bisher haben wir die Grönländer nur in ihrem Leben und Treiben zur Winterszeit beobachtet. Es gestaltet sich dasselbe aber ganz anders, sobald der Schnee wegschmilzt und das Wasser durch die flachen Dächer der Winterwohnungen durchzusickern beginnt. Dann rüsten sich alle zum Aufbruch und man überläßt jene dem Verfall. Alle Habseligkeiten werden in die Weiberböte gebracht, und nun trennt sich das kleine Gemeinwesen. Fröhlich ziehen die Abtheilungen von mehreren Familien fort nach den für den Fischfang und die Jagd günstigsten Stellen. Hier schlagen sie ihre aus zusammengenähten Fellen bestehenden Zelte auf. Als Gestell werden Stangen der Art zusammengestellt, daß an einer Seite eine dreieckige Oeffnung bleibt; diese aber wird wiederum mit einem aus Seehundsdärmen gefertigten Vorhang geschlossen, der genügendes Licht ins Innere bringen läßt. Der Boden ist mit flachen Steinen belegt, und alle Oeffnungen ringsum mit Moos verstopft. Diese Sommerwohnungen, in denen es verhältnißmäßig reinlicher zugeht als in den Winterhäusern, werden gewöhnlich nur von je einer Familie bewohnt. Doch schließen sich an eine solche auch einzelnstehende Personen an, ja ganze Familien, die verarmt sind und kein eignes Zelt besitzen. Vor dem Zelte wird eine Feuerstätte hergerichtet; hier kocht man nicht mit der Thranlampe, sondern mit Holzfeuer. Auch die Vorräthe und die oben erwähnten Gefäße finden ihren Platz außerhalb des Zeltes.

Mit Rücksicht auf die Rennthierjagd, welche nun die Hauptbeschäftigung bildet, nehmen die Grönländer ihren, jedoch oft gewechselten Sitz während des Sommers tief in den Fjorden. Von da gehen sie mit Weib und Kind in die Thäler und auf die Berge, um das Wild, dessen Fleisch sie aller andern Nahrung vorziehen, aufzutreiben. Meistens wird ein förmliches Treibjagen angestellt, bei dem die fehlenden Treiber durch Stangen ersetzt werden, auf die man Torfstücke steckt. Die Schützen liegen hinter einem Felsen verborgen, bewaffnet mit Pfeil und Bogen. Ist die Beute erlegt, so sammelt sich die ganze Gesellschaft. Man trinkt das noch rauchende Blut der Thiere und ißt gewöhnlich auch ein Stückchen von dem Fleisch roh. Die Jagd auf andre Landthiere, wie Hasen und Füchse, wird weniger eifrig betrieben. Die letzteren werden ihrer Felle wegen zur Winterszeit in Fallen gefangen. Dagegen wird den Seevögeln mehr nachgestellt, unter denen die Eidergans in dichten Schwärmen auf den Klippen nistet. Besonders sobald die Jungen ausgebrütet sind, holt man diese aus den Nestern, verschmäht aber auch die Eier, gleichviel ob frisch oder angebrütet, nicht. Die kostbaren Daunen, mit denen die Nester gefüttert sind, bleiben unbeachtet. Der Reichthum auch an andern Seevögeln gewährt der Jagd mit besonders konstruirten Pfeilen reiche Ausbeute. [1]

---

[1] Andre Vögel werden mehr im Winter gejagt; so die auf dem Lande unbeholfenen Alken (Alca arctica), die oft in großer Menge mit den Händen gegriffen werden können. Auch die Schneehühner kommen in jener Zeit in die Nähe der Wohnplätze und werden mit Pfeilen erlegt.

Außerdem wird in den Fjorden Fischerei getrieben. Unter den Wasserfällen stellt man den Lachsen nach, die man durch einen Steindamm, über den sie mit der Flut kommen, bei der Ebbe am Entweichen hindert. Andre Fische werden mit Angelhaken, die aus Vogelknochen geschnitzt sind,[1]) gefangen. Im Juni und Juli wimmeln die Gewässer oft von Unmassen eines kleinen stintartigen Fisches, Angmaksätte genannt, die mit einem an einer Stange befestigten Eimer aus dem Wasser geschöpft und ohne weiteres auf einer geeigneten Stelle des Felsens zum Trocknen ausgebreitet werden, um als Vorrath für den Winter zu dienen. Dorsche und andre Fische fängt man auch in Netzen, die aus Sehnen (?) gefertigt sind.

Doch nicht blos das Thierreich, sondern auch die während des kurzen Sommers in unglaublicher Schnelligkeit sich entwickelnde Vegetation bietet dem Grönländer Nahrung. Flächen und Bergabhänge überziehen sich bald mit saftigem Grün, das hier nach einiger Zeit durch das Gelb des blühenden Löwenzahns, dort durch das Roth des Sauerampfers verdeckt wird. An einzelnen Stellen schießt die Engelwurz mit ihren weißen und röthlichen Dolden bis zu Mannshöhe empor. Das Mark ihrer Stengel und die Wurzel wird von den Grönländern mit großem Appetit verspeist, wie sie sich auch an den Wurzeln des Löwenzahns und andrer Pflanzen delektiren. Es scheint, als bedürften sie dieser vegetabilischen Nahrung als eines Gegengewichtes gegen die vielen animalischen Stoffe, die sie zu sich nehmen. Am meisten aber schwelgen sie in den schon oben erwähnten Beeren, die bei günstiger Witterung in unerschöpflicher Fülle reifen und ganzen Stellen ein rothes oder schwarzes Ansehen geben. Sobald sie genießbar sind, werden namentlich die Rauschbeeren täglich in Masse genossen, bis sie der Schnee zudeckt; oft werden sie noch unter dem Schnee hervorgeholt. Wie dieser Leckerbissen auch für den Winter in Ledersäcken aufgehoben wird, ist bereits erwähnt worden.[2])

So bildet die Sorge für die Nahrung auch bei ihrem zerstreuten Sommeraufenthalt den wichtigsten Theil des Lebens und Treibens der Grönländer. Doch wechselt auch hier die Arbeit mit mancherlei Vergnügungen: Spielen, Kraftübungen und dergl. Bis tief in die hellen Nächte hinein wird von zwei Abtheilungen eine Kugel hin und her geworfen, dort sehen wir die Mädchen mit Gesang eine Art Reigentanz aufführen. Auch dürfen wir den Singestreit nicht vergessen, indem jemand, wenn er gekränkt ist, sich an seinem Feinde zu rächen sucht, während dieser sich anstrengt, seine satirische Poesie noch zu überbieten: immer aber kehrt der oben beschriebene Trommeltanz wieder. —

Oftmals sind die Zelte im Sommer abgebrochen und an andern Stellen wieder aufgepflanzt worden; denn in dieser Zeit hat das wanderlustige Völkchen nicht viel Ruhe. Endlich aber mahnen die immer

[1]) Dies waren schon vor Egede's Zeit europäische Angelhaken vielfach im Gebrauch.

[2]) Auch im Winter fehlt übrigens die vegetabilische Nahrung nicht. Eine gewisse Tangart wird selbst unter dem Eise hervorgefischt. In Zeiten der Noth wird besonders davon Gebrauch gemacht.

stärkeren Nachtfröste daran, daß es Zeit ist, die Winterquartiere
Stand zu setzen. Nun sammelt sich alles wieder bei den verfallen(
Erdhütten. Manche muß von Grund aus erneuert werden; and
bedürfen nur der neuen Bedachung. Die Männer sorgen nur für b(
Holzwerk. Die schwerere Arbeit mit Rasen, Steinen und Erde blei
den Frauen überlassen. Auch der Seehund ist in großen Schaar(
wiedergekehrt. Jetzt dreht sich wieder um ihn das Leben der Grö
länder, und so verläuft es Jahr aus Jahr ein in einförmige
Kreislaufe.

Zur Vervollständigung unsres Bildes von dem Volke mögen no
folgende Bemerkungen dienen. Obrigkeit und Gesetze suchen wir b
demselben vergebens. Nicht einmal die einfachste patriarchalische Ve
fassung, wie sie bei andern Völkern einer niederen Kulturstufe ;
treffen, i   zu finden. Der, der im Stande ist, die meiste Na
rung anzuf(t, hat das größte Ansehen. Doch nur die, welche v(
ihm ernährt   ⸱den, stehen gewissermaßen unter seiner Macht, ob
vielmehr ist es ihnen selbstverständlich, jenem in allen Dingen zu folgen.
Gewisse herkömmliche Gebräuche und Gewohnheiten vertreten die Stel
der Gesetze, und werden von niemanden ignorirt oder übertrete
Streitigkeiten, für die man eines Gerichtes bedürfte, kommen nicht vo
Das Land ist groß genug, um alle neben einander zu nähren. So hö
man sie auch nicht auf einander schimpfen, wie überhaupt nicht lärm(
und schreien. Ihr ganzes Betragen ist ruhig und anständig. Stehl(
und Betrügen ist bei ihnen etwas Unerhörtes. Ihre Affekte haben |
sehr in der Gewalt. Selten kommt der Zorn bei ihnen zum Ausbruc
ebenso wenig gemeine Sinnlichkeit. Von den Europäern, die sie in
jenen Lastern kennen lernten, sagten sie: „Die Leute haben ihr(
Verstand verloren, das Tollwasser (Branntwein) hat sie rasend g
macht.“
Dieser Mangel der meisten Laster, die sich bei andern Völke(
finden, hat jedoch wenig sittlichen Werth, da er hier als eine instin(
mäßige Naturanlage hervortritt. Schon bei den Kindern findet m(
fast nichts von Trotz und widerspenstigem Wesen. Strafen und Züc(
tigungen sind ganz unbekannt; vielmehr artet die zärtliche Liebe b(
Eltern oft zu einer Schwachheit aus, die manche komische Situati(
hervorruft, wie z. B. bei jenen Eltern, die mit ihrem Jungen bitterli
weinen, weil es ihm gar nicht glücken will, daß seine Peitsch(so knal
wie die seiner Altersgenossen. — Es kommt vor, daß, wenn ein Kin
verunglückt, auch die Mutter sich das Leben nimmt.
Jedoch, so erträglich sie auch mit einander leben, eine wirklic
Liebe zum Nächsten ist ihnen fremd. Es werden Beispiele erwähn
daß Männer, welche andere vom Ufer aus in Gefahr sahen, zu beque(
waren, ihren Kajak zu besteigen, um jenen Hülfe zu bringen, sonder

---

¹) Dieser Zustand ließe sich vielleicht durch einen Ausdruck wie Trophäc
bezeichnen.

ie trotz alles Jammerns ihrer Angehörigen verunglücken ließen. Auch
gegen Wittwen und Waisen zeigt sich oft eine unmenschliche Harther=
igkeit. Solche Verlassenen sollen zuweilen dem Hungertode preis=
gegeben werden. Auch herrscht bei ihnen die Blutrache. Nur selten
freilich kommt ein Mord vor, wenn der lange verhaltene Unwille eines
Beleidigten einmal in hellem Jähzorn aufflammt, der dann um so
furchtbarer ist. Die Angehörigen des Ermordeten verhalten sich freilich
lange Zeit ganz ruhig und lassen keine böse Absicht merken. Endlich
aber kommt doch einmal die Gelegenheit und sollte es nach 30 Jahren
sein, wo einer von ihnen an dem Mörder die Vergeltung ausübt und
ihn meuchlerisch in seinem Kajak umwirft, daß er ertrinken muß, oder
hinterlistig mit dem Harpun durchbohrt. Freilich auch der Vollstrecker
der Rache weiß, daß ihm oder einem seiner Nachkommen einst ein
Gleiches geschehen wird.[1])

Das eheliche Leben hat seine Licht= und Schattenseiten. Gewöhnlich
leben die Gatten recht friedlich miteinander. Polygamie gilt nicht als
Tadel. Züchtig und sittsam erscheinen die Verheiratheten von außen;
doch fehlt ihnen ganz der Begriff der Heiligkeit der Ehe, wie denn
bei den oben bereits erwähnten Vergnügungen ohne allen Anstoß ein
gegenseitiger Austausch der Weiber stattfindet. Bei den Unverheira=
theten dagegen sind Unzuchtssünden etwas höchst seltenes.

Diese Züge mögen genügen, um das Leben dieses merkwürdigen
Völkchens zu charakterisiren. Wenn schließlich noch etwas von der
Religion gesagt werden soll, so können nur geringe Spuren, die in
demselben zu Tage treten, angeführt werden. Freilich lange hätte
jemand unter den Grönländern zubringen können, ohne zu bemerken,
daß sie überhaupt Religion haben. Vergeblich sucht man die religiösen
Ceremonien, wie sie sich bei andern heidnischen Völkern finden. Die
Ehe wird geschlossen dadurch, daß die Braut nach Verabredung mit
deren Eltern mit scheinbarer Gewalt in die Wohnung des Bräutigams
geschleppt wird. Dem Neugebornen wird keinerlei Weihe ertheilt: nur
hält ihm die Mutter ein Stückchen Schnee und dann ein Stückchen
Fleisch an die Lippen. Nur bei der Beerdigung der Todten sind einige
Gebräuche zu bemerken, die auf das Fortleben der Seele in einem
Jenseits deuten. Jedenfalls überwiegt bei dem Grönländer die Richtung
auf das Diesseits, die das ganze Leben beherrscht.

Doch gibt es unter ihnen Leute, die in der andern Welt bekannt
zu sein vorgeben: Zauberer, die den Namen Angekok (plur. Angekut)
tragen. Mit allerlei Gaukelei wissen sie sich Ansehen zu erwerben.
Da läßt sich einer die Hände und Füße binden. Alle Lampen im
Hause werden ausgelöscht. Plötzlich aber hört man, wie er die vor
ihm liegende Trommel ertönen läßt, wie er singt und umherspringt.
Dann kommt er immer mehr in Eifer, tobt wie ein Rasender und ver=
fällt zuletzt in konvulsivische Zustände. In denselben macht er Reisen
in die Unterwelt und in den Himmel, auf denen er allerlei über=

---

[1]) Daß die Blutrache auch bei andern Eskimostämmen sich finde, ist mir nicht vor=
gekommen. Sollte sie in Grönland etwa normannischen Ursprungs sein?

natürliche Dinge zuwege bringt, Krankheiten heilt, reichlichen Zuzug |
Seehunde bewirkt und dergleichen. — Ein Angekok aber, der seine Kr
mißbraucht, um Unglück anzurichten, der die Leute verhext, die Seehun
und Rennthiere vertreibt u. s. w., wird Illiseetkok genannt und weg
seiner Hexereien ermordet, in Stücke gehauen und ins Meer geworf
Sonst vertreten sie allgemein die Stelle der Aerzte, die über die Kranl
Zaubersprüche murmeln und sie anhauchen und mancherlei absu
Mittel verordnen.

Die religiösen Vorstellungen, auf die sich das ganze Treiben die
Zauberer gründet, sind vielerlei zusammenhangsslose Ueberlieferung
in denen zwei große und viele kleine Geister immer wieder vorkomm
Die letzteren, Innuät, beherrschen die Elemente.[1]) Von den beid
andern aber ist der männliche, Torngarsuk, gut, der andre weibli
aber, der keinen Namen hat, ist böse. Ueber jenen sind jedoch se
widersprechende Vorstellungen im Gange. Einige sagen, er sei kle
andre, er sei außerordentlich groß. Einige halten ihn für unsterbli
andre sagen, er müsse sterben, wenn er einen Hund anrühre. Di
meinen, er gleiche einem großen Menschen von scheußlichem Aussehe
jene, er sähe aus wie ein Bär. Allgemein aber nimmt man an, d
·'·r die Ursachen der Krankheiten und auch die Mittel zur Heilu
kenn. Mit ihm verkehren die Zauberer. Viel wird auch von To
garsuks Großmutter erzählt. Sie wohnt tief unten in der Erde u
hat über alle Seethiere zu gebieten, die bei ihr zu Hause sind. |
ihr macht mancher Angekok unter graulichen Verhältnissen die Rei
um von ihr die Loslassung der Seehunde u. s. w. zu erzwing
Torngarsuk selbst aber bekümmert sich nicht um die Welt, die ihm v
zu niedrig ist. Er überläßt es den kleinen Geistern, sie zu regiere
deren verschiedene Namen haben und beschrieben werden, wie Igne
soit, Feuergeister, die sich als Irrlichter sehen lassen, Innuavolit, Be
geister, Eokiglit, Kriegsgeister, die im Osten des Landes wohnen u
grausame Feinde der Menschen sind u. s. w. Besonders aber fürch
man sich vor den Gespenstern (Angiät), welche jedoch von ein
Angekok gefangen und zerrissen werden können. Auch werden zu
Schutz gegen sie allgemein Amulete getragen: Fuchskiefern, Rabenköp
Falkenklauen und mancherlei Gegenstände, die sie von Europäern
langen konnten. Die Seelen der Verstorbenen fahren nach ihrer M
nung entweder aufwärts in den Himmel, oder abwärts unter die Er
Die ersteren aber haben es schlimm; sie wohnen neben einem groß
mit Schnee bedeckten Berge, oder um ein großes Gewässer herum,
offnen Zelten, müssen auch schwarzes, schleimiges Wasser, mit Würme
darin, trinken, und alte Weiber werden da sehr von Raben gepla
die ihnen beständig um die Haare hängen und die sie nur mit Mü
von sich abhalten können. Ueberdies haben die Seelen der Abgesch
denen dort keine Ruhe, sondern irren von einem Orte zum ande
herum, und die Strahlen des Nordlichts sind eine Menge von ihn

---

[1]) Auch hat jeder Angekok seinen Innua, durch den sein Verkehr mit der unsi
baren Welt vermittelt wird.

e mit dem Kopfe eines Walrosses Ball spielen. Die Seelen selber
ob nach ihrer Meinung bleich und fahl; wenn man sie anfühlen will,
haben sie weder Fleisch noch Knochen oder Sehnen, sondern sind so
dünn, daß sie fast wie nichts sind. Die Ursachen ihres schwächlichen
Aussehens aber sei die starke Umwälzung und heftige Bewegung den
Himmels, welche sie so abmatte, daß sie nicht fett werden könnten.
Daher wünschen die Grönländer gewöhnlich ihren verstorbenen Freun=
den, daß sie lieber hinunter, als hinauf kommen mögen, und pflegen
die Kranken, welche in den letzten Zügen liegen, vorsichtig aus dem
Bett zu heben und auf dem Fußboden zum Begräbniß einzuwickeln,
damit sie nicht aufwärts, sondern abwärts fahren. Weil nämlich die
Grönländer ihre meiste und beste Nahrung aus der Tiefe des Meeres
bekommen, so suchen sie den Ort der Seligen unter dem Meere oder
Erdboden, und denken, daß die tiefen Löcher in den Felsen die Eingänge
dazu sind; daselbst wohne Torngarsuk, der gute Geist; da sei ein beständ=
iger Sommer und keine Nacht, da sei gutes Wasser und ein Ueberfluß
an Vögeln, Fischen, Seehunden und Rennthieren, die man ohne alle
Mühe fangen kann. In dieses schöne Land kommen vorzugsweise die
Weiber, die im Wochenbett sterben, und die Männer, welche auf der
See ertrinken, sowie auch die Walfischfänger, zur Belohnung für das
Ungemach, das sie vor andern hier auf der Welt erlitten haben. Doch
geht der Weg dahin über einen rauhen Felsen, an welchem die armen
Seelen fünf Tage lang hinabfahren müssen, so daß er ganz blutig ist
von ihren zerrissenen Gliedern. Wer die Reise im Winter oder bei
stürmischem Wetter machen muß, kann leicht zu Schaden kommen, und
es ist dann der zweite Tod, nach welchem nichts übrig bleibt. Kinder
aber sind nach ihrer Meinung zu einfältig und unverständig, um den
Weg in das Land der Seelen zu finden, deshalb wird ihnen ein Hunds=
kopf auf das Grab gelegt, denn die Seele des Hundes weiß überall den
Weg nach der Heimat.

Ihre Todten begraben die Grönländer an einem abgelegenen Ort
unter großen breiten Steinen. Neben das Grab legen sie das von
dem Verstorbenen täglich gebrauchte Werkzeug, damit sie sich nicht
dadurch verunreinigen oder durch dessen öfteres Anschauen zur Betrübniß
veranlaßt werden; denn dies bekommt der abgeschiedenen Seele nicht
wohl, sie frieren dabei. Wer einen Todten anrührt oder zu Grabe
trägt, ist etliche Tage unrein und muß sich gewisser Arbeiten und
Speisen enthalten, wozu auch die übrigen Verwandten und Haus=
genossen, wenn schon in geringerem Grade, verpflichtet sind. Nach dem
Begräbniß hält gewöhnlich der nächste Verwandte mit lauter und heu=
lender Stimme eine Klage=Rede zu Ehren des Verstorbenen, von Zeit
zu Zeit durch das Weinen und Heulen der Anwesenden, besonders der
Weiber, unterbrochen. Solche Wehklagen werden während der Trauer=
zeit einige Wochen lang alle Tage fortgesetzt.

Zuletzt aber gewinnt die Sorge für die alltäglichen Bedürfnisse
der Lebenden wieder das Uebergewicht und die Verstorbenen gerathen
in Vergessenheit. So geht denn das Leben der Grönländer in seiner
Richtung auf das Diesseits ungestört seinen Lauf.

4. Anfänge der Kolonie.

Wir kehren nun zu unsern Norwegern zurück, deren Herzen n[c]
mit Dank für ihre Rettung erfüllt waren, während die Augen forsche
durch die Klippen hin nach dem noch 2 Meilen entfernten Lan
hinüberschweiften. Siehe, da zeigen sich einige Kajake, die mit b
Wellen auf und nieder tanzen. „Es sind Seehunde" hieß es zunäch
doch bald erkannte man die Männer in den kleinen Fahrzeugen, [
ersten von dem Volke, nach dem Egede so ein herzliches Verlang
trug. Bei ihrem Anblick gingen ihm vor Rührung die Augen üb[
Als der Anker im sichern Hafen niederfiel, näherten sich auch zwei gr[o
Weiberböte. Im ersten saß ein Angekok, der seine Beschwörung[
formeln murmelte. Mehrmals umfuhren sie das Schiff in weit[e
Kreise, während die kleinen Leute darin mit Verwunderung besond[e
die Frauen auf demselben anstaunten. Endlich wagten sie es an Bo[
zu kommen, standen aber noch lange zögernd auf dem Fallbrett, [
man sie durch Perlen und Angelhaken zutraulich machte. Neugier[
wurden die sonderbaren Fremdlinge gemustert. Bei Egede aber reg[t
sich verschiedene Gefühle; denn das waren nicht die Abkömmlinge al[
Normannen, die er suchte. Aber tief elend und bemitleidenswe[r
kamen ihm diese Heiden vor, denen er nun bald seine barmherzi[
Liebe in vollem Maße zuwandte, mit dem Wunsch, Gott möge ihn[
einem tüchtigen Werkzeuge machen, ihnen das Heil zu bringen. Günst[
stimmte ihn auch die Freundlichkeit, mit der die Eskimo seine Kind[
zu liebkosen suchten.

Indessen um die Eingebornen konnte man sich zunächst nicht v[
bekümmern. Man mußte die kurze Sommerzeit ausnutzen, um V[
kehrungen zur Ueberwinterung zu treffen. Das eine Schiff kehrte b[
zurück, um in der Heimat Bericht zu erstatten und im nächsten Jah[
neue Zufuhr zu bringen. Das andre[1]) ankerte bei einer klein[
Insel,[2]) auf der man bald begann ein Haus zu bauen u. z. v[
Steinen und Rasenstücken, inwendig mit Brettern verkleidet. Wah[
scheinlich war es für die aus 46 Personen bestehende Kolonie re[
beschränkt. Man nannte jenen Platz den „Hoffnungshafen" (Haab[
Havn). Während des Baus kamen ab und zu Grönländer, die zunä[c
freundlich und hülfreich Hand anlegten, um Materialien herbeizuschaff[
Anfangs August waren ihrer mehr als hundert mit Weibern u[
Kindern da. Bei dieser Gelegenheit bemerkten sie jedoch sehr bedenkli[
daß das Gebäude ein Haus und nicht, wie sie zuerst angenomm[
hatten, ein Schiff werden sollte. Seitdem waren sie wie weggeblas[
und kein einziger ließ sich wieder bei den Kolonisten sehen. Am [
August war der Bau beendigt. Man zog mit einer Feier ein, bei b[
Egede über Psalm 117 predigte. Dann wurden die „allergnäd[i
mitgegebenen Articul aufgelesen und dadurch ein jeder seiner Pfli[

---

[1]) Das dritte war gar nicht angelangt, sondern verunglückt.
[2]) Es war die Insel Kangek, westlich von dem jetzigen Godthaab.

und Schuldigkeit erinnert." — Das war der Anfang der dänisch=
norwegischen Handels=Kolonie.

Nunmehr mußte man darauf bedacht sein, die Umgebung näher
kennen zu lernen, durch Jagd und Fischfang Lebensmittel zu gewinnen
und mit den Eingebornen den Handelsverkehr zu eröffnen, um dessent=
willen das ganze Unternehmen gemacht war. Doch es wollte nicht
gelingen. Obgleich der Grund zum Fischen vortrefflich schien, gab es
wenig Fische. Auf dem Lande sah man Renntiere und Hasen genug,
aber sie waren so scheu, daß man nur selten ein Thier erlegte. Dort
am Rande zeichneten sich auf dem sterilen Ufer ein paar Plätze durch
üppigen Graswuchs aus. Zahlreiche Knochen und zerbrochene Geräth=
schaften deuteten an, daß hier die Eskimo gewohnt hatten, sie selbst
ließen sich jedoch nicht wieder sehen, bis auf einzelne Kajaks, die scheu
in der Ferne vorübereilten. Endlich am 14. Oktober fand Egede beim
Besuch auf dem Lande ein paar Familien, die beschäftigt waren, ihr
Winterhaus in Stand zu setzen, während daneben noch die Sommerzelte
standen. Augenscheinlich ließen sie nur ungern die Europäer ihre
Wohnungen besehen; und als diese am folgenden Tage ihren Besuch
wiederholten, war die ganze Gesellschaft fortgegangen.

Es war dies für Egede eine Zeit schwerer Prüfung um so mehr,
als der mitgekommene Kaufmann murrte, daß hier an Erwerb und
Gewinn nicht zu denken sei. Auch das Schiffsvolk wurde mißvergnügt,
da der Proviant, neben dem man stark auf die Erträge der Jagd und
Fischerei gerechnet hatte, offenbar nicht ausreichen konnte. Dennoch
blieb Egede standhaft und seine Hoffnung sollte nicht getäuscht werden.

Es war um Weihnachten, als er einige Leute ans Festland schickte,
an eine Stelle, wo man früher einige verlassene Häuser bemerkt hatte.
Dort sollten sie sich einige Zeit aufhalten um zu jagen. Aber wie
erstaunten sie, als sie die Wohnungen wieder in Stand gesetzt und von
mehr als hundert Grönländern bewohnt fanden. Anfangs schienen sie
verdrießlich, daß sie entdeckt waren. Doch nahmen sie die frierenden
Fremdlinge auf, die höchst erstaunt waren, in ihren Häusern jene oben
angedeutete Wärme zu finden. Drei Tage mußten sie der ungünstigen
Witterung halber da bleiben und hatten heimgekehrt genug davon zu
erzählen, wie es bei den Heiden hergehe; wie die Weiber daheim vor
Wärme halb nackend säßen und Kleider nähten, während die Männer
täglich auf der See ihrem Erwerb nachgingen und reichliche Beute
heimbrächten. Bisher hatte sich Egede besonders mit mitleidigen
Gedanken getragen, daß die armen Menschen doch wohl sehr frieren
und hungern müßten, und war nun erstaunt von ihrem Wohlergehen
zu hören. Auch hatte sich nunmehr ein guter Anknüpfungspunkt zu
weiterem Verkehr mit ihnen gefunden. Einer von ihnen nämlich,
Namens Aroch, hatte zu einem der Norweger, der Aron hieß, und den
er wohl halb und halb als seinen Namensvetter ansah, eine zärtliche
Zuneigung gefaßt. Er war ihm nicht von der Seite gegangen und
hatte auch bei Nacht sein Lager mit ihm getheilt. Dennoch war der
nun beginnende Verkehr noch ziemlich mangelhaft. Die Grönländer
wollten zum Verdruß des Kaufmannes an den für sie bestimmten

Waaren kein Gefallen finden; für Egede war die Schranke der fremd=
artigen Sprache, zu deren Erlernung ihm alle Handhaben fehlten,
immer noch ein Grund ernster Betrübniß. Um so treuer war er als
Seelsorger der kleinen Kolonie, die nun in den kurzen Wintertagen
immer mehr auf ihr Quartier beschränkt blieb. „Beim Morgen= und
Abendgebet wurde ein Kapitel aus der Bibel gelesen und einige Fragen
aus dem Katechismo Lutheri repetiret: so wurde auch in unser Gebet
des ganzen königlichen Erbhauses zeitliches und ewiges Wohl einge=
schlossen, wie auch der grönländischen Kompagnie Wohlstand und des
ganzen Desseins glücklicher Fortgang." Sonntags Nachmittags wurde
die Vormittags gehaltene Predigt repetirt und ein Stück aus Johann
Arnds „Wahres Christenthum" gelesen. Auch wird ein Fall von
Kirchenzucht wegen Uebertretung des sechsten Gebotes berichtet.[1]

Am 21. Januar versuchte Egede selbst bei den Grönländern zu
bleiben, was er jedoch nur einen Tag lang aushielt. Es gelang ihm
aber wieder, den Aron auf längere Zeit da zu lassen. Im Anfange
wurde dieser viel genekt und vexirt, wußte sich aber bei seinen unfrei=
willigen Wirthen allmählich in Ansehen zu setzen. Nach seiner Rückkehr
konnte er dem Egede manche Erfahrungen mittheilen; auch suchte er
einige Grönländer zu bewegen, auf der Kolonie einige Zeit zu bleiben,
wobei jener die Gelegenheit zu Sprachstudien wahrnahm, indem er bei
jedem Dinge fragte: Kina? (was ist das?) und dann die sonderbaren
Wörter so gut als möglich in Buchstaben firirte. Es währte aber nicht
lange. Der Aufenthalt bei den Europäern sagte den Eskimo nicht zu;
so liefen sie bald wieder fort.

Die härteste Kälte war vorüber. Die Tage wurden länger. Da
hatten die Eingebornen keine Ruhe mehr. Truppenweis zogen sie mit
allen ihren Habseligkeiten davon und bald schien die ganze Gegend ver=
lassen zu sein. Dagegen kamen andre Züge von Süden her an der
Ansiedelung vorbei, die alle weiter hinauf nach Norden fuhren, um
dort Fische und Seehunde zu fangen. Manche derselben landeten auf
der Hoffnungsinsel, wo sie des Abends nach Gewohnheit ihre Zelte
aufschlugen. Egede aber brannte vor Liebe und Eifer, ihnen das Evan=
gelium zu verkündigen, und war doch noch so wenig ihrer Sprache
mächtig. Da ließ er von seinem Paul, der etwas zeichnen konnte,
einige biblische Geschichten bildlich darstellen, den Sündenfall, die
Wunderwerke und das Leiden Christi. Diese Bilder zeigte er dann
den Grönländern, die zu ihm kamen, und erklärte ihnen die Bedeutung
derselben, so gut er's vermochte. Das gefiel den Leuten, besonders wie
Christus mit einem Wort oder durch bloßes Anblasen die Kranken
geheilt und die Todten erwecket, und sie baten dann Egede als Priester
und Gesandten eines so mächtigen und wohlthätigen Gottes, ihre
Kranken auch zu heilen, und ruheten nicht, bis er sie wenigstens an=
blies. Davon schreibt er: „Dieses hatten sie schon einmal zuvor von
mir begehret. Denn da ich einsmals predigte, wobei sich eben ein

---

[1] Ueberhaupt scheint Egede mit der keineswegs aus besonders christlichen Ele=
menten zusammengesetzten Kolonie manche Noth gehabt zu haben.

Grönländer befand, kam er zu mir, nahm sein Kappitel oder Pelz
auf, zeigte mir seinen bloßen Leib und gab mir zu verstehen, ich sollte
ihn anblasen, denn er hätte Böses im Magen. Aus Narrerei[1]) that
ich, was er begehrte und damit war er zufrieden. Daß sie aber ein
großes Vertrauen zu mir hatten, gaben sie genugsam dadurch zu erkennen, daß, so oft sie auf die Kolonie kamen, sie allein nach mir
fragten und verlangten mit mir allein zu reden. Solches gab mir den
Trost, daß, wenn ich die Sprache erst gelernet, ich mit Gottes Hülfe
bei ihnen gewiß etwas ausrichten würde, beides zu seines allerheiligsten
Namens Ehre, als auch zu ihrer Erleuchtung, wonach ich so innerlich
zu Gott seufzte und ihn beständig darum anrufte." (H. Egede, Ausführliche und w. Nachricht 2c. S. 37.)

Zuvor aber galt es eine neue schwere Prüfung zu bestehen. Die
Kolonie hatte überhaupt wenig günstige Aussichten. Hatte man auch
allmählich durch Jagd und Fischerei mehr Nahrungsmittel als anfänglich
sich zu verschaffen gelernt, so war doch mit dem Handel, auf den das
Unternehmen hauptsächlich zielte, wenig zu machen. Mit Verdruß
mußte man sehen, wie ein Holländer, der mit den Tauschartikeln, wie
sie die Eingebornen wünschen, versehen war, in einer halben Stunde
mehr von ihnen erstand, als dies den Norwegern überhaupt bis dahin
gelungen war. Auch schlugen die Hoffnungen auf den Walfischfang
fehl. Schon war's mitten im Sommer, holländische und andere Schiffe
sah man genug von weitem vorüberfahren, aber kein norwegisches, das
den Ansiedlern neue Zufuhr gebracht hätte, ließ sich sehen. Egede's
Leute wurden ungeduldig und unruhig, daß der Mundvorrath zu Ende
ging, und begehrten heim. Auch der Kaufmann war dieser Ansicht,
Egede aber fand in seiner großen Unruhe und Bekümmerniß nur
Trost in gläubigem Gebet und dem ermunternden Zuspruch seines
standhaften Weibes, die eine herzliche Zuneigung zu den armen Grönländern gefaßt hatte. Endlich ward bennoch die Rückkehr beschlossen,
Egede's Gattin aber war durch nichts zu bewegen, sich zur Abreise zu
rüsten, verwies vielmehr den andern ihren Unglauben und hoffte getrost
auf den Herrn. Und ihr Glaube sollte nicht zu schanden werden.
Schon war der Tag der Abreise nahe, das Schiff lag segelfertig; da,
am **27.** Juni, als Egede eben mit den Seinigen sich zur Ruhe gelegt
hatte und zu seiner Frau, die ihn nach bestem Vermögen zu trösten
suchte, von seiner tiefen Bekümmerniß redete, kam jemand gelaufen.
Es pochte heftig an die Thür und einer der Leute rief: „Es kommt
ein Schiff, man hört die Leute norwegisch reden!" Da hatte plötzlich
alle Noth ein Ende, denn statt eines Schiffes kamen sogar zwei, welche
nicht blos reichliche Vorräthe, sondern auch die erfreuliche Nachric..
brachten, daß die Handelsgesellschaft ernstlich gesonnen sei, ihr Unte..
nehmen eifrig fortzuführen; dazu schickte der Missions-Rath ein Auf-
munterungsschreiben mit der Versicherung, das König Friedrich IV.
sich die Bekehrung der Grönländer sehr am Herzen liegen lasse. Zu

---

[1]) Anderwärts sagt er, daß er es nur ungern gethan habe und im Zweifel, ob
er es mit gutem Gewissen thun könne.

ihrer wie des Handels Nutzen hatte derselbe eine Lotterie bewilligt,
und da diese nicht zu Stande kam, den Einwohnern beider Reiche,
Dänemark und Norwegen eine mäßige Abgabe unter dem Namen „die
grönländische Schatzung" auferlegt, die sich zu einer ansehnlichen Summe
belief.[1]

Nun mochte das Schiff vom vorigen Jahre samt seiner ganzen
Mannschaft ruhig heimfahren; mit den beiden neuangekommenen unter-
suchte Egede das gegenüberliegende Festland, und da die Grönländer immer
mehr Vertrauen zu ihm faßten und Kranke aller Art zu ihm brachten,
ließ er nicht ab, so weit es bei seiner mangelhaften Kenntniß ihrer
Sprache und durch Zeichen und Bilder geschehen konnte, sie zur   wahren
allmächtigen Gott hinzuweisen, als dessen Diener er unter il   .ebe,
um von seinen Werken und seinem Herzen ihnen zu erzählen. Um in
der Sprache weiter zu kommen, hielt er sich auch im Winter 1722 mit
seinen Söhnen eine Zeit lang unter den Grönländern selbst auf. Jene,
Paul und Niels (Pauia und Nese genannt), waren allgemein beliebt;
nur von den Kindern wurden sie viel geneckt, bis sie sich durch ihre
Ueberlegenheit in Kraftübungen und Geschicklichkeit bei den Spielen
Respekt verschafften. Lange aber war das Leben bei den Eingebornen
nicht auszuhalten. Daher war Egede froh, als sich 2 Waisen-Knaben
und eine ganze Familie bewegen ließen zu ihm zu ziehen. Doch vermochte er nicht, sie vom Herumschweifen abzuhalten und die jungen
Leute an ein stetiges Lernen zu gewöhnen. Im Anfang freilich gingen
sie lustig daran, weil sie für jeden Buchstaben, den sie kennen lernten,
einen Angelhaken oder sonst etwas geschenkt bekamen. Bald aber
wurden sie des Lernens überdrüssig und sagten, sie wüßten nicht wozu
es nütze, den Tag über zu sitzen, auf ein Stück Papier zu ſ   und
zu rufen: a, b, c 2c., er und der Kaufmann wären Leute, die   chts
taugten, weil sie den ganzen Tag nichts thäten, als in ein Buch
sehen und mit der Feder malen; da wären die Grönländer doch ganz
andere Leute, die könnten Seehunde jagen, Vögel schießen und dgl., wovon sie Nutzen und Vergnügen hätten. — Egede aber machte vom
1. März 1723 an wieder mehrere Reisen in die Meerbusen und die
Westküste entlang, wobei es ihm zwar noch nicht gelang, einen passen-
deren Platz für seine Niederlassung zu finden, doch häufige Gelegenheit
sich darbot, mit Grönländern in Berührung zu kommen. Vielfach fand
er auch Verlangen nach Belehrung über göttliche Dinge und bemerkte,
daß seine Worte nicht ganz ohne Frucht blieben. So legten mehrere
Grönländer auf seine Mahnungen ihre Amulete ab, und als ein junger
Mann auf der Seehundsjagd durch Umschlagen des Kajak sein Leben
verloren hatte, kam ein anderer Grönländer, der oft zugehört hatte,
wenn Egede lehrte, zu den betrübten Eltern und sprach ihnen zu, daß
sie sich doch nicht grämen, sondern trösten möchten, denn an jenem
Tage werde der Schöpfer Himmels und der Erde alle Todten aufer-
wecken. Dabei zeigte er ihnen, auf Händen und Füßen kriechend, daß
diejenigen, welche hier alt und schwach wären und nicht gehen könnten,

---

[1] Kranz, Historie 2c. I. S. 369.

im Himmel wieder frisch und jung werden würden. — Solche Er=
fahrungen halfen Egede trösten, als sämmtliche in seinem Hause befind=
liche Grönländer zu Anfang des Sommers unter allerlei Vorwänden
sich wieder davon machten.

Im Jahre 1723 brachte das erst am 19. Juni mit neuer Zufuhr
eintreffende bergische Schiff unserm Egede einen Gehülfen, Albert
Top, mit welchem zusammen er so fleißig die grönländische Sprache
lernte, daß sie bald die Sonntags=Evangelien übersetzen konnten. Nach
einer abermaligen Reise Egede's an der Westküste verbrachten beide die
Winterzeit mit Unterweisung einzelner Grönländer, die sich bewegen
ließen, eine Zeit lang bei ihnen zu bleiben, zogen dann auch hierhin
und dorthin, erforschten das Land und verkündigten das Evangelium.
Manches hatten die Grönländer nun wohl schon vom Christenthum ge=
lernt, aber von einer Bekehrung und Umwandlung des Herzens zeigte
sich noch keine Spur. Ueberhaupt war mit dem Volke nichts rechtes
aufzustellen: sie beachteten wenig, was Egede lehrte, selbst wenn er
welche von seinen Leuten an beide Enden des Hauses stellte, um sie
zum Anhören anzuhalten. Bald wurde ihnen die Predigt zu lang,
und dann gingen sie wohl hin zu Egede, und fragten, ob er nicht bald
aufhören werde. Er mußte dann am Arme abmessen, wie groß das
Stück sei, das noch übrig wäre; darnach gingen sie hin und setzten
sich, schoben die Hand jeden Augenblick, und wenn der Prediger am
Ende eines Satzes inne hielt, schoben sie geschwind die Hand bis auf
die Finger hinaus, wenn er aber wieder anfing, riefen sie ama, d. i.
noch mehr! und schoben die Hand an dem halben Arm hinauf. Dem
Paul aber, welcher den Gesang leitete, hielten sie oft den Mund mit
einem nassen Handschuh aus Seehundsfell zu, wenn er ein neues Lied
anfing oder ihnen zu lange sang. War vollends ein Angekok unter
ihnen, so war an keine Andacht zu denken. Sie verlachten und ver=
spotteten die Missionare, ja, straften sie gar Lügen, indem sie meinten,
ihre Angekoke kennten Himmel und Hölle besser; den ersten hätten sie
noch nicht so baufällig angetroffen, daß sein Einsturz zu besorgen wäre,
und wäre die letztere so heiß, wie sie beschrieben würde, so hätte die
See Wasser genug, sie zu löschen und ihnen erträglich zu machen, da
könnten sie sich für die Kälte entschädigen, die sie auf der Erde ausge=
standen. Sollten sie dem Prediger Glauben schenken, so müßte er mit
seinem Gebet gutes Wetter und einen Ueberfluß an Fischen, Vögeln
und Seehunden bewirken, und ihre Kranken gesund machen. Besorgt
um den eignen Einfluß, widerstrebten jene Zauberer dem Evangelio auf
alle Weise. Sie schmähten es als eine tolle Lehre; verspotteten die
Kablunake, die ihren großen Angekok getödtet hätten, und machten die
Predigten der Missionare lächerlich, denen auch die Schuld an allen
unglücklichen Ereignissen zugeschoben wurde. Egede aber mußte ihnen
nachdrücklich zu widerstehen, wie er denn mit ihnen als des Teufels
Dienern oft recht derb verfuhr. Ein von einem Angekok angezettelter
Plan die Kolonie zu überfallen, wurde entdeckt und durch Egede's ent=
schlossene Maßregeln vereitelt.

Unter allen diesen trüben Erfahrungen wurde 1725 der Erstling der Grönländer getauft. Einer von den Knaben nämlich, die auf der Kolonie geblieben waren, wurde gefährlich krank, und da er wenigstens einiges von Gott und der Seligkeit durch Christum gelernt hatte, wurde ihm das Sakrament kurz vor seinem Tode ertheilt.

Die ganze Lage der Kolonie, durch deren äußere Geschäfte Egede vielfach in Anspruch genommen wurde, war übrigens keineswegs günstig, obgleich ihre Wirksamkeit schon ausgedehnt und im Norden, zu Nepisene, dem jetzigen Holsteinborg, eine sogenannte Walfischfänger-Loge errichtet war. Die Erträge des Fanges und des Handels reichten nicht hin, die Ausgaben der Gesellschaft zu decken. Sie hatte sich nur durch könig= liche Unterstützungen halten können und löste sich, als 1726 wieder ein Schiff verloren ging, ohne weiteres auf. Die Sorge für das ganze Unternehmen ging also auf die Regierung über, die leider mit ziemlich verkehrten Maßnahmen begann. Man wollte die Kolonie auf großen Fuß bringen. Zwei armirte Schiffe brachten einen Gouverneur, einen Kommandanten, 25 Soldaten und alles Material zur Errichtung eines Forts nach Grönland. Auch kamen zur Vermehrung der europäischen Bevölkerung zehn Männer nebst ihren Frauen mit. Jene waren aus dem Gefängniß genommen, diese aus dem Waisenhause und dann nach dem Loose mit einander verheirathet. Dies war im Jahre 1728. Bei dieser Gelegenheit wurde die Kolonie von ihrem ursprünglichen Platze nach dem jetzigen Orte verlegt und Godthaab genannt. Diese Veränderungen konnten für die Mission nichts weniger als günstig sein. Schon während des ersten Winters kam es zu heillosen Zustän= den, da unter den Mannschaften bei einer Epidemie die Unzufriedenheit sich zum offnen Aufruhr steigerte. Eine Zeitlang mußten sich die Befehlshaber gegen ihre eignen Leute verbarrikadiren. Auch Egede mußte gegen „diese seine Mitchristen" mit geladenem Gewehr Wache halten lassen. Zügelloses und unsittliches Betragen war bei ihnen an der Tagesordnung. So war man denn froh, als im nächsten Jahre der Gouverneur mit den Resten seiner Leute nach Nepisene über= siedelte.

Inzwischen war übrigens Top nach vierjähriger treuer Arbeit wegen Kränklichkeit zurückgekehrt. Seine Stelle wurde durch 2 neue Gehülfen, Ole Lange und Henrik Milzoug, besetzt. Paul dagegen, der seinem Vater in den letzten Jahren schon sowohl beim Unterrichten der Kinder als auch beim Predigen vor erwachsenen Grönländern zur Hand gegangen war, reiste zur weiteren Ausbildung nach Europa. Einige zuvor getaufte Eingeborne begleiteten ihn. Wenn auch trotz einiger Spuren von Eindrücken der christlichen Predigt von gründlicher Bekehrung bisher nicht viel zu merken war, so hatte Egede von jenen wenigen doch die Ueberzeugung gewonnen, daß es ihnen Ernst sei, das Christenthum anzunehmen. Nach ihrer Ankunft in Kopenhagen wurden sie Friedrich dem IV. vorgestellt. Hier war es, wo der König auf die Bemerkung, welche in seiner Umgebung fiel, daß die auf Grön= land gewandte Kosten fast gar keinen Gewinn brächten, die Antwort gab: „Wenn eine Seele gewonnen werden kann, ist nicht zuviel darauf gewandt."

Die Miffionare felber aber fahen ihre Arbeit immer mehr als ein Säen auf Hoffnung an. Sie befchloffen, fortan mit den alten Grön= ländern, die doch meist den todten Klötzen glichen, fich nicht nutzlos zu bemühen, fondern alle die Kinder, deren Eltern fich dazu willig er= klärten, zu taufen und fodann die Getauften in befondere Ob?ut un Unterricht zu nehmen. Dies gefchah denn auch im Februar 1??? mit 16 Kindern, aber die Hoffnung, diefe Kinder zu unterrichten, fchlug fehl, weil die Eltern fie ihnen nicht überließen oder in die Ferne zogen. Der bereits früh getaufte Knabe Friedrich Chriftian konnte dagegen als der erfte Nationalgehü'fe ausgefandt werden und verkündigte befon= ders unter feinen Altersgenoffen das Evangelium nicht ohne Segen. Hundert und fünfzig Kinder waren indeß nach und nach getauft, als das am 19. Juni 1731 aus der Heimat ankommende Schiff nicht blos die betrübende Nachricht von dem Tode des Königs Friedrich IV., fondern auch den traurigen Befehl feines Nachfolgers, Chriftian VI., überbrachte, die grönländifche Niederlaffung aufzugeben. Egede und wer von feinen Leuten wolle, könne in Grönland bleiben; die Miffion habe jedoch außer dem Mundvorrath, der diesmal noch auf ein Jahr ankam, keine Unterftützung mehr zu erwarten. Das war ein harter Schlag! Egede aber befahl fich der Barmherzigkeit Gottes und befchloß, wenig= ftens noch ein Jahr zu bleiben, da die Eingebornen felbft ihn darum baten. Etwa zehn Koloniften entfchloffen fich, bei ihm zu bleiben, während die andern alle und auch Egede's beide Kollegen nach Däne= mark zurückfuhren. Die Grönländer aber freuten fich, daß er blieb, denn nun fähen fie erft recht, wie lieb er fie hätte, und als er ihnen bedeutete, daß er über's Jahr doch wohl fort müßte, weil dann fein Vorrath zu Ende wäre, meinten fie: „O, dann gibt es ja hier Renn= thiere und Seehunde, Vögel und Fifche genug, dich und die Deinen auch noch mit zu fättigen".

5. Anfänge der Brüder-Miffion.[1]

Es war im Frühjahr 1731. Kopenhagen prangte im feftlichen Schmucke. Dichte Schaaren drängten fich auf den Straßen, um den Zug zu fehen, der den jungen König Chriftian VI. zu feiner Krönung geleiten follte. Unter den Fremden, die bei diefer Gelegenheit und bei nachfolgenden Feftverfammlungen viel Bewunderung auf fich zogen, waren einige Neger aus den weftindifchen Kolonien und Paul Egede mit den 2 bekehrten Grönländern. Manche hochgeftellte Perfon betrach= tete namentlich die kleinen fonderbaren Fremdlinge in ihren Pelzkleidern mit neugierigen Augen. In ganz anderm Intereffe aber nahte ihnen dort ein deutfcher Graf, den man fonft mehrfach in der unmittelbaren Nähe des Königs gefehen hatte. Freude und Schmerz malte fich ab= wechfelnd auf feinen edeln Gefichtszügen, während der fanfte Blick ftill auf diefen Erftlingen aus einem heidnifchen Volke ruhte, das die

---

[1] Die Miffion der evangelifchen Brüdergemeinde in Grönland. Gnadau 1831. S. 39 ff. Kranz, Hiftorie, I. 403 ff.

Gedanken voll christlicher Erbarmung schon oftmals aufgesucht hatte
Es war Nikolaus Ludwig, Graf von Zinzendorf, dessen lange, in de
Stille gehegter Eifer für die Heidenbekehrung hier die Gelegenheit fand
sich zu offener, kräftiger Flamme zu entzünden. Mit tiefer Betrübni
hatte er die schon erwähnten Maßregeln bezüglich der grönländische
Kolonie vernommen. „Nimmermehr darf den Grönländern die Ver
kündigung des Evangeliums entzogen werden", das war der Gedanke
der ihn fortwährend bewegte und den er freimüthig und mit innere
Wärme dem Könige mehrfach vortrug. Fand derselbe bei Christia
auch Verständniß, so kam es doch zunächst noch zu keiner anderweite
Entscheidung. Unter diesen Verhältnissen reifte in dem fromme
Grafen der Entschluß, selber die Mission zu erhalten und fortzuführe
wenn er über die Mittel und Wege dazu auch noch nicht im Kla
ren war.

Bei seiner Rückkehr nach Herrnhut zünde as Feuer für d
Bekehrung der Heiden bald in der ganzen Geme. e. Infolge der An
sprache eines von Kopenhagen mitgekommenen Negers fanden sich ei
paar Brüder beseelt vom Drange nach St. Thomas hinaus zu gehe
und sollten sie selbst Sklaven werden müssen, um den Schwarzen d
Liebe des Heilandes verkündigen zu können. Doch auch was di
Begleiter des Grafen von den Grönländern erzählten, trug in de
Gemeinde seine Früchte.

Am Hutberge wurde damals ein neuer Gottesacker angelegt. Zu
jener schlichten Leute waren dort mit Hacke und Schaufel an der Arbei
Matthäus Stach hatte schon lange etwas auf dem Herzen, daß e
sich in Schüchternheit bisher nicht zu sagen getraute. Nun entdeck
er sich seinem Gefährten mit der unwiderstehlichen Neigung na
Grönland zu gehen. Auch dieser offenbarte sein Verlangen, dem Herr
unter den Heiden zu dienen. Nach ernster Besprechung traten bei
in das nahe Gebüsch, beugten ihre Knie und flehten um Aufklärun
über den göttlichen Willen in dieser Angelegenheit. Sie wurden dab
von „ungemeiner Freudigkeit" erfüllt und boten sich darauf der Gemein
als Sendboten für Grönland an. Fast ein Jahr verging jedoch al
Warte= und Prüfungszeit, ohne daß ihnen eine Antwort zu Theil wurd
Als Stach sich aber noch fest in seinem Entschluß zeigte,[1] gab ih
der Graf zu dem Vorhaben seinen Segen. Er wählte seinen Vett
Christian Stach zum Begleiter; zur Leitung der Mission ab
wurde der vielbewährte Bruder Christian David, der Zimmerman
bestimmt.

„Unsere Ausrüstung," berichtet M. Stach, „brauchte nicht vi
Zeit und Kosten. Die Gemeinde (zu Herrnhut) bestand mehrenthei
aus armen Exulanten, die uns nicht viel mitgeben konnten, und w
selbst hatten außer unserer gewöhnlichen nöthigsten Kleidung gar nicht
Wir waren gewohnt, uns mit wenigem zu behelfen, und sorgten nich
wie wir nach Grönland kommen oder da bestehen würden. Den T
vor unsrer Abreise lief von einem Freunde in Venedig ein Geschenk

---

[1] Der andre, Böhmisch, hatte inzwischen eine andre Reise antreten müssen.

selb ein; davon wurde uns etwas zur Reise nach Kopenhagen gegeben; damit hielten wir uns für so reichlich versorgt, daß wir unterwegs von niemandem weiter etwas annahmen und einfältig glaubten, der uns zu dieser Reise zu rechter Zeit das Nöthige gegeben, der werde auch für die Ausführung unsers Vorhabens sorgen, sobald wir etwas brauchen würden. Viel Unterricht konnte man uns auch nicht geben, denn die Gemeinde hatte noch keine Erfahrung von Missionen; man überließ uns also, in allen Umständen so zu handeln, wie uns der Herr und sein Geist leiten würde. Nur wurde uns empfohlen, uns einander brüderlich zu lieben, den treuen Knecht des Herrn, Christian David, als einen Vater zu ehren, und dem durch viele Uebungen bewährten Apostel der Grönländer, Herrn Egede, wenn er uns brauchen wollte, als seine Gehülfen beizustehen; wollte er uns nicht brauchen, so sollten wir ihn im geringsten nicht stören, übrigens aber für uns allein wohnen und unser Hauswesen so einrichten, wie es zu einem gottseligen Leben und Wandel gehört." Unter Handauflegung und Gebet von dem Aeltesten der Gemeinde gesegnet, begaben sich die Brüder am 19. Januar 1733 auf die Reise nach Kopenhagen. Hier war inzwischen die Stimmung für Grönland günstiger geworden. Auf Egede's inständiges Bitten hatte der König schon 1732 noch einmal ein Schiff mit Proviant dorthin geschickt; und da dies mit einer größeren Ladung von Produkten als sonst zurückgekehrt, war die Fortsetzung des Handels[1] und der Mission beschlossen worden. Für die letztere waren jährlich 2000 Thaler ausgesetzt, wozu Zinzendorf's Einfluß mitgewirkt hatte.

Die Brüder wurden zwar von einigen Gesinnungsgenossen, an die sie empfohlen waren, freundlich aufgenommen; doch konnte man ihnen für ihre Sache wenig Hoffnung machen, bis der Oberkammerherr Graf von Pleß, nachdem er sich von ihrem Glaubensgrund und der edlichen Absicht ihres Vorhabens hinlänglich überzeugt, ihr Begehren, mit dem nächsten Schiffe nach Grönland gesandt zu werden, beim Könige anbrachte und kräftig unterstützte. Als man ihm bei Hofe die Erinnerung machte, da des gelehrten und eifrigen Egede zehnjährige Bemühungen fruchtlos gewesen, so würden diese jungen Laien noch viel weniger ausrichten, antwortete er: Gott habe allezeit zur Ausführung der größten Absichten in seinem Reiche sich der geringsten und vor der Welt unansehnlichsten Werkzeuge bedient, um zu zeigen, daß Ihm allein die Ehre gebühre, und die Menschen zu gewöhnen, nicht auf ihre Einsichten und Vermögen, sondern auf seine Segenshände zu sehen. Der König aber ließ die drei Brüder selbst vor sich kommen, und ihr einfältiger, herzlicher und lebendiger Glaube und der Eifer ihrer Liebe ging ihm so zu Herzen, daß er den dreien gestattete, als Missionare nach Grönland zu gehen und ihnen ein eigenhändiges Empfehlungsschreiben

---

[1] Im Jahre 1734 ging derselbe vermittelst königlichen Freibriefes ganz in die Hände des jütländischen Kaufmanns Jakob Severin über. Derselbe übernahm bei einer jährlichen Unterstützung von 6000 R. Thalern die Verpflichtung, die Mission zu unter-

an Egede mitgab. „Ja", sagte er, „wenn die ganze Brüdergemein[
nach Grönland ziehen wollte, so wollte ich sie hinübersetzen lassen u[
mit allem Nöthigen versehen", und mit großer Freude konnte Christi[
David nach Herrnhut schreiben: „Niemals hätte ich geglaubt, daß [
solch einen König und solch eine königliche Familie gebe, wo man G[
sucht von ganzer Seele." Von verschiedenen Standespersonen wurd[
ihnen Beiträge zur Reise und zum Anbau in Grönland verehrt; a[
sie aber einst bei dem frommen Grafen von Pleß zur Tafel gelad[
waren, fragte sie dieser über Tische, wie sie in Grönland sich zu näh[
gedächten? Chr. David antwortete: „Von unsrer Hände Arbeit u[
Gottes Segen; wir wollen uns auf den Ackerbau legen und ein Ha[
für uns bauen, damit wir niemand beschwerlich fallen." Auf d[
Einwurf des Kammerherrn, es sei kein Holz da, wovon sie denn bau[
wollten, war Chr. David's Antwort: sie wollten sich in die Erde gr[
ben. „Nein", erwiderte jener, „das sollt ihr nicht thun; nehmt Ho[
mit euch und baut euch ein Haus, hier habt ihr 50 Thaler dazu.[
Durch solche Gnadenerweisungen der göttlichen Fürsorge mächtig gestär[
segelten sie am 10. April 1733 im königlichen Schiffe Caritas vo[
Kopenhagen ab mit der Tageslosung: „Der Glaube ist eine gewi[
Zuversicht deß, das man hoffet, und nicht zweifelt an dem, das ma[
nicht siehet."

Die Seereise ging im ganzen leicht und schnell von statten. N[
einmal gerieth das Schiff ins Treibeis, wurde aber bald wieder fre[
Auch einen Sturm überstand man glücklich und landete am 20. M[
zu Godthaab. Egede nahm die Brüder freundlich auf, die mit Staun[
hier in dem Lande ihrer Sehnsucht nun doch manches anders fand[
als sie es sich vorgestellt. Doch verzagten sie nicht angesichts der groß[
Schwierigkeiten, sondern machten sich in kindlichem Glauben ans Wer[
An der nächsten Stelle des Strandes, die zum Wohnplatz geeign[
schien, erbauten sie zunächst ein grönländisches Haus, wobei ihnen o[
die Hände an den Rasenstücken empfindlich froren. Schon am 6. Ju[
konnten sie dasselbe mit feierlicher Einweihung beziehen. Daneben b[
gannen sie dann aus dem mitgebrachten Holze ein ordentliches Gebäu[
zu errichten. Die neue Niederlassung nannten sie Neuherrnhut.

Im ganzen erscheinen uns die Brüder als einfältige Gotte[
Kinder, die dem Herrn folgen, auch wo das Menschenauge lauter U[
möglichkeiten sieht. So zeigt sie uns der erste Bericht an die heim[
liche Gemeinde. Bald aber sollten auch Unarten bei ihnen zu Ta[
kommen, wie sie hier und dort aus einseitigem Pietismus entspring[
Der Streit, welcher damals die evangelische Kirche erschütterte, w[
selbst an den fernen Gestaden Grönlands wie ein Wetterleuchten [
bemerken. Darf man Egede auch keineswegs jene verknöcherte Orth[
doxie vorwerfen, die den Pietismus mit Recht zum Widerstande reiz[
so befand er sich doch in dem etwas steifen Kirchenthume, wie es [
Norwegen herrschte, und wurde vorsichtig gegen die pietistischen Ankömm[
linge, zumal da ihm Warnungsbriefe über ihre irrige Lehre zug[
gangen waren. Offen und ehrlich suchte er sich nun mit ihnen [
verständigen. Dadurch entspann sich jedoch ein Briefwechsel mit be[

ur eine halbe Stunde entfernt wohnenden Christian David, in dem
l unerquicklicher Weise die der Mission anhaftende Schwäche und
Renschlichkeit zu Tage trat. Letzterer lieferte statt der erbetenen Er=
ärung über die Lehre von der Rechtfertigung durch den Glauben eine
60 Seiten lange theologische Abhandlung über die ganze Heilsordnung,
1s innerste Wesen der Sünde u. s. w. sowie über Kirchenwesen, Uni=
rfal= und Partikulargemeinde, über das tausendjährige Reich u. s. w.
)arin kamen sonderbare Dinge vor, und es war kein Wunder, daß
gede darin manches grillenhaft und phantastisch fand.   Dennoch schloß
' seine Erwiderung mit den Worten: „Allerletzt zu berühren von
trem Erbieten und guten Intention, die Grönländer mit mir zu leh=
m und in Gottes und Christi Erkenntniß zu unterrichten, da finde
h in solchem eurem guten Willen und Vorsatz nicht allein nichts zu
deln, sondern vielmehr zu rühmen, und obschon ihr nicht studirt habt,
l könnt ihr doch nichts desto weniger geschickt und tüchtig werden,
hristi Geheimniß den wahnwitzigen Grönländern zu offenbaren, wenn
ir erst die Sprache werdet gelernt haben, wozu euch Gott Leichtigkeit
be! Ich nach meiner Erkenntniß und Vermögen will euch dazu von
erzen gern Anleitung geben u. s. w." Dadurch hätte nun das gute
invernehmen wieder hergestellt sein können, wenn nicht ein Mißver=
ändniß den Christian David veranlaßt hätte, den Briefwechsel fortzu=
ßen, indem er in der Folge in beschränkter pietistischer Auffassung
n Egede und seinem Missionswerk eine unberechtigte Kritik übte. Ein
emeinsames Arbeiten war dadurch vereitelt. Doch hielt Egede, so
inge er im Lande blieb, gute Nachbarschaft mit den Brüdern und
brte samt seiner Frau nicht auf, ihnen mit großer Willfährigkeit
l dienen und in der Noth auszuhelfen. Er hatte ihnen seine schrift=
chen Arbeiten über die grönländische Sprache zum Abschreiben gegeben
nd ließ sie ihnen durch seine Kinder erklären. Da sie aber niemals
was von den Regeln und Kunstwörtern der Grammatik gelernt hatten,
) machte es ihnen eine unsägliche Mühe, eine so schwere Sprache zu
:lernen. Sie ermüdeten daher im Anfang oft über dem Lernen.
)azu kam noch, daß die Grönländer sich nicht mit ihnen unterhalten
iollten, und überdies bei aller Gelegenheit ihre mit vieler Mühe
bgeschriebenen Bücher wegstahlen.

Auch gab es sonst Noth genug, zunächst durch eine verheerende
Iocken=Epidemie, die durch einen von Dänemark heimkehrenden Eskimo=
inaben eingeschleppt war. Der oben genannte Friedrich Christian
iar zuerst durch ihn angesteckt und dahin gerafft worden. Bald aber
riff die Seuche so furchtbar um sich und wüthete so hartnäckig, daß
ach Verlauf eines Jahres in der Umgebung von Godthaab von der
00 Familien starken Bevölkerung nur noch Reste von 30 Familien
brig blieben. Egede und die Brüder waren unermüdlich in Werken
armherziger Liebe. Auf alle Weise suchten sie zu rathen und helfen,
u trösten, zum Tode zu bereiten und selbst zu begraben. Denn an
ielen Orten fanden sie die Häuser schon ausgestorben; die Leichen
rinnen, oder noch unbegraben daneben im Schnee. Viele Waisen
ahm Egede zu sich, und diese aufopfernde Liebesthätigkeit machte auf

viele Eingeborne einen tiefen Eindruck, auch zeigte sich manche Fru[ch]
des Unterrichts an den Kindern.

Die Brüder aber wurden selber, einer nach dem andern, kran[k]
auch sie wurden von Egede und seiner Gattin treulich gepflegt. I[n]
dieser Zeit der Plage (in der in Grönland fast 3000 Menschen starbe[n]
schrieben sie: „Wir sind jetzt in einer Glaubensschule, indem wir no[ch]
gar nichts vor uns sehen. Unter den Heiden spüren wir nicht d[as]
geringste Gute, nicht einmal einen Seufzer: und dazu finden sie be[im]
Tod, wo sie das Leben bekommen sollten. Uns mögen wir anseh[en]
wo wir wollen, so finden wir nichts als Elend von außen und vo[n]
innen. Von außen finden wir nicht einmal die leibliche Tüchtigke[it]
in diesem Lande bauern zu können: die muß Gott uns erst geben. —
Von innen ist uns alles, was vom guten Willen herrühren kan[n]
sogar auch der Muth im Lernen der Sprache, weggefallen, n[ur]
allein, was die Gnade gewirkt hat, ist uns geblieben.“ Doch hielte[n]
sie aus.

Im August des folgenden Jahres kamen ihnen zwei Brüder, d[ie]
schon genannte Friedrich Böhnisch und Johann Beck, zu Hülf[e]
und von nun an konnten sie die Grönländer fleißig besuchen, wußte[n]
auch durch ihr stilles, eingezogenes Wesen die Achtung und das Zu-
trauen der Heiden sich zu erwerben. Bald aber geriethen sie i[n]
drückenden Mangel an Nahrung, und da Christian David, der d[ie]
Brüder blos nach Grönland hatte geleiten sollen, nach Europa zurückkehrte, setzte ihnen jedermann zu, ihm nachzufolgen, da sie doch kein[e]
Aussicht zum Durchkommen hätten. Selbst die Grönländer spottete[n]
ihrer und sagten: „Eure Landsleute taugen nichts, weil sie euch nich[t]
geschickt haben; und wenn ihr nicht zurückgeht, so seid ihr nicht klug.“
Sie aber antworteten: „Der Herr unser Gott kann uns wohl erhalten
und wo er es nicht thun will, so fallen wir in seine Hände.“
Und ihr Vertrauen wurde nicht getäuscht, der Herr half gnädi[g]
durch, und am 7. Juli 1736 kamen nicht blos neue Vorräthe aus de[r]
Heimat, sondern auch als Gehülfinnen die verwittwete Mutter de[s]
Matth. Stach und ihre zwei Töchter. Die ältere heirathete alsbal[d]
Beck, die jüngere nach einigen Jahren Böhnisch.[1]

Inzwischen hatte Egede, von seiner langen, kummervollen Arbei[t]
am Leibe und Gemüthe erschöpft, seine Rückkehr vorbereitet. Scho[n]
1734 war sein Paul, der freilich ursprünglich viel lieber Seeoffizie[r]
geworden wäre, nach vollendetem theologischen Studium und ordinir[t]
mit zwei andern Missionaren nach Godthaab zurückgekehrt. Im folgenden Jahre wollte der Vater zunächst einen Urlaub zur Reise i[n]
die Heimat benutzen. Doch eine Krankheit seiner Frau hielt ihn zurück.
Auch dieses schwerste Opfer sollte der vielgeprüfte Mann noch bringen.
Nach langem Krankenlager entschlief seine treue Gertrud kurz vor dem
Weihnachtsfeste. Es war eine seltene Frau, eine christliche Heldin,
die nicht nur alle Beschwerden und Widerwärtigkeiten des Aufenthalt[s]

---

[1] Derselbe war vielfach kränklich, und da sich zeigte, daß er die Sprache nicht er-
lernen konnte, kehrte er nach einigen Jahren wieder zurück.

in Grönland mit ihrem Manne geduldig getragen, sondern ihn oft kräftig getröstet und aufgemuntert hatte. Nun brach seine Kraft vollends zusammen. Er wurde krank und hatte auch im Gemüth die härtesten Anfechtungen zu bestehen, die ihn förmlich mit Feindschaft wider Gott erfüllten. In einer Höllenangst fühlte er sich verlassen und verloren. Doch der Zustand ging vorüber. Egede rang sich im Gebete hindurch zu Gottes Barmherzigkeit.

Seines Bleibens war jedoch nicht mehr in Grönland. Am 29. Juni 1836 hielt er seine Abschiedspredigt über Jesaias 49, 1: „Ich aber dachte, ich arbeitete vergeblich 2c." und schiffte sich bald darauf mit seinen 3 jüngsten Kindern und der Leiche seiner Gattin nach Kopenhagen ein. Dort angekommen erstattete er, nach feierlicher Beisetzung der letzteren, dem Könige wie dem Missions=Kollegio ausführlichen Bericht über den Stand der Mission in Grönland. Auf seinen Vorschlag wurde dann ein Seminar begründet, in dem er einige Studenten der Theologie in der grönländischen Sprache unterwies und zu Missionaren, sowie auch einige Waisenknaben zu Katecheten ausbildete. Später wurde er zum Superintendenten der Mission ernannt und blieb stets für das Wohl der Grönländer besorgt, die er täglich auf betendem Herzen trug. Seinen Lebensabend brachte er bei seiner Tochter auf Falster zu und entschlief in dem Herrn am 5. November 1758, 72 Jahre alt.

Kehren wir nun zu den Brüdern in Grönland zurück, deren Wirksamkeit daselbst immer mehr in den Vordergrund tritt. Zunächst freilich hatten sie noch viel niederschlagende Erfahrungen zu machen. Für ihr Predigen und Lehren fanden sie meist taube Ohren. Denn entweder hatten die Grönländer bald wegen ihrer Arbeit, bald wegen ihrer Tanzgelage keine Zeit und Lust zum Hören; bald verlangten sie nur nach Neuigkeiten, oder rühmten sich wohl gar, sie wüßten schon genug von geistlichen Dingen. Blieben aber die Brüder länger als eine Nacht bei ihnen, so suchten die Heiden sie auf alle Weise zu ihren schlechten Sitten zu verführen, oder spotteten und lachten über ihr Lesen, Beten und Singen; warfen ihnen ihre Armuth vor, und erwiesen sich überhaupt ganz unempfänglich. Selbst wenn sie einmal zuhörten, waren sie doch schwer in der Aufmerksamkeit zu erhalten, und kamen immer wieder mit allerhand Einwänden und Widersprüchen. „Weiset uns den Gott", sagten sie wohl, „den ihr uns beschreibt, so wollen wir an ihn glauben und ihm dienen. Ihr beschreibt ihn zu hoch und zu unbegreiflich, wie sollen wir zu ihm kommen? Er wird sich nicht um uns bekümmern. Wir haben ihn angerufen, wenn wir nichts zu essen gehabt und krank gewesen, aber es ist, als ob er uns nicht hören wollte. Es ist wohl nicht wahr, was ihr uns von ihm sagt; oder seid ihr besser mit ihm bekannt, so schafft uns mit eurem Gebet von ihm Speise, einen gesunden Leib und ein trocknes Haus; denn weiter bedürfen wir nichts. Unsere Seele ist ja gesund, und es fehlt ihr nichts, wenn

wir nicht am Leibe krank sind, und dabei genug zu essen haben. J
seid ein anderes Volk, als wir; in einem Lande mögen die Leu
kranke Seelen haben, wir sehen es auch an so vielen, die daher komme
daß sie nichts taugen; denen wird ein Heiland, ein Arzt der See
nöthig sein. Für euch kann der Himmel und eine geistliche Freu
und Seligkeit gut genug sein, aber uns würde das zu langweilig falle
wir müssen Seehunde, Fische und Vögel haben, ohne dieselben ka
unsere Seele so wenig als der Leib bestehen. Die finden wir ni
im Himmel; den wollen wir euch nebst den untauglichen Grönlände
überlassen. Wir wollen zum Torngarsuk hinunter, da finden w
alles im Ueberfluß und ohne Mühe." — Endlich fingen die Grönländ
gar an, sich an den Personen der Brüder zu vergreifen, warfen m
Steinen nach ihnen, kletterten ihnen auf die Schultern, nahmen u
zerschlugen ihre Habseligkeiten, und suchten ihr Fahrzeug zu verderb
oder in die See zu treiben. Ja ein heidnischer Haufen umringte sog
des Nachts einmal ihr Zelt, um sie zu ermorden, und wurde nur bur
Drohen mit dem Gewehr vertrieben. Doch wurden die Brüder unt
allen Gefahren gnädig bewahrt und im Glauben gestärkt, daß sie b
Muth nicht verloren, vielmehr um so inniger den Herrn anriefen i
Gebet, und um so treuer sich bemühten, den armen, verkommenen H
denherzen zur Erkenntniß des Heils zu verhelfen.

Endlich fing denn auch die Hoffnung an aufzudämmern, daß
noch Erfolge ihrer Arbeit sehen würden. Schon in der oben erwähnt
Zeit der Noth hatte sich ein Grönländer Namens Ippegau zu ihn
gehalten und ihnen Speise verkauft, während die andern nur spottete
Bei ihm war freilich noch nichts von geistlicher Regung zu spüre
Dagegen war dies bei einem andern Namens Mangek der Fall, welch
für immer zu ihnen ziehen wollte und sich erbot seinen ganz
Fang ihnen zu überliefern, wenn sie ihn ernähren wollten. Nach u
nach bemerkte man an ihm einige Bewegung und gemeiniglich stand
ihm die Thränen in den Augen, wenn man mit ihm betete. — No
deutlicher aber zeigten sich Früchte vom Worte Gottes am 2. Ju
1738, als eine Schaar von Süden kommend Neuherrnhut besucht
Beck war gerade an der Uebersetzung der Evangelien beschäftigt u
las den Fremdlingen im Laufe seiner Unterhaltung die Geschichte vo
Leiden Christi am Oelberge vor, worauf er, selber sehr bewegt, nac
drücklich von dem leidenden Heilande zeugte. Das ging einem, b
Kajarnak genannt wurde, durchs Herz. „Wie war das?" rief e
indem er nahe an den Tisch trat, „sage mir das noch einmal, der
ich möchte auch gern selig werden. Ein freudiges Erstaunen ging be
Bruder durch Mark und Bein, der solche Worte noch nie von eine
Grönländer gehört hatte. Auch auf andere aus der Gesellschaft macht
was weiter mit ihnen geredet wurde, einen tiefen Eindruck. Doch zog
sie alle ihres Wegs. Aber schon am 18. Juni waren viele von ihn
wieder da, und Kajarnak zeigte immer deutlicher, daß er einen Hak
ins Herz bekommen hatte. Seitdem kam er öfter und zog zuletzt ga
zu den Brüdern und ließ sich weder durch das Zureden noch durch b
Spott seiner Landsleute bewegen, wieder wegzugehen. „Ich will denno

ei meinen Lehrern bleiben", sagte er, „und Gottes Wort hören, daß
ch nun einmal geschmeckt habe." Es war ein besonderer Mensch; er
atte immer etwas in seinem Gemüthe, entweder ein kurzes Stoßgebet,
der einen Bibelspruch; oft war er so bewegt, daß ihm die Thränen
über die Wangen rollten. Wenn ihm seine Genossen anhören wollten,
so redete er, spotteten sie, so schwieg er, nachdem er ihnen mit wenigen,
ernstlichen Worten die Wahrheit bezeugt hatte. Endlich gewann er bei
einem nächsten Freunde so viel, daß sie sich entschlossen, zu den Brü=
dern zu ziehen, und bald folgten noch einige Familien, so daß zu
Anfang Oktobers über 20 Eingeborne in zwei Häusern zu Neuherrn=
hut wohnten. Mit diesen wurde täglich des Morgens und des Abends
Betstunde gehalten; Sonntags wurde ihnen ein Stück aus der Bibel
vorgelesen und erklärt, fünf Personen wurden für die Taufe in beson=
dere Unterweisung genommen, die Kinder aber im Lesen unterrichtet,
was im Anfang freilich sehr schwer hielt, da die grönländischen Kinder
der Zucht gänzlich ungewohnt sind. Wenn ihre Grönländer krank
wurden, so pflegten die Brüder sie treulich an Leib und Seele, und
hatten dabei die Freude, an ihnen zu bemerken, daß Vertrauen auf
Gottes Hülfe und Ergebung in seinen Willen an die Stelle der sonst
bei den Heiden gewöhnlichen Todesfurcht trat. Sie folgten ihnen auch
auf ihre Erwerbsplätze, und da im Frühjahr 1739 eine große Kälte
und Hungersnoth die Eingebornen heimsuchte, kamen ihrer viele zu
den Brüdern, welche ihnen nach Vermögen beistanden und diese Gele=
genheit wahrnahmen, dem Evangelio Eingang zu schaffen. Bei man=
chem fand auch die Wahrheit Eingang, insbesondere aber an Kajar=
nak und den übrigen Katechumenen zeigte es sich auf erfreuliche Weise,
daß die Gnade tiefe Wurzel in ihren Herzen gefaßt hatte. Denn sie
führten einen ganz neuen Wandel, entsagten ihren heidnischen Sitten
und erduldeten freudig Schmach und Verachtung von Seiten ihrer
Volksgenossen. Besonders war Kajarnak während des Unterrichts
oft sehr gerührt, ermahnte am Schlusse desselben manchmal die Seinen,
der schloß mit einem kurzen, kräftigen Gebet. Dabei verrieth er ein
aufgeklärtes Gemüth, half seinen Lehrern zu Worten, die sie suchten,
und verbesserte ihre Ausdrücke, oder ließ sich von ihnen Antwort und
Erklärung geben, wenn er etwas nicht verstand. So wuchs denn das
Werk der Gnade in diesen Erstlingen aus den Heiden, und am zweiten
Ostertage, den 30. März 1739, wurde Kajarnak nebst seiner Frau,
einem Sohne von 5 und einer Tochter von fast 1 Jahr durch Matth.
Stach unter großer und herzlicher Bewegung aller Anwesenden getauft.
Er selbst bekam den Namen Samuel, seine Frau ward Anna, sein
Sohn Matthäus und seine Tochter Arna genannt.

Leider wurde die Freude der Brüder über diese Getauften bald
wieder getrübt. Kaum vier Wochen waren seit der Taufe verstrichen,
als etliche Heiden aus dem Norden einen Schwager Kajarnak's unter
dem Vorgeben, daß er ehemals den Sohn ihres Anführers todt gehetzt
habe, auf eine hinterlistige und grausame Weise ermordeten, und den
Kajarnak selbst und seinen andern Schwager auch umzubringen drohten.
Da geriethen die Südländer in große Furcht, und gedachten alle zu

fliehen; und obschon die Brüder alles versuchten, sie zu halten, mußte
sie die Besorgten doch endlich nach dem Süden ziehen lassen. In
einigen Wochen war die ganze Gegend, bis auf zwei Zelte, von Grönländern entblößt, und dazu mußten die Brüder sich noch vorwerfen
lassen, daß sie zwar Heiden taufen, aber nicht zu wahren Christen
machen, noch sie der herumziehenden Lebensart entwöhnen und bei sich
behalten könnten. Bald aber wurden sie getröstet, indem vorbeiziehende
Südländer ihnen erzählten, sie hätten von den Geflüchteten unterwegs
viele wunderbare Dinge von Gott gehört, wovon sie gern weiter unterrichtet sein wollten. Nach einiger Zeit kam auch Simek, ein Ver-
wandter Kajarnak's, aus dem Süden wieder mit den Seinigen
•zurück, und nach und nach fanden sich im.mer mehrere wieder ein, so
daß im Winter 1739—1740 neun Familien bei den Brüdern wohnten,
denen es freilich im Anfange nicht leicht ward, ihre alte heidnische
Weise aufzugeben, die aber doch willig waren, dem Evangelium Ge-
horsam zu leisten, und darum auch die Kraft desselben an ihren Herzen
erfuhren. Denn die Brüder hatten ja nun durch Gottes Gnade gelernt,
wie sie den Herzen nahe kommen konnten. Bis zum Jahre 1739
hatten sie noch geglaubt, mit Verkündigung der im ersten Artikel unsers
Glaubensbekenntnisses enthaltenen Wahrheiten beginnen zu müssen.
An Kajarnak aber hatten sie gelernt, wie das Zeugniß von dem Leiden
des Heilandes viel wirksamer sei, auf die harten Herzen einen Eindruck
zu machen. Die Liebe Christi ging den Heiden am ehesten zu Herzen.
Dabei erwachte ihr Gewissen und führte sie zur Erkenntniß der Sünde,
wie andrerseits zum freudigen Ergreifen der auch für sie vollbrachten
Erlösung. Von daher gewannen denn auch die Lehren des ersten Ar-
tikels das rechte Licht. Hiernach richteten die Brüder ihre Predigtweise ein, in der sie durch den Besuch des von Zinzendorf gesandten
Andreas Grasmann bestärkt wurden. „Von da an", schreibt
Böhnisch 1739, „ging eine ganz neue Erweckung und Gnadenarbeit
unter den Grönländern an, und man kann nicht genau sagen, wie viel
Seelen durch das Zeugniß vom Lamm und seinen Wunden sind angefaßt und überzeugt worden, indem wir nicht mehr nur vor Zelten
und Häusern den gekreuzigten Gott, unser Lamm, sein Blut und seine
Wunden verkündigen, sondern ganzen Schaaren von hundert und
mehreren. Der Heiland schenkte uns auch einen solchen Zufluß in der
Sprache, daß wir selbst darüber erstaunten, und wenn das Herz vom
Blut und von den Wunden angefaßt und gerührt war, so quollen auch
die nöthigen Ausdrücke heraus. Der Schall dieser neuen Lehre ist schon
auf die 170 Meilen weit von uns erschollen, und hat sich durch die
beständige Auf= und Niederfahrt der Grönländer allenthalben herum
verbreitet. Wenn man jetzt mit einem Haufen Grönländer redet, und
denkt, man hat lauter unbekannte und wilde Menschen vor sich, so
kommt hier und da eins hervor und sagt: „das hab' ich auch schon
da und da gehört, und ist mir auch schon so in meinem Herzen gewesen,
aber der Feind hat mich wieder davon abgebracht; ich will mich nun
bekehren."

Am 4. Juli 1740 verheirathete sich Friedrich Böhnisch mit der sechszehnjährigen Anna Stach, und als die ganze Gesellschaft beim Hochzeitsmal zusammen saß, siehe, da trat auf einmal Samuel Kajarnak herein und brachte auch seinen Bruder und dessen Frau mit sich. Freudig begrüßt von den Versammelten, erzählte er, er habe den Heiden im Süden alles, was er von den Brüdern gehört hätte, wieder verkündigt. Anfangs hätten sie es gern und mit Vergnügen gehört, als sie aber dessen überdrüssig geworden, und nur Spott und Leichtsinn damit getrieben hätten, habe er sich in die Stille begeben und mit seiner Familie allein Betstunden gehalten. Zuletzt aber habe es ihn sehr verlangt, wieder bei den Brüdern zu sein, und er könne sie nun unmöglich wieder verlassen, weil er auch abwesend ihre Liebe empfunden. Er blieb auch fortan bei ihnen und leistete ihnen treulich Hülfe, indem er seinen heidnischen Landsleuten bezeugte, was die Gnade des Herrn an ihm gethan habe. Eine ähnliche Hülfe erlangten die Brüder bald darauf an einer Jungfrau, Namens Puffimek. Der war das Wort des Lebens ins Herze gedrungen, und man bemerkte einmal in der Versammlung, daß sie ihre Hände vors Gesicht hielt, um ihre Thränen zu verbergen, und heimlich seufzte: „O Herr, laß dein Licht durch die sehr dicke Finsterniß bringen!" Ein ander mal fand man sie an einem einsamen Ort auf den Knien liegen, und hörte nur die Worte: „Ach Gott, du weißt, daß ich von meinen Eltern her sehr verdorben bin; erbarme dich über mich!" Als man sie fragte, was sie da mache, antwortete sie: „Weil ich nun anfange zu glauben, so bete ich alle Tage in der Stille zu Gott, daß er mir wolle gnädig sein." Sie wurde darauf besonders unterrichtet, und als sie einst zur Beständigkeit im Gebet ermahnt ward, fing sie selbst mit Thränen an zu beten: „Ach Jesu, mein Herz ist sehr böse, mache mich doch recht betrübt darüber, weil du es so haben willst; nimm die bösen Gedanken von mir hinweg und richte mein Herz zu, daß es dir gefällig werde. Und weil ich dein Wort noch nicht weiß, so gib mir deinen Geist, der mich unterrichte." — Ihre Verwandten, die nicht ihres Sinnes waren, hielten sie sehr hart, weßhalb sie die Brüder inständig bat, sie in ihre Dienste zu nehmen. Auch ließ sie sich weder durch gute noch böse Worte von den Ihrigen bereden, ihre Lehrer wieder zu verlassen. So wurde sie denn nach gehörigem Unterricht am 30. Oktober 1740 getauft, unter großer Rührung vieler anwesenden Grönländer, und erhielt den Namen Sarah. Leider zeigte sich später bei ihr ein starker, geistlicher Hochmuth, durch den sie den Brüdern viel zu schaffen machte.

Im Februar 1741 wurde Samuel (Kajarnak) von einem heftigen Seitenstechen befallen, welches sein Ende herbeiführte. In den größten Schmerzen bewies er gläubige Geduld und Ergebung, und wenn die Seinen ihm etwas von irdischen Dingen vorreden wollten, sagte er, sie sollten ihm sein Herz damit nicht schwer machen, er hätte den Heiland immer in seinem Sinne. Ein ander mal äußerte er, er wisse wohl, daß seine Schmerzen nichts wären gegen das, was der Heiland für ihn ausgestanden; er sei auch überzeugt, daß er mit seinem

4*

bösen Leben nicht nur viel größere Leibesschmerzen, sondern selbst
ewige Verdammniß verdient habe, aber er glaube gewiß, daß der So
Gottes darum ein Mensch worden und sein Blut vergossen, damit
ihn von allen Sünden erlösen und ihm das ewige Leben schenl
möchte. Als die Seinigen um sein Sterbebette weinten, sprach
„Betrübet euch doch nicht um mich, ihr habt es ja oft gehört, b
die Gläubigen, wenn sie sterben, zum Heiland in die ewige Frei
kommen. Ihr wisset, daß ich von euch der erste gewesen bin, der
zu ihm bekehrt hat; und nun ist es sein Wille, daß ich der erste se
soll, der zu ihm kommt. Wenn ihr ihm treu seid bis ans Ende,
werden wir uns bei ihm wieder sehen und uns über der Gnade,
er uns gethan hat, ewiglich freuen. Indessen wird er euch, u
sonderlich meine Frau, schon zu ernähren wissen." Am 27. Febru
entschlief er ganz sanft unter dem Gebet der Brüder, die seine Se
dem Herrn empfahlen. Seine Angehörigen waren, ganz gegen
Sitte der Grönländer, ruhig und ergeben bei seinem Abscheiden, u
baten die Brüder, ihn nach christlicher Weise zu beerdigen. So wu
er denn unter feierlicher Begleitung mit Gesang und Gebet zur E
bestattet, und damit zugleich der neue Gottesacker eingeweiht.
ganze Feier machte auf die Grönländer einen tiefen Eindruck, t
Brüdern aber ging sein Tod sehr nahe, denn sie verloren an i
einen erweckten, begabten und gesegneten Zeugen des Evangeliu
unter seinen Landsleuten und einen brauchbaren Gehülfen für i
Uebersetzungsarbeiten.

Mit dem dänischen Missionar Drachart, der Godthaab seit 17
bediente, standen die Brüder in enger Verbindung. Ja er trat sel
später zur Brüdergemeinde über. Um diese Zeit reiste M. Stach n
Europa und empfing die Ordination. Wenig später erfolgte bei sei
Anwesenheit in Kopenhagen seine, und damit auch der Brüdermissi
in Grönland Anerkennung seitens der dänischen Regierung. —
da ab mehrten sich die Erfolge unter den Grönländern zusehen
Jährlich wurden mehrere durch die Taufe zur Gemeinde hinzugethe
und jeden Winter hatten die Brüder eine größere Anzahl von Erwec
und Gläubigen um sich herum wohnen, unter denen sie die zur
bauung nöthigen Einrichtungen trafen. Sie theilten sie in kle
Gesellschaften, in denen vier bis fünf Personen desselben Geschlec
unter Aufsicht eines Lehrers sich über ihren Herzenszustand frei un
reden und einander in Liebe erinnern konnten. Auch wurden die
der Brüdergemeinde üblichen Chorversammlungen unter ihnen eingefül
Die Kinder wurden im Lesen und die Frauen und Jungfrauen
Singen unterrichtet; die Männer aber lernten die ins Grön
übersetzten Lieder samt den Melodien von den andern während
Arbeit in ihren Häusern. Sarah (Pussimek) a 3. Febru
1743 mit Simon Arbalik, der zu gleicher Br teit unter f
Nation Hoffnung gab, zur Ehe verbunden. war dies die
Trauung Eingeborner nach christlicher Ordnung. enn ich die
kehrten im Sommer auf ihre Erwerbsplätze zerstreuten, gewannen
vielfach Einfluß auf heidnische Volksgenossen. Leider zeigte sich b

jedoch bald geistlicher Hochmuth und ein lehrsüchtiges Wesen, dem die Missionare mäßigend entgegentreten mußten.

Bei dem Eingang aber, welchen das Evangelium je länger je mehr unter den Grönländern fand, fürchteten die Angekoks, ihr Ansehen und den Gewinn ihrer betrüglichen Kunst endlich ganz zu verlieren. Sie suchten daher auf alle Weise die noch unschlüssigen Heiden durch allerlei Erdichtungen von ihrer Bekehrung abzuhalten. So gab einer von ihnen vor, er habe eine Reise in den Himmel angestellt, um zu erfahren, wie es mit den Seelen der Grönländer stehe; da habe er denn alle Getauften in einem elenden Zustande, ohne Nahrung und Kleidung, die Ungetauften dagegen in lauter Wohlleben angetroffen. Ein anderer verbreitete die Nachricht, daß auf einer der dänischen Kolonien ein getaufter Grönländer gestorben, bald nachher aber ganz nackend wieder gekommen sei und erzählt habe, er sei in ein finsteres Loch gejagt worden, darin er große Noth leide. Solche Lügen wurden von denen geglaubt, welche gern eine Entschuldigung haben wollten; im allgemeinen aber richteten jene Betrüger nichts aus. Die Grönländer vergaßen solche Erdichtungen bald und fanden sich wieder bei den Brüdern ein, besonders wenn sie wußten, daß eine Taufe sein sollte. Doch befanden sich unter den Besuchenden auch solche, die der Wahrheit noch widerstrebten, und unter diesen auch manche, die die Gläubigen verfolgten und ihnen auch wohl nach dem Leben trachteten; selbst das Leben der Brüder war mehrmals bedroht. So drang z. B. ein heidnischer Haufe einmal ins Haus, als nur M. Stach dort war. Durch seine unerschrockene Ansprache aber wurden ihre Absichten vereitelt. Nachher hielt ihnen auch Sarah, die dazu kam, noch eine lange Rede. So wurden sie ganz bewegt, gingen eine Zeit lang mit gefalteten Händen im Hofe herum und führen noch vor Abend wieder weg.

Bei der wachsenden Gemeinde fehlte es bald an Platz zu den Versammlungen. Um diesem Mangel abzuhelfen, ließ man in Holland ein großes Haus mit Betsaal zimmern, zu dessen Aufstellung der alternde Christian David noch einmal nach Grönland ging. Am 16. Oktober 1747 konnte der Saal mit der Taufe dreier Personen und einem Liebesmahl[1] eingeweiht werden. Bald darauf konnte auch mit einigen Eingebornen nach voraufgegangener Einsegnung zum erstenmal das heilige Abendmahl gefeiert werden, wobei sie sich äußerst gerührt zeigten. Sie sagten nachher, ihr Leib hätte in den Staub sinken und ihr Geist aufwärts fliegen mögen; sie hätten an nichts denken mögen als an die Liebe des Heilandes.

Am Schlusse des genannten Jahres bestand die Gemeinde schon aus 134 Getauften. Ein wichtiges Ereigniß war M. Stach's Reise mit 5 Getauften nach Europa. Zwei derselben, Sarah und ihr Mann, kehrten nicht nach Grönland zurück, sie gingen heim zu Herrnhut. Die drei andern führte Stach über Nordamerika, wo sie die

---

[1] Es gab dabei Erbsen; den Gesang begleiteten 3 Violinen und eine Flöte. In dem hell erleuchteten und mit Transparenten gezierten Raume waren die Eingebornen ~ie trunken vor Freude und wollten kaum wieder auseinander gehen.

pennſylvaniſchen Gemeinden[1]) beſuchten, wieder in ihr irbiſches Vaterland. Unter ihnen war Judith Iſſet, eine Jungfrau, die nach dem
Vorbilde der europäiſchen Gemeinden das erſte Haus für ledige
Schweſtern in Grönland einrichtete. Aus einem ihrer ſpäteren Briefe
ſei darüber Folgendes angeführt: „Ich bin dieſen Winter mit meinen
Schweſtern ſehr vergnügt. Ich erzähle ihnen manchmal, wie die
Schweſtern in der Gemeinde drüben über dem Waſſer nichts anders
ſuchen, als dem Heiland zu gefallen und ihm zu leben. Da wünſchen
wir: Ach, wenn wir ihn auch ſo lieb hätten!" Zwei Tage vor ihrem
im Oktober 1758 erfolgenden Ende ſchrieb ſie noch an eine liebe
Freundin in Europa: „Nun ſchicke ich dir den letzten Kuß aus meinem
Herzen zu. Meine Hütte iſt von der Krankheit gar ſehr geſchwächt,
aber ich denke dabei immer an meines Heilands Leiden und freue
mich gar ſehr auf das ſelige Stündlein, wenn er mich rufen wird,
und daß ich mit meinen Augen werde ſeine Wunden ſehen, weil ich
auch eine mit ſeinem theuren Blute Erlöſte bin."

1753 wurde auch für Knaben und ledige Männer ein eigenes
Haus, in dem ſie im Winter allein wohnen und ſchlafen ſollten, gebaut.
In demſelben lernten ſie außer ihrer Fertigkeit mit dem Kajak und
dem Jagdgeräth noch manche andre Hantirung, in der ſie es bald
zu großer Geſchicklichkeit brachten. Einige ſchrieben ungemein ſauber
Deutſch und Grönländiſch, ſpielten verſchiedene Inſtrumente und
dergleichen.

In dieſe Zeit fällt auch die Aufſtellung gewiſſer Regeln für das
häusliche Leben, die jedesmal beim Beginn des Winters allen nach
Neuherrnhut ziehenden Grönländern eingeſchärft wurden und welche
allerlei Reſte heidniſcher Sitte beſeitigten. — Auch iſt die durch den
dazu beauftragten Biſchof Johann Wattwille abgehaltene Viſitation
zu erwähnen.[2]) Derſelbe erwarb ſich die Liebe der Grönländer in
hohem Grade. Gleich hernach und im Jahre 1754 noch einmal wurden
ſie aber durch eine Krankheit mit heftigem Kopfſchmerz, Bruſt- und
Seitenſtechen heimgeſucht, an der auch, außer zahlreichen Heiden, gegen
100 Getaufte ſtarben. Bei allem Schmerz über dieſen Verluſt fanden
die Brüder doch Troſt in der ſeligen Herzensſtellung der Sterbenden,
wie in der thätigen Liebe der Ueberlebenden. Der Beſuch von Heiden
auf der Station dauerte indeſſen fort, und immer mehre gläubige
Grönländer konnten als Helfer die Brüder in ihrer Arbeit unterſtützen,
indem ſie theils die Kinder in der Schule unterrichteten, theils An-
ſprachen an die Erwachſenen hielten, oder in den Häuſern ſich mit
ihnen unterredeten. So wuchs die Gemeinde nach innen und außen.
Am Schluſſe des erſten Viertel-Jahrhunderts zählte ſie ſchon 400 Seelen.

---

[1]) Dieſelben ſchenkten der grönländiſchen Gemeinde Holz zu einem Vorrathshaus,
das auch von dem dorther mitkommenden Chriſtian David gebaut wurde. Es war
dies ein dringendes Bedürfniß.

[2]) Sie war durch die bekannte „Sichtung" in der Brüdergemeinde veranlaßt.
Jene ſchwärmeriſche Ausſchreitungen hatten jedoch Grönland nur wenig berührt.

6. Weitere Entwicklung der Mission bis auf die gegenwärtige Zeit.

Schon damals war Dänemark mit Grönland durch den Handel so sehr verbunden, daß an eine Auflösung dieser Verbindung nicht mehr gedacht werden konnte. Hatte derselbe durchschnittlich auch nur mäßigen Gewinn gebracht, so hatte er sich doch in Severins Händen bedeutend gehoben, besonders seitdem die Holländer, welche früher durch Konkurrenz und offne Feindseligkeiten viel Schaden thaten, durch dänische Kriegsschiffe ganz aus der Davis-Straße vertrieben waren. Schon waren besonders in Nordgrönland mehrere feste Niederlassungen gegründet. Die Zahl derselben mehrte sich in der folgenden Periode der Geschichte der Kolonie, deren Leitung im Jahre 1750 wieder einer Gesellschaft, der sogenannten allgemeinen Handelskompagnie übertragen wurde, die sie 24 Jahre lang behielt. In dieser Zeit verbreitete sich der Verkehr über alle Theile der Küste von Upernivik bis Fredrikshaab, und es erfolgte die Anlegung aller andern Niederlassungen mit Ausnahme von dem in schwer zugänglicher Gegend später gegründeten Julianehaab. Die Mission blieb stets auf das engste mit dem Handel verknüpft. Jene Gesellschaft übernahm die Verpflichtung für ihren Unterhalt. Das Missionskollegium zu Kopenhagen hatte die Leitung derselben. Paul Egede, der bereits 1740 eben dahin zurückgekehrt war, machte sich durch seine sprachlichen Arbeiten und Uebersetzungen verdient. In dem von seinem Vater begonnenen Seminar wurde noch mancher tüchtige Missionar und Katechet ausgebildet. Sämmtliche Niederlassungen wurden, wenn nicht mit einem der ersteren, so doch wenigstens mit einem der letzteren versehen. Die Wirksamkeit dieser Männer, unter denen in jener Zeit noch manche treuen Arbeiter für das Reich des Herrn waren, sind weniger bekannt als sie es verdienen. Mit Unrecht läßt man gewöhnlich die dänische Mission in ihrem Fortgange hinter der der Brüdergemeinde verschwinden. Leider fehlen uns die Quellen zu einer ausführlichen Darstellung ihrer Entwicklung. Es genügt jedoch darauf hinzuweisen, daß die Christianisirung Nordgrönlands ausschließlich ihr Werk war. Freilich hafteten ihr manche Hindernisse an, die ihr Erfolge hinter denen der Brüder zurückhielten. Schon von vorn herein hatte der staatskirchliche Charakter des Unternehmens, sowie die enge Verbindung mit dem Handel viel Nachtheiliges. Die Missionäre blieben meistens nur vier bis sechs Jahre auf ihrem Posten und kehrten heim, wenn sie sich gerade erst recht in die Verhältnisse eingearbeitet hatten. Außerdem gelang es ihnen weniger in ihrer Predigtweise den Ton zu treffen, der bei den Eingebornen Widerhall fand, wie sich ein Augenzeuge darüber ausläßt.[1] Bei ihnen waltete mehr die Strenge des Gesetzes vor, die vielfach die Eingebornen abstieß, während die Brüder sie mit der lieblichen Friedenspredigt des Evangeliums anzulocken verstanden. Auch hatten die letzteren durch

---

[1] Lars Dalager, Grönlandske Relationer, S. 90 ff.

ihre freikirchliche Stellung, getragen von der lebendigen Gemeinde der Heimat, einen großen Vorsprung. Daher waren ihre Erfolge allerdings schneller und mußten mehr in die Augen springen.

Durfte man an jene Gemeinde zu Neuherrnhut auch keineswegs den Maßstab einer gläubigen Gemeinde christlicher Länder legen, so war doch die mit den Grönländern vorgegangene Umwandlung eine ganz merkwürdige. Der erwähnte Augenzeuge sagt a. a. O.: „Wenn ich bedenke, mit welcher Noth, Kummer und Verachtung sie die ersten Jahre hier im Lande zubringen mußten, und nun haben sie nach Verlauf einiger Jahre schon eine schmucke kleine Kirche (oder Saal) gebaut, wohin man am Sonntage über 300 Grönländer zusammenströmen sieht, unter denen hier einer ein Blasinstrument, dort einer eine Violine, ein dritter eine Cither (Guitarre?) u. f. w. nimmt, wozu der ganze Chor Lob- und Danklieder anstimmt, so gerathe ich in Staunen, da mein Verstand keinen (Erklärungs-) Grund hierfür findet, sondern den Schluß ziehen muß: Siehe hier ist mehr als Menschen-Finger!"

Die eine Missionsstation aber konnte nicht für das ganze Land genügen, wenn sie auch bei dem Wanderleben des Volkes einen bedeutenden Theil desselben mit dem Evangelium in Berührung brachte. Deshalb wurde im Jahre 1758 18 Meilen südlich von demselben am Kap Fiskernäs, eine zweite angelegt, die mit Beziehung auf Jes. 60, 1 den Namen Lichtenfels erhielt. Dazu war M. Stach, der bereits mehrere Jahre in der Stille zu Herrnhut gelebt hatte, mit zwei neuen Gehilfen noch einmal nach Grönland zurück. Vier christliche Familien zogen mit nach dem genannten Ort, um den Stamm der neuen Gemeinde zu bilden. Zuerst zeigten sich auch hier Schwierigkeiten bei den umwohnenden Heiden, doch konnte schon im zweiten Jahre eine von Süden gekommene Familie getauft werden, und noch vor Ablauf desselben mehrte sich die Zahl der Bekehrten auf 74, welche standhaft den Verführungen ihrer heidnischen Volksgenossen widerstanden. — Immer kräftiger aber gestaltete sich das christliche Leben zu Neuherrnhut, wozu besonders die segensreiche Wirksamkeit des Nationalgehülfen Daniel beitrug, der leider schon 1762 heimging. Ein von christlichem Geiste durchdrungener Eingeborner, wie er war, mußte schon hinsichtlich der Sprache seinen Landsleuten näher kommen können als die ausländischen Brüder. Von denselben wurde übrigens J. Böhnisch am 29. Juli 1763 auch zu der ewigen Heimat abgerufen.

Es folgten einige Jahre spärlicheren Zuwachses in den beiden Gemeinden, bis 1768 die Bekehrung eines alten Angekok, Namens Immenek, der durch einen Traum vom jüngsten Gericht erschüttert war, viel Aufsehen erregte und wieder mehr Heiden heranzog. Freilich folgten darauf auch einige visionäre Verirrungen, die jedoch bald wieder beseitigt wurden. Einige Jahre später fand eine Visitation der Mission durch den von der Unitätsältesten-Konferenz beauftragten M. G. Sternberg statt. Derselbe brachte zwei zu Missionaren herangebildete Söhne von J. Beck mit, die der greise Vater mit Freudenthränen empfing. Dagegen verließ M. Stach mit ihm 1771 Grönland

für immer.[1]) Das Ergebniß der Visitation aber konnte jener zusammen=
fassen in die Worte: „Ich habe in Neuherrnhut und Lichtenfels zwei
aus den wilden Heiden vom heiligen Geist durch das Evangelium be=
rufene und gesammelte Gemeinden gefunden, die an Christum gläubig
geworden und auf ihn gegründet sind, sich in seinen theuer erworbenen
Heilsgütern seliglich weiden, die Gnadenmittel dankbar und fleißig zu
ihrer täglichen Nahrung gebrauchen, und also wachsen und zunehmen
in allerlei Erkenntniß und Erfahrung". Eine Folge dieser Visitation
war aber die Anstellung „eines Helfers ins Ganze", der fortan die
Oberaufsicht über die Mission in Grönland führte, und ward als solcher
zuerst Christoph Michael Königseer 1773 dahin gesandt, dem nach
seinem 1786 in Lichtenfels erfolgten Heimgange Jesper Brodersen
bis 1794 nachfolgte. Beide machten sich besonders auch durch ihre
Uebersetzungsarbeiten um die grönländische Mission verdient.

Inzwischen war 1774 die vierte Station weit im Süden angelegt:
Lichtenau, in jener des Treibeises wegen schwer zugänglichen Gegend,
die bereits früher durch einen dänischen Beamten untersucht war und
in der zu gleicher Zeit die jüngste der dänischen Kolonien Juliane=
haab gegründet wurde. Außer dem Brüdermissionar Sörresen zog
daher auch ein dänischer Missionar dahin, jeder begleitet von einer
Schaar christlicher Grönländer. Auch in Lichtenau sammelte sich bald
eine beträchtliche Gemeinde, besonders durch die treue Arbeit tüchtiger
Nationalgehülfen.

In dem letztgenannten Jahre hatte sich die allgemeine Handels=
kompagnie aufgelöst, nachdem sie trotz vieler Begünstigungen seitens
der Regierung nicht solche Erfolge wie früher Severin erreicht hatte.
Die letztere mußte nun wieder selber den Handel in die Hand nehmen,
und hat ihn bis jetzt als Monopol festgehalten. Seit jener Zeit bekam
das ganze grönländische Kolonialwesen eine geordnete Gestalt. Die
Niederlassungen wurden unter zwei Inspektorate vertheilt. Das nörd=
liche umfaßt die Küste von Upernivik bis Holsteinborg, das südliche
die weitere Strecke bis zum Kap Farvel. Die Inspektoren sollten be=
sonders über die Ausführung einer für alle Europäer im Lande ver=
bindliche Instruktion wachen, die Eingebornen gegen Uebervortheilung
schützen, sowie den Handel und den Walfischfang auf alle Weise be=
fördern.

Mit diesen Einrichtungen wurde die dänische Mission, die anfangs
dem Handel gleichbedeutend zur Seite gestanden, immer mehr zu einer
Nebensache herabgesetzt. Ueberhaupt war für sie immer mehr eine Zeit
der Dürre hereingebrochen. Bei der Gründung des mehrfach erwähnten
königlichen Missionskollegiums[2])(Collegium de cursu Evangelii promo-
vendo) 1710 war die pietistische Richtung vorwiegend gewesen. Im
Kampf gegen die todte Orthodoxie hatte sie ihre Lebenskraft bewährt.
Die letztere aber war allmählich in seichtem Rationalismus erstorben.
Institutionen aus der alten Zeit konnten unter seinem Regiment nur

---

[1]) Er beschloß seinen Lebensabend in der amerikanischen Gemeinde Bethlehem.
[2]) Vergleiche Dr. Kaltar in Baseler Magaz. 1863 S. 500 ff.

ein trauriges Dasein fristen. „Der Formalismus und die Schreibe=
reien nahmen überhand; in das Kollegium traten Männer ein, deren
Befähigung zu diesem Amte in andern Stellungen lag, ohne daß sie
gehöriges Interesse für die Ausbreitung des Reiches Gottes mitbrachten.
Es war eine schwierige Sache, tüchtige Leute für das gute Werk zu
finden. Manche Kandidaten, die wegen ihrer geringen Begabung oder
infolge schlechten Examens kein Unterkommen in der heimatlichen
Kirche finden konnten, gingen nach Grönland, um die durch das Gesetz
bestimmten Jahre in dem fernen Lande hinzubringen und nach Verlauf
derselben sich in einer heimatlichen Pfarre Entschädigung für die Zeit
des Entbehrens zu verschaffen." So gibt uns damals die mit Däne=
mark verknüpfte grönländische Kirche „nur das Bild einer kümmerlich
sich fortschleppenden Erziehungsanstalt für äußeres Christenthum".

Die Prediger lernten fast nie tiefer in die Sprache einzubringen,
wenn sie auch mit Grammatik und Lexikon ihre Predigten zusammen=
brachten, und Proben ihrer sprachlichen Fortschritte an das Missions=
Kollegium einzusenden hatten. — Jeder Ausdehnung der Mission stand
die Handelsdirektion hindernd im Wege, der in jedem Falle die nöthigen
Mittel erst abgezwungen werden mußten. Ferner stellte sich immer
mehr die nachtheilige Wirkung mancher Waaren heraus, durch welche
die Eingebornen an europäische Genüsse gewöhnt wurden. Mit kin=
bischer Sorglosigkeit fingen sie an, um sich solche zu verschaffen, selbst
die zu ihrem Unterhalt nothwendigsten Mittel hinzugeben, wodurch dem
Handel freilich größerer Gewinn, ihnen selbst aber immer mehr Ver=
armung bereitet wurde. Endlich ist der schädliche Einfluß der Euro=
päer auf den Kolonien zu erwähnen. Bei der ganzen Organisation
des Kolonialwesens hätte es sich leicht machen lassen, daß nur unbeschol=
tene Europäer nach Grönland gekommen wären. Aber die Handelsdirektion
schien für christliche Zwecke kein Auge zu haben. So fehlte es denn nicht
an grobem Aergerniß, Unsittlichkeit u. s. w., worüber von christlichen
Grönländern öfters eine scharfe aber ganz berechtigte Kritik geübt wurde.
So schrieb einer schon im Jahre 1756 an Paul Egede:[1]) „Ich
habe mich oft über die Christen gewundert und selbst nicht gewußt,
was ich von ihnen denken sollte. Sie verlassen ihr eignes schönes
Land und leiden viel Ungemach in diesem für sie harten und fürchter=
lichen Lande, nur um uns zu ordentlichen Leuten zu machen: aber hast
du so viel Böses von unserer Nation gesehen, hast du wohl je ein so
sonderbares und beinahe unsinniges Gewäsche von jemandem unter uns
gehört? Ihre Lehrer unterrichten uns, wie wir dem Teufel entgehen
können, den wir nie gekannt haben, und ihre ausgelassenen Matrosen
bitten mit der größten Ernsthaftigkeit, daß der Teufel sie holen und
zerreißen möge. Du erinnerst dich wohl selbst, daß ich in meiner Ju=
gend dergleichen Reden von ihnen lernte, um sie zu belustigen, ohne
zu wissen, was sie bedeuteten, bis du mir es verbotest, sie zu gebrauchen;
nachdem ich sie selbst verstehen gelernt, habe ich mehr gehört, als ich
hören wollte. Insonderheit habe ich dies Jahr so viel von den Christen

---

[1]) Esterretninger ff. S. 232 ff.

reden hören, daß, wenn ich nicht durch den langen Umgang viele gute
und ordentliche hätte kennen lernen und Hans Pungiok und Arna=
sak, die in eurem Lande gewesen sind, mir nicht erzählt hätten, daß
es dort viele tugendhafte und fromme Menschen gäbe, ich gewünscht
haben würde, daß wir sie nie gesehen hätten, damit sie unser Volk
nicht verderben möchten. — Du erinnerst dich wohl des lustigen Ein=
falls Okaloß, Angekoke in euer Land zu senden, um euch ordentliche
Menschen werden zu lehren, so wie euer König Priester hierher gesandt
hat, um uns zu lehren, daß ein Gott sei, u. s. w." Doch noch viel
schlimmere als die hier angedeuteten Sünden wurden von Europäern
immer mehr eingeschleppt, unter denen die Unzucht oben an steht.

Verschonten nun diese immer deutlicher sich herausstellenden Ver=
hältnisse keineswegs die Gemeinden der Brüdermission, so hatten diese
doch in ihrer festen Organisation viel mehr Mittel gegen die schweren
Schäden anzukämpfen. Auch mußte der lebendige Missionseifer anstatt
der rationalistischen Lauheit, die die dänische Mission lähmte, den Herrn=
hut ~n auch in jener Zeit ihre Erfolge sichern. Verfolgen wir ihre
Gesa ste in Grönland ein wenig eingehender, so finden wir zunächst
ums Jahr 1782 die Gemeinde Neuherrnhut mit 512, Lichtenfels mit
374 und Lichtenau mit 336 Seelen. Diese Zahlen aber wurden sehr
verringert durch eine furchtbare Epidemie, der auch gegen den Schluß
des Jahrhunderts ein paar ähnliche folgten. Allein die Gemeinden
erholten und mehrten sich immer wieder, theils durch bekehrte Heiden,
theils durch die heranwachsende christliche Jugend. Auch waren solche
Trübsalszeiten jedesmal nach innen, für das christliche Leben förderlich.
Aehnliches wird von einer schweren Hungersnoth berichtet, mit der 1802
besonders Lichtenfels heimgesucht wurde. —

Während des Krieges in Europa blieb den Brüdern in Grönland
noch öfters die Zufuhr aus, doch half Gott immer gnädig durch, und
eine Folge des Krieges war die nähere Verbindung mit England und
der auf Kosten der Londoner Bibel=Gesellschaft 1823 vollendete Druck
des grönländischen Neuen Testaments, während die aus Deutschland
1819 und 1823 den Gemeinden in Grönland zugesandten Gesangbücher
und Liturgien den Kirchengesang aufs neue belebten. Ueberhaupt
singen die Grönländer gern, und mehrere von ihnen haben auch nach
dem Gehör verschiedene Instrumente spielen gelernt.

Schon um jene Zeit war die Christianisirung der Umgegend von
Neuherrnhut und Lichtenfels fast vollendet. Die wenigen Heiden, die
dem Evangelio widerstrebten, starben nach und nach aus. Dagegen
fand sich im Süden des Landes noch eine größere heidnische Bevölkerung,
um deretwillen 1821, als man das 100jährige Jubiläum der Kolonie
und der Mission feierte, die vierte Station nicht weit vom Kap Farvel,
dem südlichsten Punkte des Festlandes, beschlossen und nach län=
geren Vorbereitungen 1824 durch Br. Kleinschmidt nebst dem in
Lichtenau bewährten Nationalgehülfen Nathanael ausgeführt. Man
nannte den Platz Friedrichsthal. Mit großer Freude wurden die
Missionare von den dortigen Eingebornen aufgenommen, und schon nach
Verlauf von vier Jahren zählte die neue Gemeinde 314 Seelen. Da=

mals zogen auch die letzten Heiden der Umgebung von Lichtenau auf die Station, auf der nun 676 Personen, — darunter 31 ungetaufte — lebten.

Seitdem ist die äußere Seite des Missionswerkes an der ganzen uns bekannten Westküste immer mehr zum Abschluß gekommen. Ungetaufte Grönländer gibt es nicht mehr, wenn wir die wenigen Bewohner der Ostküste ausnehmen, die manchmal nach Friedrichsthal kommen und von denen dann und wann noch einer getauft wird. Eine andre Ausnahme bildet das im hohen Norden lebende Stämmchen, die von Roß 1818 entdeckten sogen. Arctic Highlanders,[1] die seitdem ein paar mal von Polarfahrern besucht worden sind. Auch diesen — so weit bekannt — nördlichsten Bewohnern des Erdballs das Evangelium zu bringen, oder sie nach einer Kolonie resp. Missionsstation überzusiedeln, ist in ernste Erwägung gezogen worden. Die Schwierigkeiten solches Unternehmens waren jedoch bisher unüberwindlich

Müssen wir dennoch die Grönländer im Großen und Ganzen als ein christliches Volk ansehen, so fehlt doch viel daran, daß die Aufgaben der Mission an ihnen auch nach innen hin in einem befriedigenden Maße gelöst wären. Nicht nur finden sich hie und da, besonders in den nördlichen Distrikten, Spuren von heidnischen Gebräuchen, die sich unter den christlichen Formen im Verborgenen zu erhalten gewußt haben, sondern auch der ganze Zustand des Volkes ist noch so sehr ein Stand der Kindheit, daß dasselbe in keiner Weise der Leitung würde entbehren können. Wohl sind Fortschritte und Wachsthum im Laufe der Jahre nicht zu verkennen, doch geht die Entwickelung immer durch beträchtliche Schwankungen. Verheerende Seuchen lichten oft die Reihen des Völkchens, das sich aber immer wieder erholt und, wie es scheint, bis jetzt noch nicht auf die abschüssige Bahn des Aussterbens, auf der wir andre Völker finden, gekommen ist, wenn es derselben auch bereits nahe steht.[2] Zu einem seßhaften Leben — abgesehen von der Winterszeit — hat das Christenthum die Grönländer nicht zu bringen vermocht, und dies ist durch die Verhältnisse, unter denen sie ihrer Nahrung nachgehen müssen, und die ein theilweises Nomadenleben bedingen, genügend erklärt. Schwerer fällt es ins Gewicht, daß die alten sozialen Zustände unverändert fortbestehen, und daß es an einer festen Ordnung der bürgerlichen Lebensverhältnisse mangelt. Kinder sind sie in mehr als einer Beziehung; namentlich darin, daß sie der immer weiter greifenden Gewöhnung an europäische Lebensbedürfnisse nicht zu widerstehen im Stande sind, und sich solche, nach den Verhältnissen sehr entbehrliche Genüsse oft durch Verkauf ihrer nothwendigsten Sachen verschaffen. Damit hängt zusammen, daß sie in keiner Weise Haus zu halten und sich für die Zukunft einzurichten verstehen, ganz wie in alter Zeit, nur

---

[1] Vergleiche oben Seite 22.
[2] In dem Zeitraum von 1830—49 war die Bevölkerung in Südgrönland um 25,4 % gewachsen; in Nordgrönland war der Zuwachs noch stärker. In den letzten Jahrzehnten wurde durch Epidemien eine Abnahme hervorgerufen, die noch nicht wieder ausgeglichen ist.

daß jetzt solche leichtsinnige Wirthschaft viel nachtheiligere Folgen hat
und nicht blos zeitweiligen Mangel, sondern eine fortschreitende Ver=
armung herbeiführt.   Auch der Halt, den die Mitglieder der Brüder=
gemeinde in der geschlossenen Gemeinschaft haben, ist nicht im Stande
sie diese Klippe überwinden zu lassen.   Freilich ist die weite Entfernung
selbst der Winter=Wohnplätze von den Stationen sehr nachtheilig. Die
meisten solcher Außenplätze können nicht häufig von Missionaren besucht
werden.   Deshalb sind sie meistens mit Katecheten resp. Lehrern besetzt.
Sowohl die Brüdergemeinde als die dänische Mission hat Anstalten
zur Ausbildung derselben: erstere in Neuherrnhut und in Lichtenau,[1])
letztere in Godthaab und Jakobshavn.   Jene hat übrigens zwei solcher
Plätze, die von besonderer Bedeutung waren, noch in neuerer Zeit als
Stationen besetzt: Umanak, 8 Meilen nördlich von Neuherrnhut, 1861,
und Jgdlorpait, einige Meilen südöstlich von Lichtenau, 1865, so daß
die Brüdermission jetzt 6 Stationen in Grönland hat. — Die dänische
hat deren acht, nämlich Upernivik, Omanak, Jakobshavn, Ege=
desminde, Holsteinborg, Godthaab, Frederikshaab und Ju=
lianehaab.   Obgleich diese Mission noch immer schwer an der Ver=
quickung mit dem Handel zu leiden hat, hat sie in neuerer Zeit doch
eine ganz andre Richtung gewonnen als früher.   Die Veranlassung zu
diesem Umschwunge ging größtentheils von der dänischen Missions=
gesellschaft,[2]) die 1821 von dem für das Reich Gottes außerordentlich thätigen Pastor Rönne in Kongens Lyngby auf Seeland gestiftet
wurde.   Obwohl vom Missionskollegium stets mit wenig freundlichen
Augen angesehen, ja in der Ausführung ihrer Bestrebungen vielfach durch
dasselbe gelähmt, hat diese Gesellschaft sich doch um Grönland ein namhaftes
Verdienst erworben.   Sie hat die Katecheten unterstützt, den Gottesdienst
auf mancherlei Weise gehoben, durch beständigen Briefwechsel die dort
angestellten Prediger (Missionare) in ihrer schweren Stellung gestärkt,
dafür gesorgt, daß passende, von aufrichtigem Missionseifer beseelte
Personen in jene Stellen kamen, die sonst zumeist nur mit Miethlingen
besetzt waren, und durch ihr Missionsblatt in weiten Kreisen das Interesse für das Heil der armen Grönländer erweckt.   Ihr hauptsächlichstes
Bestreben aber ging von Anfang an darauf hinaus, einen tüchtigen
Lehrer= und Gehülfenstand aus den Eingebornen selbst zu erziehen, sowie
auch ordinirte Prediger aus denselben heranzubilden.   Dies ist ein rich=
tiger und wichtiger Gedanke, durch dessen Ausführung allein die Ver=
kündigung des Evangeliums in jenem kalten Lande heimisch werden
und gedeihen konnte.   Bis jetzt ist sie vielfach eine exotische Pflanze
geblieben.   Lange hat die Gesellschaft vergeblich in dieser Beziehung
gestrebt und darum gekämpft.

---

[1]) Die Zöglinge werden der nationalen Lebensweise möglichst wenig entfremdet.
Sie sind auf den Erwerb ihres Unterhaltes selbst angewiesen und bringen einen großen
Theil des Tages im Kajak zu. Erst in den Abendstunden findet der Unterricht statt.
[2]) Kalkar, det Danske Missionsselskabs-Historie. Kjöbenh. 1871.
[3]) Der Station Julianehaab schenkte sie unter großen Schwierigkeiten, bei denen
auch die Mißgunst des Missions-Kollegiums deutlich hervortrat, eine Kirche.

Endlich seit dem Jahre 1849 hat sie freiere Hand bekommen, nachdem das Missionskollegium sein längst verdientes Ende gefunden hatte. Es wurde aufgelöst, als Dänemark eine konstitutionelle Verfassung erhielt und seine Regierungs-Kollegien in Ministerien verwandelte. So liegt nun die grönländische Mission in der Hand des Kultus-ministers.[1])

Blicken| wir schließlich noch einmal auf die Mission der Brüder-gemeinde zurück, so finden wir auf ihren 6 Stationen nach dem letzten Jahresberichte im ganzen 1688 Seelen, unter denen 948 Komunikanten sind, während 148 ausgeschlossene Glieder unter Kirchenzucht stehen. 12 verheirathete Missionare, sowie 14 Versammlungshalter und 31 Na-tionalhelferinnen besorgen die Pflege der Gemeinden. Jede der 6 Sta-tionen hat ihre Schule, außerdem befinden sich solche noch auf 22 Außenplätzen. Zusammen sind 24 Lehrer und zwei Lehrerinnen thätig.

Der innere Zustand der Gemeinden bedarf immer noch vieler Nachsicht und macht den treuen Arbeitern hie und da manche Sorgen, obgleich nicht nur der christliche Glaube tief in den Gemüthern festge-wurzelt ist, und die Sprache Kanaans meist ziemlich fließend gesprochen wird, sondern auch in manchen schlagenden Beispielen sich sehr erfreulich die Kräfte der Heiligung erweisen. Leider fehlt in nicht geringem Maße noch die Beständigkeit. Gar zu leicht finden Verführungen Eingang. Daher die verhältnißmäßig große Zahl der Ausgeschlossenen, an denen jedoch die Kirchenzucht nicht fruchtlos zu bleiben pflegt. Oft suchen sie mit reichlichen Bußthränen die Wiederaufnahme in die Ge-meinde. Zum großen Theil sind es Sünden der Unzucht, die ihrer viele zu Falle bringen. Es ist schon bemerkt, wie schädlich die Un-sittlichkeit der Europäer in dieser Hinsicht wirkt, die an einigen der am meisten frequentirten Kolonialplätze es bis zur schmachvollsten Pro-stitution gebracht haben soll. Ob die sonst in vielen Stücken jetzt auf das Wohl der Eingebornen recht bedachte dänische Verwaltung[2]) noch keine ernstlichen Maßregeln gegen diesen Schaden ergriffen hat, oder ob sie vergeblich dagegen ankämpft, ist aus unsern Quellen nicht ersichtlich. Fast scheint es, als nähme sie den Standpunkt des „Gehenlassens" ein. Einen andern vielleicht eben so gefährlichen Schaden, der sich schon oft drohend bemerklich gemacht hat, konnte sie bis jetzt ziemlich fern halten: nämlich den Branntwein. Der grönländische Handel ist bis jetzt Monopol des Staates. Es ist anerkennenswerth, wie die Einfuhr von spirituösen Getränken bisher bis zur möglichsten Unschädlichkeit be-schränkt wurde. Würde es in diesem Stücke anders, so wäre nach dem Urtheil Sachverständiger ein baldiger Untergang von dem armen Völk-chen kaum abzuwenden. Schon wiederholt haben sich liberale Stimmen geregt, die das Monopol als gänzlich unzeitgemäß abgeschafft wissen

---

[1]) Die weiteren Angaben über den jetzigen Stand derselben siehe im Nachtrag am Schlusse dieses Heftes.

[2]) In derselben hat sich Herr Oberinspekteur Dr. Rink besondere Verdienste er-worben. Viele durch ihn getroffene Einrichtungen, Unterstützungen in Nothzeiten, Beschränkung der Gewöhnung an europäische Bedürfnisse u. s. w. sind sehr segensreich.

wollen, um so mehr als der Handel einen bedeutenden Reinertrag in
die Staatskassen liefert. Sollte der Freihandel zugelassen werden
und mit ihm der Dämon der Trunksucht unter den Grönländern ent=
fesselt werden, so würde nach menschlichem Ermessen dieses mit schönen
Anlagen ausgestattete Volk noch auf der Stufe seiner Kindheit dahin
gerafft werden, wie so mancher Stamm in andern Ländern, gerade als
das Evangelium in ihm Wurzel geschlagen hatte, durch die genannten
beiden Laster zu Grunde gerichtet worden ist. Dann würden die fel=
sigen Gestade jenes Polarlandes fortan öde und verlassen da liegen,
da nur Eskimos im Stande sind auf ihnen ihren Lebensunterhalt zu
finden. Doch uns ist verborgen, was die Zukunft bringen wird. So
schließen wir mit dem Wunsche: Der Herr schütze und schirme sein
Volk, daß er sich in jenem unwirthlichen Lande gesammelt hat!

7. Schilderung der jetzigen Verhältnisse.[2])

Mustern wir nun noch einmal das Völkchen, das wir bereits in dem
Zustande kennen lernten, in dem es sich vor mehr als anderthalb Jahr=
hunderten befand. Wir finden vieles verändert, vieles aber auch ge=
blieben wie damals. Noch jetzt sind die meisten Häuser jener zerstreuten
Ansiedlungen dieselben kastenartigen Erd=Bauwerke mit dem grünen
Rasenüberzuge; doch sind dazwischen einige aus Lehm und Steinen
ziemlich nach europäischer Weise erbaute zu bemerken. Aber auch jene
zeigen im Innern einen großen Fortschritt. Ein paar Glasscheiben
lassen die Tageshelle besser eindringen, als jene Fenster aus Seehunds=
därmen, die nur ein trübes Dämmerlicht gewährten. Die Wände sind
statt mit alten Fellen nun mit Brettern verkleidet. Die einzelnen Ab=
theilungen mit den Pritschen für die verschiedenen Familien sind unver=
ändert geblieben, auch fehlen die bekannten Thranlampen nicht, trotz=
dem, daß dort in der Ecke ein eiserner Ofen schon den Fortschritt an=
deutet, der sich für die Erheizung der Häuser anbahnt. Auch in der
Beleuchtung fängt eine große Umwälzung an, wie die hübsche Schiebe=
lampe und zwei mit Talglichten versehene Zinnleuchter beweisen. Die
Wände sind mit Bildern geschmückt. Da ist sogar Bismarck, aus einer
dänischen illustrirten Zeitung geschnitten. Daneben sind manche bunte
Klexereien, die aus Neu Ruppin stammen, mit handfesten Nägeln an=
geschlagen. Selten fehlt der Spiegel. Hie und da aber mag uns in
einem Hause selbst das Tick Tack einer Schwarzwälder Wanduhr an=
heimeln.

Freilich nur in einzelnen Häusern finden wir eine erträglichere
Luft und größere Sauberkeit, als in alter Zeit. Aus vielen dringt
uns noch wie damals jener widerliche Dunst und Pesthauch entgegen.
Ja trotz der Bemühungen der dänischen Regierung, die Wohnungen der

---

[2]) Meistentheils nach Rink, sowie dem Missionsblatt der Brüdergemeinde.

Eingebornen zu verbessern,[1]) sind noch immer solche vorhanden, die den niedrigsten Zustand einer menschlichen Behausung aufweisen. Und diese finden wir nicht etwa an den abgelegenen Orten, die vom Verkehr weniger berührt sind, sondern gerade in der Nähe von Handelskolonien und Missionsstationen, wo sich eine verhältnißmäßig größere Masse der Bevölkerung gesammelt hat. Da stechen sie denn sonderbar ab gegen die hohen Blockhäuser[2]) der dänischen Beamten und jene der Brüder-mission,[3]) welche wie in den heimatlichen Gemeinden die Wohnung und den Saal (Kirche) unter einem Dache vereinigen. Vor diesen wie jenen findet sich ein eingehägtes Gärtchen, in dem in den kurzen Sommer-monaten manche Gemüse recht üppig gedeihen, während andre vergeblich ihrer Reife entgegenstreben. Besser gelingt es in Glasbeeten, die man hie und da antrifft. Die Eingebornen aber scheinen sich auf keinerlei Versuche im Gartenbau einzulassen. Ist auch vielfach die Umgebung ihrer jetzt übrigens meist nur für nicht mehr als zwei Familien die-nenden Häuser etwas sauberer geworden, so finden wir doch bei vielen von ihnen wie ehemals den alten Schmuß und Unrath. Vom Blut und Fett der erlegten Seethiere ist der Boden und die Felsblöcke dicht gezeichnet; Knochen und andere Abfälle liegen haufenweis umher.

Betrachten wir die Eingebornen selbst, so zeigt sich zunächst in der Kleidung eine bedeutende Veränderung. Nur wenig in Südgrönland, etwas mehr im Norden, wird noch der Seehundspelz mit der Haarseite nach außen getragen. Europäische Zeuge von Wolle und Baumwolle, letztere auch als Pelzüberzug benutzt, haben ihn zum großen Theil ver-drängt. Oft zeigt sich ein sonderbares Gemisch von nationaler und ausländischer Tracht und hie und da nehmen sich die Jacken und Röcke — abgelegte Uniformen — Hüte und selbst steife Halsbinden zu den Pelzstiefeln und den aus Fell gefertigten Beinkleidern sehr sonderbar aus. Letztere sind auch von den Frauen beibehalten, die sich mit dem europäischen Schnitt nicht befreunden können. Doch haben sie sich an den Luxus der Hemden gewöhnt, den sie mit einer gewissen Eitelkeit durch eine breite Spalte zwischen den Beinkleidern und dem Ober-gewande bemerkbar machen nicht eben zum Nutzen ihrer Gesundheit.

Die Beschäftigungen der Eingebornen sind gegen die alte Zeit wenig verändert. Im Kajak tummeln sich die Männer auf dem Wasser wie damals und stellen den Seehunden nach, die auch heute noch die Haupt-bedingung für das Leben der Grönländer bilden. Nur werden sie nicht mehr allgemein mit dem alten Wurfpfeil erlegt, sondern vielmehr mit der gezogenen Büchse, die von den kleinen Leuten mit bewundernswerther Sicherheit gehandhabt wird. Leider zeigt sich die Verarmung eines nicht geringen Theiles der Bevölkerung darin, daß die Zahl der Männer sich mehrt, die keinen Kajak haben. Die Felle, mit denen sie den ver-

---

[1]) Es wird z. B. das ganze Holzwerk zu zweckmäßigen Hänschen für einen ge-ringen Preis abgelassen. Auch Bretter zur Verkleidung der Wände vertheilt u. s. w.

[2]) Auch Häuser von Bruchsteinen kommen vor.

[3]) Rink erwähnt nicht, ob es in dieser Beziehung auf den Brüderstationen besser steht als auf den übrigen Plätzen.

brauchten erneuern sollten, verkauften sie einmal in kindischem Leichtsinn, um europäische Waaren dafür einzutauschen. Ein solcher bringt es dann nicht leicht wieder zu einem eignen Fahrzeug. Auch seine Knaben bekommen nicht ein solches zu der Zeit, wo die Uebung anfangen müßte. So werden sie im ganzen Leben keine ordentliche Seehunds= jäger, und sind auf den Fisch und Vogelfang angewiesen, sowie auf die Landjagd, die in Südgrönland immer geringere Erträge zu liefern scheint. Damit verlieren viele Familien den früheren Wohlstand und kommen so herunter, daß sie nicht würden bestehen können, wenn ihnen nicht seitens des Handels oder der Mission in den knappen Zeiten Unterstützungen gewährt würden. Grade in der Nähe der europäischen Niederlassungen findet sich dieser fortgehend verarmende Theil der Bevölkerung, dessen Lage bei der kindischen Sorglosigkeit und Gleich= gültigkeit auf keine Weise zu heben ist. Von manchen werden z. B. noch vor Ablauf des Winters die Balken und das Holz der Prit= schen ihrer elenden Hütten als Brennmaterial verbraucht, während nicht allzuweit das schönste Treibholz zu finden ist.

Eine größere Zahl der Eingebornen steht übrigens direkt im Dienste der Handelsdirektion und hat in demselben ihr gutes Auskommen. Da gibt es geschickte Handwerker: Böttcher, Schmiede und dergleichen, die den größten Theil des Jahres in den Werkstätten und Packhäusern beschäftigt sind. Außerdem sind viele Europäer als niedre Beamte oder Diener des Handels angestellt, die sich zum großen Theil mit Grönländerinnen verheirathet haben, und sich, wenn sie mit der gehö= rigen Energie die Frau zur Ordnung und Reinlichkeit anleiten, ein recht gefälliges Leben bereiten können. Sie schließen sich jedoch in vielen Stücken der Landessitte an, wie auch die Kinder fast vollständige Eskimo werden, mag auch ihr blondes Haar und ihre blauen Augen die europäische Abkunft bezeugen. Solche Mischlinge bilden etwa 14 Prozent der Bevölkerung.

Der Handel führt noch immer große Massen von Produkten aus Grönland aus, obgleich der einst so bedeutende Walfischfang sehr zurück= gegangen und vielleicht am Erlöschen ist. Der Seehundsfang liefert noch immer so viel Thran und Felle, daß nach Deckung aller Bedürf= nisse der Eingebornen reichliche Quantitäten übrig bleiben. Leider wollen jene es gar nicht recht lernen, die ungleich zu verschiedenen Jahreszeiten gewonnenen Nahrungsmittel gleichmäßig zu vertheilen. Auch in den schlechtesten Jahren[1] ist vor dem Mai (in Südgrönland) nirgends Mangel, vielmehr nach unsern Begriffen Verschwendung und Unordnung herrschend, und wenn auch jetzt schon mehr und mehr gedörrtes Fleisch, Speck und Fisch und auch frisches Fleisch unter dem Schnee verwahrt wird, so reicht dies doch selten weiter als Ende November. Vom Dezember bis April halten die stets zu fangenden Fische und der Vogelfang wirkliche Noth fern. Wohl nirgends sieht man daher so wohlgenährte Physiognomien als hier, namentlich bei

---

[1] Das Folgende fast wörtlich nach Rink resp. v. Etzel, S. 374 ff.

Weibern und Kindern. Was sie aber auch bei festlichen Gelegenheiten und bei gutem Fange verzehren können, grenzt an das Unglaubliche. Junge Männer im Dienste der Handelsgesellschaft vertilgen mehrere Monate hinter einander täglich 8—10 Pfund Fleisch, außerdem einen großen Theil des ihnen als Lohn gelieferten Schiffsbrodes. Hierdurch wird die häufige Rede von knapper Kost und Hungerszeit im Winter, namentlich im Februar und März verständlich. Es beschränkt sich der Mangel meist nur auf fettes Fleisch, so daß ausschließlich zur Fisch- und Vegetabiliennahrung gegriffen werden muß. Schlimmer wird es, wenn hierzu der würzende Speck und Brennmaterial zum Kochen fehlt. In höchst seltenen Fällen beschränkt sich die Nahrung für wenige Tage allein auf Muscheln und Tang; wirkliches Vorkommen des Hungertodes ist jedenfalls eine höchst seltene Ausnahme, die nur an einzelnen Stellen und unter Zusammentreffen besonders ungünstiger Umstände sich ereignen kann. Besondere Hungerjahre kennt man auch nicht, vielmehr hat jedes seine Zeit des Ueberflusses und der Knappheit. Letztere nennen die Grönländer „ajorsadluno", was man falsch mit Noth oder Hungerszeit übersetzte, da es nur „Mangel fühlen" ausdrückt, oder: „nicht seine Wünsche befriedigen können". Ohne die grenzenlose Nachlässigkeit könnte auch in den schlechtesten Jahren von keinem Mangel die Rede sein. Der Unterschied in der Jahresproduktion ist nur für die Handelsgesellschaft fühlbar, da sie auf den Ueberfluß der guten Jahreszeit angewiesen ist. Aber in guten Zeiten verkaufen die Leichtsinnigen Fisch und Fleisch zu ¼—½ Schilling[1]) das Pfund, wenn sie auch wissen, daß sie nach wenigen Monaten gerne das Zehnfache dafür geben würden. Die gänzliche Verachtung des Fleischvorraths im Herbst beruht auf der scheinbaren und früher wirklichen Werthlosigkeit desselben zu dieser Zeit. Die ursprüngliche Lebensweise produzirte Nahrungsmittel in solcher Menge, daß sich in dieser Beziehung kein scharfes Eigenthumsrecht entwickeln konnte und die Verschwendung durch den Ueberfluß erzeugt wurde. Durch das Eintreten des europäischen Handels ist die nationale Oekonomie aus dem Gleichgewicht gekommen. Die seitens der Handelsgesellschaft wie seitens der Mission geleisteten bedeutenden Unterstützungen vermögen dasselbe nicht wieder herzustellen. Nur die Ausbildung fester Rechte und gesetzlicher Ordnungen, überhaupt einer Verfassung des bürgerlichen Lebens, welches die Stellung des Einzelnen der Obrigkeit gegenüber normirt, würde eine wirksame Abhülfe gewähren. Dies ist das Urtheil Dr. Rinks, des besten Kenners der grönländischen Verhältnisse.

In den letzten Jahren aber ist die Lage der Grönländer an einigen Punkten sehr wesentlich verschlimmert durch die Folge von Epidemien, in denen der Tod seine Ernte hielt. Friedrichsthal, früher eine blühende Gemeinde von gegen 500 Seelen, ist in einem Jahre bis auf 386 zurückgegangen, und was das Traurigste ist, unter diesen sind nur noch wenige (acht?) tüchtige Seehundsfänger. Eine große Menge von Witwen und Waisen sind übrig geblieben, die selbst in keiner

---

[1]) 1 Schilling = 3 Pfennige.

Weise sich einen einigermaßen ausreichenden Unterhalt verschaffen können. Leider kehren solche Krankheiten von Zeit zu Zeit immer wieder. Sie haben zum Theil jedenfalls ihren Grund in den verän=derten Lebensgewohnheiten. Namentlich haben sich die Grönländer an manche europäische Nahrungsmittel so gewöhnt, daß sie lieber auf die ihnen angemessene hergebrachte Kost verzichten, als sich jene Genüsse, die zum Theil nur als Leckereien betrachtet werden können, versagen. Dahin gehören Erbsen, getrocknete Pflaumen, Grütze, Schiffsbrod, Mehl, vor allem aber Kaffee, auf den das Gesagte insbesondere zutrifft. In keiner Haushaltung fehlt der Kaffeekessel und die Tasse, wo nicht der Deckel des ersteren als solche gebraucht wird. Als Löffel fungirt zu=weilen ein Stöckchen, an dem eine Muschel befestigt ist. Schon bei der Zubereitung, wenn in Ermangelung einer Kaffeemühle die Bohnen mit einem Steine zerklopft werden, und dabei jedes Stückchen mit einer, dem Eskimo sonst nicht eigenen haushälterischen Sorgfalt gesammelt wird, sieht man, mit welcher Vorliebe sie diesem Genußmittel ergeben sind. Namentlich ist es für die Frauen wohl das größte Glück, wenn sie nach ihrer Art behaglich auf der Pritsche sitzend ein Täßchen des braunen Trankes nach dem andern herunter schlürfen können. So wohlthätig nun der Kaffee auch für die im rauhen Klima Arbeitenden sein könnte, wenn er im rechten Maß und zu rechter Zeit genossen würde, so schädlich ist er, wenn er Veranlassung wird, die zweckmäßigere Nahrung einzuschränken oder zu verdrängen. An eine gänzliche Ab=schaffung desselben in Grönland ist nicht zu denken; aber auch die Maßregeln zur Einschränkung haben nicht den beabsichtigten Erfolg gehabt. Gewiß liegt in jener Genußsucht eine starke Wurzel der zu=nehmenden Verarmung.

Ebenso nachtheilig wirkt die Putzsucht. Auch hierin sind die Grön=länder zum guten Theil wie Kinder. Für allerlei Tand und Flitter=werk können sie Lebensmittel hingeben, die sie in andern Zeiten so dringend nöthig haben würden. Bunte Bänder, mit Gold= und Silber=fäden durchzogen, sind bei den Frauen zum Besatz der Kleidungsstücke und zum Kopfputz sehr gesucht. Der letztere nimmt sich auf dem immer noch, wie in alter Zeit, in die Höhe gebundenen Haarwulst recht geschmacklos aus, besonders wenn der in späteren Jahren unver=meidliche kahle Ring um den Schädel schon vorhanden ist.

Bei jeder Handelsstation findet sich ein Kaufladen, in dem neben allen den nützlichen Artikeln dergleichen und mancherlei überflüssige Kleinigkeiten zu haben sind, und der fast immer stark frequentirt wird. Auch die Männer stehen zum Theil in diesem Stücke den Frauen wenig nach. Aus Nordgrönland wird erzählt, daß zuweilen jemand seinen Pelz vom Leibe (an fremde Matrosen) verkauft, um dafür ein wollenes Hemd einzuhandeln, das freilich der Eitelkeit genügt, aber nicht gegen die Kälte zu schützen vermag.

So gibt es denn heruntergekommene Familien, die selbst ihren Umiak und ihr Sommerzelt schon preisgegeben haben und nun auch selbst den Sommer in jenen verpesteten Erdhütten zubringen müssen. Indolent und energielos sehen sie dann ihre Bekannten beim Beginn

der milderen Jahreszeit wie die Zugvögel sich aufmachen, um sich an
der ganzen Küste zu zerstreuen. Sie selbst bleiben daheim und entbehren des für den Gesundheitszustand so wohlthätigen Sommerlebens,
wie wir es oben schilderten.

Alle die angeführten Schattenseiten aber, mögen sie in einem oder
dem andern Punkte auch die ganze Bevölkerung berühren, sind doch
keineswegs überall und in gleichem Maße vertreten. Es gibt noch
genug Familien, die in einer geeigneten Verbindung altväterlicher
Lebensgewohnheiten mit den Einflüssen europäischer Kultur, in rechtem
Wohlstande ein ihnen angemessenes Leben führen.[1]

Doch wir haben uns vielleicht schon zu lange bei der äußeren
Seite des grönländischen Lebens aufgehalten, die jetzt nicht mehr wie
in alter Zeit die einzige ist, die in Betracht kommt. Wir haben nicht
mehr ein Volk vor uns, das in fast thierischer Weise nur für diese
Welt lebt und nur dann und wann in absurdem Aberglauben und
elender, betrügerischer Zauberei sich über dieselbe zu erheben versucht.
Nein, jetzt sehen wir in Grönland ein christliches Volk, das zum ewigen
Leben erleuchtet ist, und durch dessen hartes und mühseliges irdisches
Dasein der goldene Faden einer gewissen Hoffnung auf die zukünftige
Welt sich unverlierbar hindurchzieht. Kein Angekok lärmt und tobt
in der dunkeln Hütte, um vor der zitternden Versammlung die gauk-
lerischen Trugbilder seiner Offenbarungen zu entfalten. Freundlich
läutet das Glöcklein der dänischen Kirche oder vom Betsaale der
Brüdergemeinde und ruft die Schaaren zusammen, denen es in den
heiligen Räumen wahrhaft wohl wird und die mit vielfach über-
raschendem Verständniß und einer Tiefe der Erbauung dort Gottes
Wort hören, wie es in mancher unsrer Landkirchen in dieser Weise
von vielen kaum geschieht. „Wenn wir in den Saal kommen", sagte
einer, „so ist es uns als kämen wir aus dem Nebel in den Sonnenschein. Feierlich klingen da die Gesänge der Gemeinde zu den Tönen
der Orgel, die einer aus ihrer Mitte mit wunderbarer Fertigkeit spielt.
Wir hören die bekannten Melodien unsrer lutherischen Choräle oder
jene tief im Gemüth anklingenden Weisen der Herrnhuter Lieder. Bei
der Feier des heiligen Abendmahls zeigt sich ein heiliger Ernst und bei
der Vorbereitung zu demselben oft eine gründliche Erkenntniß der
Sünde und ein reumüthiges von reichlichen Thränen begleitetes Bekenntniß; wie denn der Trost und die Zusicherung des Heils deutlich
eine tiefe innere Freude erweckt.

Und alles das ist nicht blos so in der Nähe der Kirchen und da,
wo der Missionar fortwährend seinen Einfluß auf die Gemeinde ausübt. Auf jenen weit abgelegenen Plätzen selbst, wo nur selten ein
Europäer hinkommt, wird regelmäßig von den Katecheten Gottesdienst
gehalten und von diesen zum großen Theil innig frommen Männern
Gottes Wort in der Kraft der selbst erfahrenen Gnade ausgelegt.

---

[1] Es sind dies aber wohl überall nur die, an deren Spitze ein tüchtiger See-
hundsjäger steht, und so lange dieser die Familie ausreichend zu versorgen im
Stande ist.

Selbst im Sommer fehlt bei jenen zerstreuten Häuflein, die mit ihren Zelten bald hier bald dorthin ziehen, nicht der Gottesdienst, und man= cher Hausvater sorgt auch dann für gemeinsame tägliche Andachten. Ja die Religion hat zum guten Theil in jener Weise des Sauerteigs das ganze Leben des Volkes durchdrungen, so daß auch die alltäglichen Verrichtungen von derselben beleuchtet werden. Hier und da seufzt einer, wenn er mit der Büchse seinen Kajak besteigt: „Lieber Heiland, segne mein Tagewerk!" und dankt dem Herrn für jeden erlegten Seehund und für alle gnädige Bewahrung vor den mancherlei Gefahren, die auf der See ihm drohten. Oder bei einem Unglücksfall spricht sich die demüthige Ergebung in Gottes heilige Fügungen aus; ebenso in Krank= heiten, bei denen übrigens im allgemeinen vielleicht kaum soviel Reste von Zauberei sich finden, als dies in vielen unsrer christlichen Länder noch der Fall ist, und wo, wenn es geht, neben dem geistlichen Trost auch besonnene ärztliche Hülfe gesucht wird.

Freilich auch diese Schilderungen treffen nicht überall gleichmäßig zu. Doch kann man getrost im ganzen behaupten, daß sich christliche Erkenntniß und christliches Fühlen und Empfinden bei den Grönländern zum großen Theil wenigstens in demselben, oft im höhern Maße als in manchen Landgemeinden unsrer Heimat findet.[1]

Zur Förderung der Erkenntniß und überhaupt zur Bildung geschieht mehr als man vermuthen möchte in den Schulen; die, wenn auch nicht so gleichmäßig wie bei andern Völkern wirksam, doch das Volk in überraschender Weise heben. Die besten finden sich begreif= licherweise auf den Missionsstationen, und wenn sich ihre Thätigkeit auch fast nur auf den Winter beschränkt, so sind doch die Erfolge ver= hältnißmäßig ganz bedeutend. Die meisten Schüler lernen fließend lesen und schreiben. Vielfach trifft man eine höchst saubere Handschrift an. Manche lernen neben ihrer Muttersprache das Dänische oder Deutsche. Freilich sind sie schwer zu bewegen, von den fremden Sprachen im Leben Gebrauch zu machen, selbst wenn sie eine hinrei= chende Fertigkeit darin erlangten. Aber auch auf den abgelegenen

---

[1] Besonders ist dies von dem mit der Brüdergemeinde verbundenen Theile der Bevölkerung zu sagen. Es läßt sich denken, daß hier auch der bei jener herrschende Ton des christlichen Denkens und Redens sich wiederfindet, und daß auch mancherlei Ein= seitigkeit dabei vorkommt. Im ganzen aber findet sich in tiefer Beziehung ein gesundes, inniges Christenthum, für das wir als Beispiel eine Stelle aus dem Briefe eines Ka= techeten anführen, der von einer Amtsreise Folgendes berichtet: „Mein Wille war eigentlich, im Kajak den gewöhnlichen Weg (nach dem Nebenplatze Kornok) einzuschlagen, doch das zeigte sich unausführbar, da eine Stunde von Umanak das Wasser mit festem Eise belegt war. Ich entschloß mich daher zu Lande einen sichern Weg zu suchen. Aber auch dieser war sehr mühevoll und anstrengend, indem mich hin und zurück ein stetes Schneegestöber begleitete. Als ich zwischen den Bergen allein arbeitete, mußte ich er= wägen, wie der Heiland noch viel rauhere Wege für uns gegangen ist, und namentlich als er für uns arme Sünder das Kreuz trug. Der Gedanke an diesen seinen Todes= gang ließ mich in meiner Einsamkeit einen Blick thun in seine unendliche Geduld und Liebe und erleichterte mir bei dem Gefühl seiner Nähe meinen Weg. So legte ich den= selben in Begleitung meines ungesehenen Freundes in recht gesegneter Weise zurück. Nachdem ich 3 Tage dort gewesen war, kam ich voll Lob und Dank gesund bei den Meinen hier wieder an.

Außenplätzen fehlt die Schule nicht, sie wird von den Katecheten oder von Lehrern und selbst von Lehrerinnen gehalten. Oft ist's freilich ein wunderliches Unterrichten, wo die Schüler in einem im ursprüng= lichen Zustande befindlichen grönländischen Hause auf den Pritschen kauern, in jener mehrfach erwähnten Atmosphäre, während der Lehrer vor seinem Schreibtisch steht, der in diese von Fett und Schmutz starrende Umgebung kaum zu passen scheint. Und doch folgen die Kinder, trotz mancherlei Störung, gespannt dem Unterrichte, wie denn überhaupt sich sagen läßt, daß jeder von ungezogenen Buben und Mädchen geplagte Schulmeister bei uns froh sein könnte, wenn seine Schüler so stille, bescheiden und folgsam sich verhielten, wie die grön= ländischen. Eine Züchtigung wäre dort etwas Unerhörtes, ja eine leich= tere Rüge kann schon nicht blos die Kinder, sondern auch die Eltern auf längere Zeit unglücklich machen.

Dies bringt uns auf jene Zärtlichkeit, mit der die Eltern ihre Kinder jetzt wie in alter Zeit behandeln und vielfach verhätscheln. Die ganze Erziehung ist eine instinktmäßige. Im Spielen werden die Kinder an die ihnen später zu ihrer Ernährung nöthigen Fertigkeiten gewöhnt. Und wenn so ein Knabe erst seinen Kajak zu regieren ver= steht, so fühlt er sich als der unabhängigste Mensch in der ganzen Welt. Daß die Kinder frühzeitig an Abhärtung gewöhnt werden bringt die ganze Lebensweise mit sich. Es ist erstaunlich, wie kalt= blütig sie allerlei Ungemach ertragen. Andrerseits gehört nur wenig dazu, um sie glücklich zu machen, und schenkt man ihnen eine Kleinig= keit, so sind sie in der heitersten Stimmung und das fröhliche Lachen will kaum enden.

So sehen wir die Jugend namentlich am Weihnachtsabende auf den Stationen der Brüdergemeinde im erleuchteten Saale vor der Christbescherung, für die gewöhnlich von deutschen Missionsfreunden gesorgt wird.[1] Die Mädchen bekommen Tücher, die Knaben Taschen= messer und dergleichen. Die ganze Versammlung ist von der kindlichsten Freude erfüllt, in der sich auch die Weihnachtsbotschaft von der schö= neren Bescherung für die ganze Welt den Herzen einprägt.

Die kirchlichen Feste sind überhaupt die Höhepunkte im Leben der Grönländer, das am Christenthum die Triebkraft seiner weiteren Ent= wicklung hat. Die ganze Bildung, soweit sie bis jetzt reicht, trägt daher vorzugsweise einen religiösen Charakter. Auch die Schule — um auf diese noch einmal zurückzukommen — ist von demselben beherrscht, obgleich neben der biblischen Geschichte und Katechismus, die die ausge= dehntesten Unterrichtsgegenstände bilden, andere Fächer gelehrt werden. Unter den letzteren mag es am schwächsten mit dem Rechnen bestellt sein. Das Volk kann sich immer noch nicht recht an unser europäisches Zahlensystem gewöhnen. Die freilich sehr mangelhafte, originale Rechenkunst, die sich, basirt auf die fünf Finger der menschlichen Hand, in Pentaden bewegte, scheint immer noch nicht durch unsre Dekaden

---

[1] Auch sonst wird namentlich aus Würtemberg manche reichliche Unterstützung an Naturalien, Erbsen, Backobst und dergleichen nach Grönland geliefert.

verdrängt zu sein.[1] Freilich bietet das Leben nur wenig Gelegenheit zur Anwendung der Rechenkunst, und auch die geübtesten Rechenmeister würden schwerlich haushälterischer als jetzt mit dem Seehundsfleisch und Speck umgehen. Dagegen ist die in der Schule gewonnene Fertig= keit im Lesen für die spätere Lebenszeit keineswegs verloren. Das ganze Volk liest gern; ja es zeigt sich oft ein wahrer Leseburst. In jedem Hause findet sich die Bibel oder wenigstens das neue Testament; gewöhnlich aber auch noch einige Erbauungsbücher, hie und da auch Erzählungen u. s. w. Die grönländische Literatur ist bis auf 40—50 Werke herangewachsen, die für die einfachen Verhältnisse des Volkes jedenfalls einen reichen Inhalt bieten. Es finden sich darunter auch Belehrungen, die für das tägliche Leben von großer Wichtigkeit sind, z. B. über die Behandlung kleiner Kinder, Gesundheitspflege u. s. w. Auch sind außer den gedruckten Büchern einige handschriftliche Werke, von Eingebornen selbst verfaßt, in vielen Exemplaren durch das Land verbreitet und werden gern gelesen: namentlich eine aus dem vorigen Jahrhundert stammende Beschreibung der Reise nach Kopenhagen.

Weniger allgemein wird im späteren Leben die in der Schule er= lernte Schreibkunst fortgeübt und von vielen allmählich wieder verlernt. Doch haben die Kajakposten, welche die regelmäßige Verbindung der einzelnen Kolonien mit einander unterhalten, jedesmal eine ganze An= zahl von Briefen der Eingebornen mit zu befördern. Die Katecheten, Schullehrer und sonstige Beamte statten regelmäßig ihre Berichte an ihre Vorgesetzten schriftlich ab.

Nach den angeführten Zügen ist gewiß der mächtige Umschwung nicht zu verkennen, der durch die bildende Kraft des Evangeliums im grönländischen Volke hervorgerufen ist. Freilich, gehen wir noch besonders auf die sittliche Seite des Lebens ein, so scheint es fast, als hätten die Wirkungen des Christenthums in dieser Beziehung nicht gleichen Schritt gehalten mit der Ausbildung des christlichen Denkens und Fühlens und seiner mannigfachen Ausprägungen. Wie oben be= merkt wurde, sind die Eskimo ein Volk, dem von Natur weit weniger Laster ankleben, als dies bei andern heidnischen Völkern der Fall ist. Vielmehr scheinen sie durch ihre Naturanlage mit vielen Tugenden ausgestattet, die allgemein selbst in christlichen Ländern vergeblich ge= sucht werden. Trotz alles Abstoßenden, was der Eskimo in seinem Naturzustande dem Europäer gegenüber hat, sind alle Reisenden im großen und ganzen einstimmig in dem Lobe, das sie dem vielfach liebenswürdigen Völkchen zollen. Darnach, sollte man erwarten, müsse das Christenthum auf jener Grundlage im hohen Maße die sittliche Entwicklung bewirkt haben und eine tiefe Heiligung hervorzurufen im Stande gewesen sein. — Wir dürfen jedoch nicht übersehen, daß der Verkehr der Grönländer mit den Europäern keineswegs ganz im Sinne

---

[1] Ich finde nichts darüber, ob jemals der nahe liegende Versuch gemacht worden ist, eine Arithmetik nach dem Pentadensystem für die grönländische Schule zu bearbeiten. Die Sprache schon, in welcher 6 als die erste zusammengesetzte Zahl erscheint, die also folgerichtig mit zwei Ziffern zu schreiben wäre, scheint auf solchen Versuch hinzuweisen.

des Evangeliums stattfand und stattfindet, sondern daß von der gleichen Seite auch grade die entgegengesetzten Einflüsse eingedrungen sind. In früheren Zeiten war der Diebstahl z. B. unbekannt. Die sozialen Verhältnisse boten zu demselben gar keine Gelegenheit. Erst die Berührung mit Europäern hat die Versuchung und mit der Versuchung den Fall gebracht, und so hat das Christenthum zu kämpfen gegen eine Sünde, die erst neben ihm im Volksleben sich zu entfalten anfing. Leider lassen sich auch hie und da Gemeindeglieder, die im übrigen als gute Christen gelten, von derselben verführen. Dennoch findet sich der Diebstahl jedenfalls nur in beschränktem Maße und wahrscheinlich viel seltener als in den christlichen Ländern Europa's, obgleich genauer Nachweis aus einer Verbrecherstatistik nicht zu führen ist. Eine solche läßt sich von Grönland, wo keine Gerichte existiren, nicht geben. Zum guten Theil aber kommen solche Uebertretungen an den Tag bei der Vorbereitung zum heiligen Abendmahle und dem in der Brüdergemeinde üblichen „Sprechen". Nicht leicht möchte in manchen Gemeinden unsres Vaterlandes bei derselben Gelegenheit das offene Bekenntniß der Sünde sich in dem Maße finden, wie dort in Grönland. Dem Bekenntniß folgt auch meist, wie schon angedeutet, eine von tiefer Gefühlsregung begleitete Reue. Wohl fehlt es nicht an einzelnen, die hart bleiben und gegen welche Kirchenzucht und Ausschließung von der Gemeinde gehandhabt wird.

Doch die Sünden gegen das siebente Gebot sind nicht die schlimmsten. Viel verbreiteter sind die gegen das sechste Gebot, die schon in alter Zeit den dunkelsten Punkt im Leben der Grönländer bildeten. Freilich waren sie damals beschränkt auf den verheiratheten Theil der Bevölkerung; und in diesem Stücke, können wir sagen, ist durch die Kraft des Christenthums eine tiefgreifende Umwandlung des Volksbewußtseins bewirkt, dem jetzt der Begriff der Heiligkeit der Ehe eingeprägt ist. Wohl wird dagegen noch viel gesündigt, mehr noch aber ist zu beklagen, daß auch die früher bei den Unverheiratheten herrschende gute Sitte durch den Verkehr mit gottlosen Europäern bedenklich gelockert und selbst hie und da einer schmählichen Prostitution gewichen ist. In dieser Beziehung steht es in Nordgrönland allerdings viel besser als in Südgrönland.

Es ist schon erwähnt, wie bisher ein anderes Laster, die Trunksucht, durch äußere Maßregeln ferngehalten wird. Bei dem Mangel an Energie, wie bei den Grönländern herrscht, würde es allerdings einen unabsehbaren Schaden über sie bringen, wenn ihnen berauschende Getränke ohne Maß zugänglich würden. Es würde einer bedeutenden Stärkung des Volkscharakters bedürfen, bis sie im Stande wären, solcher Versuchung zu widerstehen. Hoffen wir, daß ihnen auch fernerhin zu der nöthigen Erstarkung jener äußere Schutz gewährt bleibt.

Versuchungen verschiedener Art sind natürlich mehr auf den größeren Handelsplätzen als auf den Missionsstationen vorhanden. Neuherrnhut hat in dieser Hinsicht manches von der Nähe von Godthaab zu leiden, wo der Verkehr der Fremden viel ungünstige Einflüsse mit sich bringt. Ueberhaupt aber herrscht auf den dänischen Kolonien ein freierer

Ton; Lustbarkeiten, Spiel und Tanz werden dort ohne Anstoß gestattet, während dergleichen auf den Stationen der Brüdergemeinde (vielleicht auch hier und da mit etwas zu weitgehender pietistischer Engherzigkeit) überhaupt gemißbilligt wird. Trotzdem daß den Mitgliedern der letz= teren auch in dieser Beziehung das Gewissen geschärft wird, findet sich immer wieder die Schwachheit, sich an dergleichen Lustbarkeiten zu betheiligen, womit allerdings auch öfter Gelegenheit zu weiterer Ver= sündigung zusammenhängt.[1]

So hat denn freilich die Mission an den Grönländern ihr letztes Ziel noch nicht erreicht, trotzdem (mit den oben erwähnten Ausnahmen) das ganze Völkchen bereits der christlichen Kirche einverleibt ist. Wie bei den getauften Christenkindern die christliche Erziehung ihre so wich= tige Aufgabe hat, um sie zu wahren Gliedern der Kirche des Herrn zu machen, so geht die Aufgabe der Mission bei solchen, auf der Stufe der Kindheit stehenden Völkern weiter, wenn auch bereits die äußere An= nahme des Christenthums eine vollendete Thatsache geworden ist. Als Kinder müssen wir auch die christlichen Grönländer ansehen. In man= chen Beziehungen als schwache, leichtsinnige, begehrliche, sorglose Kinder, noch ohne das rechte Maß reiferen Ernstes. Zuweilen als eigensinnige, muckische Kinder, mit denen keineswegs leicht fertig zu werden ist. Vielfach aber zeigen sie sich als liebe lenksame Kinder von rührender Anhänglichkeit und Güte und bereit ihre unbesonnenen Uebertretungen und die Fehler ihres Leichtsinns einzusehen und zu bereuen. Vor allem als fromme Kinder, die ihren himmlischen Vater und ihren Heiland kennen und lieben.

Noch könnten wir den oben erwähnten Schwachheiten und Fehlern manche christliche Tugend gegenüberstellen, die von dem dunkeln Hinter= grunde der alten Zustände leuchtend absticht. Da wo sonst die Blut= rache herrschte, wo eine Beleidigung mit verhaltenem Grolle Jahre lang nachgetragen wurde, findet man jetzt manche Beispiele edler Ver= söhnlichkeit; obgleich es dem Grönländer in diesem Stücke immer noch nicht leicht wird, seinen alten Menschen zu überwinden. Da wo sonst das Elend der Witwen und Waisen hartherzig mit angesehen wurde, zeigen sich jetzt die Werke christlicher Barmherzigkeit in weitestem Maße.

Und da wo sonst das Leben vor der traurigen Nacht des Todes endete, die durch jene abgeschmackten Trugbilder der Angekoke von dem Jenseits nicht erhellt werden konnten, sehen wir nun Christen in der vollen Hoffnung des ewigen Lebens, im seligen Heimgange aus dieser Welt scheiden. Wie ist schon die Krankheitszeit so anders als sonst, wo der Leidende so hülflos, vergeblich sich an die Zaubermittel und ihre Wirkungen anklammernd dalag. Jetzt wird er nicht nur von den Seinigen wohl verpflegt und erhält, so weit es sich thun läßt, ärztliche Hülfe, sondern empfängt auch den geistlichen Beistand der Missionare oder Katecheten. Wie begierig und dankbar nimmt so ein

---

[1] Ueberhaupt scheint dann und wann so eine kleine Spannung zwischen den Ange= hörigen der beiden Missionen stattzufinden, obwohl wiederum auch andrerseits Zeichen des besten Einvernehmens und brüderlicher Gemeinschaft zwischen den Dänen und den Brüdern nicht fehlen.

Leidender die Tröstungen aus Gottes Wort an; wie fühlt er sich gestärkt durch das Gebet der vor dem harten Lager knienden Haus-
gemeinde! Nun naht die letzte Stunde. Heftig jagen die Pulse das
Blut durch den bald erschöpften Körper. Schwer röchelnd tönt jeder
Athemzug durch den spärlich erleuchteten Raum. Aber lieblicher Friede
malt sich auf dem Antlitz des Heimgehenden, der getrost und im Vertrauen
auf die Kraft des Opfertodes Jesu sich anschickt hinüber zu gehen
mit rührenden Worten die Zurückbleibenden ermahnt und endlich gefaßt
und freudig bis zuletzt, die Augen schließt.

Auch bei den Ueberlebenden hören wir nichts von den untröstlichen
Klagen und dem Jammergeschrei der alten Zeit, auch merken wir
nichts von der Furcht und Angst, mit der man einst alle Berührung
der Todten und der Gegenstände, die sie im Leben brauchten, zu ver-
meiden suchte. Dort auf dem Friedhof wird ihnen ein christliches Begräbniß bereitet. Und diese Stätte wird nicht wie einst die zerstreuten
Gräber der Vorfahren mit Scheu geflohen; sie wird gern und in feierlicher Stimmung von den Lebenden aufgesucht.

Es ist Ostermorgen. Eben schwebt die leuchtende Sonnenscheibe
empor zwischen den zackigen Berggipfeln, die mit ihren Schneefeldern
von dem azurnen Himmel wunderbar abstechen. Weit und breit ist's
still. Kein Lüftchen regt sich. Da erschallen feierliche Klänge von
Posaunen. Im Zuge zieht die Schaar der Brüder und Schwestern
zu dem einige hundert Schritte von der Station gelegenen Gottesacker.
Weit und breit ist der Erdboden mit grauem Moose bedeckt, das sich
weich unter den Tritten senkt. Noch ist es feucht von dem kürzlich
geschmolzenen Schnee; doch schon drängen sich hier und da die licht-
grünen Spitzen der jungen Hälmchen durch die graue Fläche und kün-
den die Auferstehung der im Winterschlaf erstorbenen Schöpfung.
„Hoher Hoffnung Bild und Zeugen" sind sie auch für die armen
Leutlein, die nun bewegten Herzens vor den gleichmäßigen Reihen der
Grabhügel stehen. Reichlich rinnen wohl die Thränen über die gelblich
grauen Wangen, besonders da, wo sich die feuchten Augen auf die
letzte Reihe mit noch frischen Hügeln richten, die traurige Spur der
verheerenden Seuche, die im verflossenen Winter wüthete. Wohl hört
man lautes Schluchzen, wenn nun in der Oster-Litanei der Liturgus
die Namen der entschlafenen Brüder und Schwestern verließt. Doch
stimmt die Gemeinde gefaßt mit ein in die Responsorien. Und wenn
es zum Schluß heißt:[1)]
    „Ehre sei Dem, der da ist die Auferstehung und das Leben! Wer
an Ihn glaubt, der wird leben, ob er gleich stürbe. Ehre sei Ihm in
der Gemeinde, die auf Ihn wartet, und die um Ihn her ist!" so erschallt
es vom Chor und der Gemeinde mit fester zuversichtlicher Freudigkeit:
    „Von Ewigkeit zu Ewigkeit. Amen".

[1)] Auf grönländisch: Ussornakauk makkibiortunelo innursutaursok!
    taursomunga opertok toekogalloarune, innusavok.
    Illageeksut ussorirsaartarlirsuk,
    nerrinkteisalo neijorteisalo!
    Issukangitsomit issuknissengitsomat. Illomut.

B. Labrador.

1. Land und Leute in alter Zeit.

Der nordöstlichste Theil des nordamerikanischen Kontinents bildet vermöge der tief einschneidenden Hudsonsbai eine mächtige Halbinsel in Gestalt fast eines gleichseitigen Dreiecks, das nur an der westlichen Hälfte seiner Grundlinie mit dem Festlande in Verbindung steht. Der andre Theil derselben wird vom St. Lorenzbusen und der Belle Isle-Straße begrenzt. Die zerrissene und von zahllosen Inselchen umsäumte Ostnordostküste wendet sich gegen Grönland, von wo eine Strömung der Davisstraße große Mengen von Eis hierher führt, durch welches ein viel rauheres Klima entsteht, als die Lage zwischen dem 50. und 60. Grad N. Br. (zum Theil also der des nördlichen Deutschlands entsprechend) vermuthen läßt. Diese Küste vom Kap Chudleigh im Norden an nebst ihrer südlichen Fortsetzung bis zum Kap Whittle[1]) wird Labrador genannt. Die ganze Halbinsel, welche ihrem Flächeninhalt nach fast fünfmal so groß wie das Königreich Preußen ist, entbehrt eines besonderen Namens. Sie gehört zum brittischen Nordamerika und steht unter dem Gouverneur von Neufundland. Das Innere, eine öde gebirgige Wildniß, ist bisher nur sehr wenig erforscht. Die Höhen sind einen großen Theil des Jahres, manche auch immer, mit Schnee bedeckt; auch sollen sich Gletscher vorfinden. Hie und da sind weite Thäler und ebenere Strecken mit Torfmooren besetzt, während in den südlichen Theilen sich ausgedehnte Waldungen finden. Nur eine dünne Bevölkerung von einigen Indianerstämmen führt in dem weiten unwirthlichen Lande ein kümmerliches Leben.

Hier haben wir es nur mit der Labradorküste zu thun. Sie hat in vielen Beziehungen Aehnlichkeit mit der Küste von Grönland. Auch hier dringen zahlreiche Fjorde tief in das felsige Land ein, daß meist in schroffen, mit grauen Flechten überzogenen Wänden aus dem Wasser emporsteigt, so daß die Plätze, die sich zur Anlage menschlicher Wohnungen eignen, nur in beschränkter Zahl vorhanden sind. Etwas weniger rauh erscheint die Küste in ihren südlichen Theilen, wo Fichten- und Lärchenwaldungen die Berge bedecken. Meistens beginnen dieselben aber erst im Hintergrunde, in einiger Entfernung vom Ufer. Die dem letzteren vorgelagerten kleinen Inseln sind größtentheils nackte Felsklippen, auf denen Möven und andre Seevögel ihre Brutstätten haben. Zwischen denselben ist den ganzen Sommer hindurch Treibeis vorhanden,

---

[1]) Selbst noch weiter westlich wird diese Bezeichnung ausgedehnt. Doch gehören diese Strecken bis etwa zur Mitte der Belle Isle-Straße zu der Provinz Ost-Kanada.

das zuweilen in größerem Maße auftretend der Schiffahrt sehr ge=
fährlich werden kann.   Wie schon erwähnt, ist das Klima des Landes
dadurch bedingt; ja die Winter, obgleich kürzer als in Grönland, sind
durchschnittlich weit härter[1]) als dort, daher Labrador in manchen
Stücken viel Uebereinstimmung mit Nordgrönland hat (z. B. Benutzung
der Hundeschlitten).   Der Sommer erzeugt vielfach einen verhältniß=
mäßig hohen Wärmegrad (bis 25° R.), der durch die scharf auf den
dunkeln Felsgrund brennenden Sonnenstrahlen gesteigert wird.   Uner=
träglich sind dann die Schwärme der Moskiten, eine unsägliche Plage
für Menschen und Thiere.

Die Naturerzeugnisse von Labrador gleichen ebenfalls denen von
Grönland.   Beerengewächse, namentlich die Rauschbeere (empetrum
nigrum), finden sich in großer Menge.   Im Süden kommen noch
Pappeln vor, Birken und Weiden auch weiter im Norden, wo sie jedoch
wie auch die Nadelhölzer immer mehr verkrüppelt erscheinen, bis etwa
unter dem 57° N. Br. der Baumwuchs ganz verschwindet. — Unter
den Thieren ist auch hier der Seehund von ganz besonderer Wich=
tigkeit;[2]) ebenso das Rennthier, das tiefer im Innern aufgesucht wird,
und die werthvolle Felle liefernden Pelzthiere, die man in Fallen fängt
und unter denen verschiedene Arten von Füchsen oben an stehen.   Das
Meer liefert einen großen Reichthum von Fischen, unter denen wir
den Dorsch (Codfisch) erwähnen; Walfische, die früher häufig waren,
kommen jetzt nur noch höchst selten vor.   Auch manche der unter Grön=
land erwähnten Vögel, wie Alken, Schneehühner (Ripper), Eidergänse
u. s. w. dienen hier wie dort den verschiedenen Lebensbedürfnissen des
Menschen.

Eskimo sind auch hier die Eingebornen, ein Fischer= und Jäger=
völkchen, wie die Grönländer,[3]) denen sie in ethnographischer Bezie=
hung, in Lebensweise und Sitten gleichen.   Der Name Innuit findet
sich auch hier; die Ausländer werden ebenfalls verächtlich als Kabl=
nät bezeichnet.   Die Kleidung unterscheidet sich von der grönländischen
nur bei den Weibern durch eine bis auf den Boden herabreichende
Schleppe und höher hinaufreichende Pelzstiefeln.   Die Wohnungen sind
den grönländischen ähnlich, ebenso die Haus= und Jagdgeräthe, sowie
die Fahrzeuge, letztere nur noch etwas besser und netter gearbeitet.
Des Sommers wohnen die Eskimo unter Zelten von Fellen, ihre
Winterhäuser aber graben sie tiefer in die Erde, so daß die Mauern
nur drei Fuß hoch sind, über die sich in der Mitte das Dach erhebt,
an dessen Südseite die Fenster sich befinden.   In dem niedrigen Ein=
gang ist an der einen Seite eine Kochstelle, auf der andern ein Platz
für die Hunde. „Vier Klafter lang", schreibt ein Missionar[4]), „mußten

---

[1]) Selbst in den Gebäuden gefrieren zuweilen Spirituosen wie Wasser.

[2]) Auch hier wie in Grönland erscheint er nur zu besonderer Jahreszeit, u. z. einige
Wochen später als dort, etwa im November (?).

[3]) Mit Verweisung auf die obige Schilderung der Grönländer und ihres Lebens
fassen wir uns hier kürzer. Alle hier fehlenden Züge möge der Leser aus jener Schil=
derung ergänzen.

[4]) Wullschlägel, Lebensbilder II. S. 163.

wir durch den niedrigen Eingang auf Händen und Füßen hinein krie=
chen und dabei froh fein, wenn wir von den Hunden ungebiffen davon
kamen, denn bei rauher Witterung nehmen die Thiere ihre Zuflucht
da hinein, und man muß oft über fie weg, wo man denn im Finftern
auf fie tritt oder von ihnen im Geficht beleckt wird, oder fich die Hände
mit Unrath befchmiert". Darum rief denn auch ein Eskimo[1]) nach
dem einbringlichen Vortrag eines Miffionars: „Ach, ich armer Menfch!
Hier haben wir nichts als Kälte und Hunger, unfere Häufer und
Zelte find voller Unrath, und des Nachts werden wir mit Geftank
und Ungeziefer geplagt. Ich dächte, wenn wir es nur erft fo gut
hätten, wie die Europäer, fo wollte ich fehr froh fein; aber wenn noch
etwas Befferes zu erwarten ift, fo ift's gewiß der Mühe werth, daß
wir uns mit dem Erlöfer bekannt machen". — Sind die Eskimo im
Winter unterwegs, fo bauen fie fich Schneehäufer, indem fie auf einem
Haufen von dichtem und feftem Schnee einen länglich runden Platz
abzeichnen und dann mit ihren langen Meffern viereckige Stücke Schnee
3 Fuß lang, 2 Fuß breit und 1 Fuß dick ausftechen, die fie bis zu
einer Höhe von 8 Fuß backofenförmig über einander wölben. Eine mit
Fellen bedeckte Erhöhung von 20 Zoll dient ihnen zur Bank und Schlaf=
ftelle, das Fenfter bildet ein Stück Eis, der Eingang wird des Abends
mit einem großen Stück Schnee verfchloffen. — Ihre Winterreifen
machen fie in Schlitten, von wolfsähnlichen Hunden gezogen, die je
einzeln mit Riemen von verfchiedener Länge vorgefpannt und von einem
alten, gut abgerichteten Hund, dem Vorderhund, angeführt werden. Diefer
läuft immer mehrere Schritte voraus und wird mit einer oft 24 Fuß
langen Peitfche, die nur ein geübter Eskimo regieren kann, gelenkt.
Die andern folgen ihm, wie eine Heerde Schafe; bekommt einer einen
Hieb, fo beißt er feinen Nachbar, oft überftürzen fie einander und
verwickeln fich in den Riemen zu einem wirren Knäul. Uebrigens
müffen diefe Zughunde mit großer Schonung behandelt werden, da man
ihnen für geringes Futter viele Arbeit zumuthet. Alte Häute, Einge=
weide, verfaulte Walfifchfinnen und dgl. Abfall wird ihnen als Nah=
rung zugeworfen; fehlt's einmal daran, fo müffen fie fich felber Fifche
oder Mufcheln am Seeftrand fuchen; wenn fie aber der Hunger quält,
fo verzehren fie was fie finden, felbft die Zugriemen, die man deshalb
des Nachts vor ihnen wohl verwahren muß. Auf Reifen, wenn die
Hunde Abends abgefpannt und gefüttert find, läßt man fie nach Belieben
in dem Schnee fich eingraben.

Die Sprache der Eskimo in Labrador unterfcheidet fich von der
ihrer Stammverwandten in Grönland nur als verfchiedene Mundart,
und beide weichen noch weniger von einander ab, wie etwa das Hoch=
deutfche vom Niederdeutfchen; nur daß fie für die von den Europäern
ihnen erft zugeführten Gegenftände beiderfeits verfchiedene Namen er=
funden und die Eskimo im Verkehr mit den hier handelnden Franzofen
etliche franzöfifche Worte angenommen haben. Dennoch trägt der La=
bradordialekt das Gepräge größerer Urfprünglichkeit. Für geiftige

---

[1]) **Wullfchlägel,** Lebensbilder III. S. 10.

Begriffe ist auch er höchst dürftig. Noch in neuerer Zeit schreibt ein Missionar[1]) „von den heidnischen Eskimo: Sie sind in der That wie Kinder; alles ist ihnen neu und fremd, daher besuchen sie uns auch gern in unserm Hause. Unsere Wanduhr ist oft ein Gegenstand ihrer Verwunderung; unlängst, fragte einer sogar, ob sie reden könnte".

Ganz ähnliche religiöse Meinungen und abergläubische Gebräuche, wie bei den Grönländern, finden sich auch bei den Eskimo in Labrador; ebenso spielen die Angekoke oder Zauberer eine große Rolle, und auf die Wirksamkeit der Amulete wird dasselbe Vertrauen gesetzt. Im Innern des Landes, glaubt man, wohne eine alte Frau, Supper=guksoak, welche über die Renntiere herrsche und sie heraus schicke, wenn die Innuit deren bedürfen. Sind daher keine zu sehen, so rufen sie der alten Frau zu: Kait, Kait, d. h. komm, komm, wir sind hung=rig. Auf dem Wasser aber wohne ihr Mann, Torngarsok, und beherrsche die Walfische und Seehunde. Wenn sie daher Mangel an Seehunden haben und beim Walfischfang rufen sie den Torngarsok um Hülfe an; entgeht ihnen aber ein Walfisch, so sagt der Harpunier: „Der Torngak war nicht da, oder er hat nicht gehört, er war in Geschäften." Bei Supperguksoak sammeln sich auch die Seelen der Verstorbenen, um mit ihr Renntiere zu jagen.

Gleich den Grönländern leben die Eskimo ohne Obrigkeiten und Gesetze und halten sich, obschon Mordthaten und Weibertausch nicht selten bei ihnen vorfallen, allein für gesittete und gute Menschen. Sorglosigkeit und Trägheit haben sie mit jenen gemein, aber Stolz und Eigenwille ist im Herzen des Eskimo tiefer eingewurzelt. Auch der Aermste unter ihnen ist eingebildet auf seine leider so oft gemiß=brauchte Freiheit, und die meisten dünken sich weiser und geschickter als die Europäer, weil sie im Kajak fahren und Seehunde fangen können, obgleich sie eingestehen müssen, daß die Europäer in den meisten andern Stücken ihnen überlegen sind. Sobald ein junger Mensch einige Schneehühner geschossen hat, ist er in ihren Augen ein großer Mann und wirft seine Worte nur so hin, als ob alles um ihn her Staub wäre. Dem äußern Anschein nach haben die Eskimo etwas Treuherziges und Stilles an sich; doch sind sie wie stille Wasser. Tief, lange, oft 10 bis 20 Jahre, kann die Rache in ihren Herzen schlummern. Dann erwacht sie plötzlich und muß im Blute seines Feindes gekühlt werden. Tief unter Unbarmherzigkeit und Ungerech=tigkeit liegt bei ihnen oft das Mitleid und die Sinn für das Recht verschüttet. Ueberhaupt findet man die kindliche Einfalt der Grönländer bei den Labrador=Eskimo weniger. Kindermord, wenn die Neugebornen irgend mißgestaltet sind, auch Selbstmord und räuberischer Diebstahl kommt bei ihnen vor. Die Kinder werden von Jugend auf hart ge=halten. Bei der strengsten Kälte tragen die Mütter sie unbekleidet in ihren Kappen. Wird der Kleine in seinem unbehaglichen Behälter ungeduldig, so wird er aus demselben hervorgenommen und völlig nackend auf den Schnee gesetzt. Selbst in einer christlichen Gemeinde aber

---

[1]) Calwer Missionsblatt 1848, S. 114.

kam noch ein Fall des Kindermordes vor, indem die Eltern ihr etwas mißgestaltetes Kind durch ein herbeigerufenes heidnisches Weib umbringen ließen. Und bei all diesen Sünden eine Selbstgerechtigkeit, die von der pharisäischen Art des Menschenherzens auch in Labrador, wie überall auf Erden, Zeugniß gibt. „Wir sind gute Menschen und bedürfen keines Erlösers", so hieß es, als einmal eine ganze Schlitten= gesellschaft von Heiden nach Hebron gekommen war, wo das Evan= . gelium verkündigt ward; „von eurem Jesus haben wir schon früher einmal etwas gehört; es gibt zwar unter uns auch einige Böse, die Lehrer brauchen könnten, um sie zum Guten anzuhalten; aber bei uns ist das nicht der Fall."

Dennoch waren die Eingebornen Labradors keineswegs so harmlos, wie sich die Grönländer bei ihrem Zusammentreffen mit Europäern zeigten. Jene waren durch die Berührung mit den Indianern des Innern von Alters her an Kampf, Mord und Grausamkeit gewöhnt, denn zwischen beiden Nationalitäten besteht eine unversöhnliche Feind= schaft. In neuerer Zeit ist das Zusammentreffen an der Labradorküste etwas sehr Seltenes, während es an den Ufern der Hudsonsbai öfter vorkommt.[1])

Die Franzosen und französischen Kanadier, die seit dem siebzehnten Jahrhundert mit jenen Eskimo zusammentrafen, lernten sie vielfach als ein räuberisches und mörderisches Gesindel kennen. Nicht bessere Erfahrungen machten später die Engländer, welche seit 1763 mit der Herrschaft über Kanada auch die nördlichen Länder ihren Besitzungen einverleibten. Dennoch wußten schon zu Ende des vorigen Jahrhunderts englische Ansiedler sich das Vertrauen der Eskimo zu erwerben; so namentlich ein gewisser Cartwright, der über seinen langjährigen Aufenthalt in Labrador ein umfassendes Werk veröffentlicht hat.[2]) Er ist ganz begeistert über die kleinen Menschen, denen er die beste Ge= müthsart unter allen ihm bekannten Völkern zuschreibt und die er auch in poetischem Ergusse gefeiert hat.[3]) Dagegen schildert er die Indianer des Binnenlandes, die vielfach mit Europäern in Verkehr gewesen waren und nicht blos das katholische Christenthum, sondern auch viele

---

[1]) Die dortigen Eskimo übergehen wir hier, werden ihrer aber bei der Schilderung der Mission in Rupertsland zu gedenken haben.

[2]) Journal of transactions and events on the Coast of Labrador. Newwark 1792. Es ist oft weitläufig, sich durch die Notizen des alten Jagdfreundes durchzu= finden, zwischen denen hie und da wichtige Bemerkungen über die Eingebornen zer= streut sind.

[3]) Er sagt unter andern:

Thrice happy race! Strong drink nor gold they know
What in their hearts they think, their faces show.
Of manners gentle, in their dealings just
Their plighted promise safely you may trust.

Not a more honest or more genrous race
Can bless a Sovereign, or a nation grace.
With these frequent pass the social day
No broils nor fends, but all is sport and play.

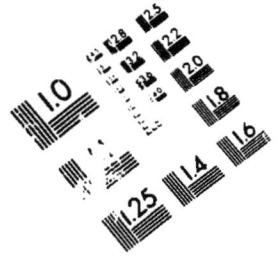

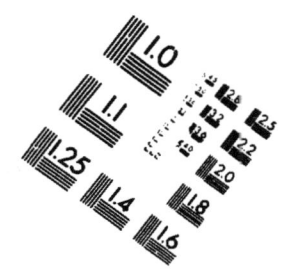

**IMAGE EVALUATION
TEST TARGET (MT-3)**

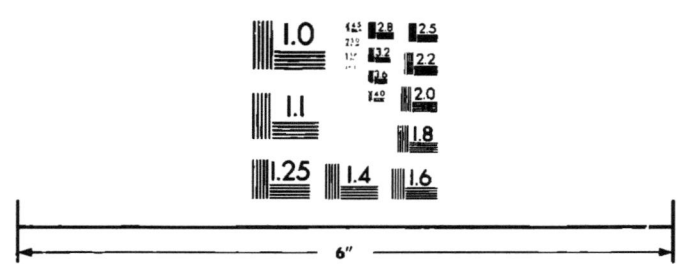

6"

Photographic
Sciences
Corporation

23 WEST MAIN STREET
WEBSTER, N.Y. 14580
(716) 872-4503

Laster derselben angenommen hatten, als ein verrätherisches, trunk= und streitsüchtiges Geschlecht.

Bei dem immer wachsenden Handelsverkehr der Europäer mit den Eskimo zeigten jedoch auch diese sehr oft noch ihre schlechtesten Seiten. Dann und wann wurden Händler und Schiffer beraubt und umgebracht, und die Labradorküste galt als eine verrufene Gegend. So wurden denn auch von der englischen Regierung die dahin gehenden Missionsunter= nehmungen mit Freuden begrüßt und auf mancherlei Weise befördert.

2. Die Mission in Labrador.

Es war im Jahre 1741. Im Hafen St. Thomas ankerte ein stattlicher Holländer, damals noch eine seltene Erscheinung, da wo jetzt das rege Treiben von hundert Schiffen aller Art einen Hauptpunkt der westindischen Schiffahrt andeuten. Mit Staunen wurde das tro= pische Land und die schwarzen Sklaven von manchem unter der Mann= schaft betrachtet. Viel wurde auch geredet über die Herrnhuter, die jene Schwarzen bekehren wollten. Johann Christian Ehrhardt, der Steuermann, der sich auf manchem Meere schon etwas versucht und manchen Wilden schon kennen gelernt hatte, stimmte lachend mit ein in den Spott, den seine Kameraden über die Missionare ergossen. „Laßt uns selber einmal auf ihren „Posaunenberg" gehen und sehen, wie sie mit den schwarzen Kreaturen beten", hieß es. Der Vorschlag fand Anklang. Dort aber in der Versammlung der armen Sklaven verstummte der Spott der rohen Gesellen vor dem heiligen Ernste der Andacht und vor den feurigen Reden und inbrünstigen Gebeten des Bruders Friedrich Martin. Der Steuermann aber hatte einen Stachel ins Herz bekommen, daß er noch mehrfach zum Posaunenberge ging; und als der Holländer die Anker lichtete, um heimwärts zu segeln, da spielte auf dem wettergebräunten Antlitz des Mannes am Steuer der Wieder= schein von Dank und Wehmuth. Ein anderer, als der er gekommen war, schied er von Westindien.

Ehrhardt schloß sich bei seiner Rückkehr nach Holland der Brüder= gemeinde völlig an. Früher hatte er schon öfter auf Walfischfängern die Reise nach der Davisstraße gemacht. Da war es ihm willkommen, mit einem eigends für die Brüdermission abgeschickten Schiffe (Irene 1749) nach Grönland gehen zu können, wo er sich den Winter über aufhielt und eine besondere Zuneigung zu den Eskimo gewann. Die schon dort vernommene Vermuthung, daß auch in den Ländern jenseits der Davisstraße solche Menschen wohnen möchten, später bestätigt durch die Reisebeschreibung des Polarfahrers Henry Ellis, brachte ihn zu dem Entschluß, eine Mission für jene andern Eskimo zu veranlassen. Die Sache fand bei den Brüdern der Unitätsdirektion Anklang. „Der Bischof Johannes von Wattewille ging gern auf Ehrhardts Gedanken ein, und es wurden, nachdem Matth. Stach zur Berathung darüber von Grön= land nach England berufen war, Verhandlungen mit der Hudsonbai= kompagnie angeknüpft, mit dem Ersuchen, Missionare nach ihren Fak=

toreien senden zu dürfen. Die Bitte wurde jedoch abgeschlagen. In=
zwischen hatte ein Mitglied der Brübergemeinde in London, der wohl=
habende Kaufmann Nisbet, mit zwei andern, Grace und Bell, den Plan
gefaßt, ein Handelsschiff in die von jener Kompagnie noch nicht in Besitz
genommenen Länder zu senden."[1] Besonders wurde Labrador ins Auge
gefaßt und Ehrhardt zum Führer des Unternehmens bestellt, für welches
man ein Schiff Namens Hope (Hoffnung) befrachtete. Vier Brüder
gingen als Missionare mit. Am 11. Juli 1752 sahen sie die ersten
Berge der Labradorküste. Nach längerem Suchen fanden sie eine Bucht,
wo sie vor Anker gehen konnten, und schnitten in die Rinde einer der
großen, nicht fern vom Ufer stehenden Birken den Namen des Königs
Georg von England ein, zum Zeichen der Besitznahme des Landes. Diese
Bucht nannten sie Cod=Bay. Von dort weiter fahrend, sahen sie endlich
am 29. Juli die ersten Eskimo. Es waren 5 Männer in ihren Kajaken,
welche mit wildem, fürchterlichem Geschrei herankamen, dann aber, als
Br. Ehrhardt ihnen einen von den Grönländern gelernten Gruß zurief,
ihre Freude zu erkennen gaben und sich, nachdem man sie an Bord
genommen, ganz friedlich betrugen.

Am 31. Juli zeigte sich ein sicherer, von hübsch bewaldeten Ufern
umgebener Hafen, und man beschloß sogleich, hier ans Land zu gehen
und eine Stelle zum Anbau auszusuchen. Den Hafen nannten sie zu
Ehren des oben genannten Unternehmers "Nisbet Harbour", den für
die beabsichtigte Niederlassung erwählten Platz "Hoffenthal".[2] Es wurde
nun das mitgebrachte Holz zum Hause samt den für die Mission be=
stimmten Vorräthen — auch zwei kleine Kanonen, die nöthigenfalls zum
Schutz dienen sollten — ausgeladen und am 10. August mit dem Auf=
richten des Häuschens begonnen. Am 3. September waren sie soweit
fortgeschritten, daß sie zum ersten Mal unter Dach schlafen konnten.
Ehrhardt nahm nun von den 4 Brüdern Abschied, um seinem Auftrag
gemäß noch Handelsgeschäfte zu treiben. An der Küste weiter hinauf
fahrend, fand er hier und da Eskimo, welche an Bord kamen und
gegen Walbarten allerlei Waaren eintauschten, und am 13. September
ging er an Stelle, wo sich wieder Eingeborne zeigten, mit dem Kapitän,
dem Schiffsschreiber und 4 Matrosen in dem mit Handelswaaren bela=
denen Boot ans Land, aber weder er selbst noch einer seiner Begleiter
kam wieder zum Vorschein. Nachdem die an Bord gebliebene Mannschaft
einige Tage gewartet hatte, kehrte dieselbe mit dem Schiff nach dem
Nisbet=Hafen zurück und brachte den Brüdern die traurige Nachricht.

Zugleich bat der Steuermann, der die Führung des Schiffes über=
nommen hatte, bringend, daß die Brüder wieder an Bord kommen
und mit nach Hause fahren möchten, weil es ohne ihre Hülfe nicht
möglich sein werde, das so schwach besetzte Schiff wieder glücklich über

---

[1] Missionsblatt der Brübergemeinde 1871, S. 97. Daselbst wird bemerkt, daß
Zinzendorf gegen diese Unternehmung, obwohl er sie nicht hindern wollte, die meisten
Bedenken hegte.
[2] Der Hafen liegt 15—20 deutsche Meilen südöstlich von der jetzigen Station
Hoffenthal.

das Meer zu bringen. Es blieb den Brüdern nichts übrig, als Folge
zu leisten. Gegen Ende November kam man in London wieder an.
Ein im nächsten Jahr an der Küste hinfahrender Kapitän aus Nord-
Amerika fand noch das verlassene Haus der Brüder samt einem kleinen
Rest der Vorräthe, welche sie dort zurückgelassen hatten für den Fall,
daß die Vermißten noch am Leben wären, und endlich auch die Ueber-
bleibsel von 7 Leichnamen.[1])

So endete die erste Unternehmung für Mission und Handel auf
Labrador. Der letztere zog jedoch in den folgenden Jahren wiederholt englische Schiffe von der Kolonie Neufundland dorthin. Mehr
noch die ergiebige Fischerei. Die Berührung der Europäer mit den
Eskimo war für den weiteren Verkehr nur nachtheilig. Jene verfuhren
mit Grausamkeit und Hinterlist, was die Eingebornen gleichermaßen
erwiderten. So friedlich nämlich die Eskimo in andern Gegenden
erscheinen, hier waren sie stets kampfbereit. Die häufige Berührung
mit ihren alten Erbfeinden, den Indianern, hatte jedenfalls diese
Eigenschaft bei ihnen veranlaßt.

So abschreckend nun auch fortwährend die Nachrichten aus Labrador
klingen mochten, gab man in der Brüdergemeinde keineswegs die Hoffnung auf, auch dort das Evangelium zu verkündigen. Besonders
war es ein Zimmermann, Jens Haven, der seit Ehrhardts Tod sich
gedrungen fühlte, dessen Nachfolger zu werden. Inzwischen aber wurde
er nach Grönland berufen, um bei der Anlegung von Lichtenfels thätig
zu sein. Seine dort erworbene Bekanntschaft mit den Eskimo brachten
jenen Plan zur Reife, und als er nach vierjähriger Abwesenheit nach
Deutschland zurückkehrte (1762), suchte er von der Unitätsdirektion
die Erlaubniß, noch auf eigne Hand eine zweite Untersuchungsreise
nach Labrador zu unternehmen, und ging 1764 mit dem Segen der
Gemeinde von Herrnhut nach England ab. Durch dortige Freunde
wurde er dem Commodore[2]) der jährlich nach Neufundland segelnden
Flotte empfohlen, der ihn freundlich nach St. Johns, der Hauptstadt
jener Insel, mitnahm und durch einen Schutzbrief sein Vorhaben
angelegentlichst unterstützte. Mit einem Handelsschiffe ging er weiter
nach Quirpont, einem Hafen an der nördlichsten Spitze jener Insel, und
bekam daselbst zuerst einen von den Eskimo zu sehen, die sich dort vom Festlande einzufinden pflegten, um Handel zu treiben oder zu stehlen. Er
redete ihn zuerst auf Grönländisch an, und als der Eskimo in gebro-
chenem Französisch antwortete, bat er ihn, in seiner eigenen Sprache
zu reden und seine Landsleute herzubringen. Da ging jener fort und
rief mit lautem Geschrei: „Unser Freund ist gekommen!" Kaum hatte
J. Haven seine grönländische Kleidung angelegt, als fünf Eskimo in
ihren eigenen Booten herankamen und auf seine freundschaftliche Anrede
erwiderten: „Du bist wirklich unser Landsmann". Die Freude war
beiderseitig groß, und er mußte mit ihnen auf das vor dem Hafen
gelegene Inselchen kommen, wo ihre Weiber und Kinder waren. Da

---

[1]) Missionsblatt der Brüdergemeinde 1873, S. 98 und 99.
[2]) Palliser.

betete er in seinem Herzen zum Herrn und sprach: „Ich will mit ihnen gehn in deinem Namen; tödten sie mich, so ist mein Werk auf Erden gethan und ich werde bei dir leben; schonen sie meines Lebens, so will ist fest glauben, es sei dein Wille, daß sie das Evangelium hören und annehmen." Und sie nahmen ihn freundlich auf, hörten ihm auf= merksam zu und versprachen, ihn am nächsten Morgen auf dem Schiffe zu besuchen. Tags darauf kamen denn auch ihrer 18 mit ihren Fahr= zeugen ans Schiff, und er ging mit ihnen wieder ans Land. Aus einem Schreiben des Commodore theilte er ihnen die freundlichen und fürsorglichen Absichten der englischen Regierung mit. Sie sollten dasselbe behalten und zu ihrem Schutz Europäern gegenüber benutzen. Doch waren sie nicht zur Annahme des Papiers zu bewegen, weil sie sich vor dem lebendigen Wesen, das doch darin stecken müsse, fürchteten. „Auf die Frage, ob sie etwas von dem Tode Ehrhardt's wüßten, ant= worteten sie nicht und schlugen die Augen nieder. Dieser Ver' hr dauerte nun einige Tage und wurde immer befriedigender. Beso....es benahm sich der Führer der Gesellschaft, der Angekok Seguliak, freund= schaftlich. Als sie aber ihrem Freunde Haven zu Ehren anfingen zu tanzen und großen heidnischen Lärm zu machen, stimmte er einen grön= ländischen Vers an, worauf sie wieder stille wurden, andächtig zuhörten und ausriefen: „Wir sind ohne Worte!" Beim Abschied baten sie ihn sehr, doch bald wieder zu kommen.

Weiter nach Norden hinauf zu gelangen war nicht möglich, da die Schiffsmannschaft heimkehren wollte, und so kam denn Haven am 27. September 1764 wieder in St. Johns an, von wo ihn der Commo= dore, nachdem er seinen Bericht beifällig vernommen, weiter nach Eng= land beförderte.[1]

Das Handels=Departement der brittischen Regierung hegte hierauf den Wunsch, eine Mission auf Labrador errichtet zu sehen. Das von der Unitätsdirektion befragte Loos stimmte zu. So wurde denn Jens Haven und Laurentius Drachart[2] 1765 mit zwei andern Brü= dern zu einer zweiten Kundschaftsreise ausgesendet. Sie reisten wieder mit der englischen Flotte nach Neufundland, und von dort auf einem Kriegsschiff nach einigen Häfen der südlichen Labradorküste. Haven ging dann mit einem kleinen Schooner nördlich, fand aber den gesuchten Nisbet=Hafen nicht, traf auch keine Eskimo. Desto mehr Erfolg hatte inzwischen Drachart, der mit einer großen Gesellschaft jener Eingebornen in Verkehr treten konnte, wobei ihm seine Fertigkeit in der grönlän= dischen Sprache zu statten kam. Er erzählte ihnen viel von den Karablit im Osten, die sich von ihrem Heidenthume zu dem Heilande bekehrt hätten. Sie antworteten unter anderem: „Wir wollen auch wie die Grönländer thun, wir glauben das, was du uns sagst." Dabei schlugen sie ihm an die Brust, gaben ihm die Hände und riefen: „Glaube uns".

---

[1] Missionsblatt der Brüdergemeinde 1873, S. 100.
[2] Vergl. oben S. 52.

Bei den wiederholten Besuchen gab sich Drachart Mühe, ihnen die Hauptzüge de. chriftlichen Heilslehre nahe zu bringen, doch fand er vielfach nur ein sehr mangelhaftes Verständniß. Unter dem Heiland konnten sie sich anfangs nichts anderes vorstellen als einen großen Herrn, der sie von den Kablunät erlöfen und ihnen gegen die böfen Karablit im Norden beiftehen würde. — Den erften Unterricht hörten sie meift sehr begierig an, bald aber bekamen sie es überbrüffig und fagten wie die Grönländer: „Wir wissen nun schon alles“ oder „wir glauben es“ oder „wir verftehen das nicht, unfre Ohren taugen nicht dazu“. Gegen die Brüder benahmen sie sich stets sehr freundlich, was sie indeß nicht abhielt, dieselben gelegentlich zu beftehlen, und freuten sich infonderheit, als Jens Haven von Norden eintraf, baß er Wort gehalten und wieder zu ihnen gekommen sei. Als sie aber hörten, daß die Brüder im Sinne hätten, übers Jahr wieder zu kommen und unter ihnen zu wohnen, fagten sie: „Kommt nur und baut bei uns; aber bringt keine Kablunät mit, fondern nur Innuit wie wir sind und ihr feib, so wollen wir euch bauen helfen, und Jenfingoak — fo wurde Jens Haven von ihnen genannt — soll uns Boote bauen und aus= beffern helfen. Drachart aber soll uns lefen und schreiben lehren, und so wollen wir als Freunde unter einander leben und unfre Flinten und Harpune nicht gegen einander brauchen, fondern gegen die Rennthiere und Seehunde“. — Einmal übernachteten die Brüder fogar bei dem Angekok Seguliak, der während der Nacht, wie die Brüder es be= zeichnen, in eine Entzückung gerieth. Zuerft sang er mit seinen Wei= bern; bann murmelte er etwas daher, machte wunderliche Geberden, blies und schäumte, daß ihm der Geifer den Bart herunter lief, zog seinen Leib und seine Glieder krampfhaft zusammen, drehte die Hand rund um den Kopf, Arme und Füße herum, als ob er einen Strick herum wände. Zuweilen schrie er fürchterlich, hielt seine Hand gegen Drachart's Gesicht, neben dem er faß, tummelte sich auf der Erde herum und verdrehte die Augen. Man konnte vor allem nur die Worte verftehen: „Nun ift mein Torngak da“. Hierauf küßte er Drachart, bann lag er eine Weile wie tobt, fing barauf wieder an zu winfeln, richtete sich endlich auf und verlangte, daß sie ihn küssen sollten, weil ihm das Linderung verschaffte. Darnach setzte er sich wieder nieder und fing an zu fingen; die Brüder aber stimmten einige fromme grönländische Verfe an, wobei die Eskimo sehr andächtig waren und jedes Wort wiederholten, obschon sie fagten: „Wir verftehen nur ein klein wenig von dem, was ihr fingt“. Am andern Morgen als die Brüder schieden, sprach Seguliak: „Nun könnt ihr unfern Landsleuten im Often fagen, daß ihr bei mir geschlafen habt. Ihr feib die erften Kablunät, die bei mir über Nacht geblieben sind; boch ihr feib nicht Kablunät, fondern Innuit, unfre Freunde, bei denen alle Furcht ein Ende hat, benn wir kennen uns“. — Die Brüder hatten sich zugleich bemüht, den Handel der Europäer mit den Eskimo so einzurichten, daß künftig allen Gewaltthätigkeiten vorgebeugt würde. Nachdem jener Verkehr zwei Monate hindurch fortgefetzt war, kehrte die Gefellschaft nach England zurück, wo alsbald weitere Verhand=

lungen über Anlegung einer Station angeknüpft wurden. Dieselben
zogen sich jedoch in die Länge, da die Regierung wegen Abtretung des
erforderlichen Landes noch Schwierigkeiten machte, und so wurden die
beiden genannten Missionare bis 1769 in England aufgehalten.

Während dieser Zeit wurden in einem Handgemenge mehrere Es=
kimo von englischen Händlern gefangen, und eine Frau, Mikak, und
ein fünfzehnjähriger Knabe, Karpik, nach England geschickt. Erstere
durfte bald in ihr Vaterland zurückkehren, wo sie sich den Missionaren
hernach sehr nützlich bewies; letzterer wurde in Fulnek erzogen und
daselbst als der Erstling unter den Heiden von Drachart getauft, starb
aber Tags darauf an den Blattern. Im Jahre 1769 wurden den
Brüdern endlich namentlich auf Commodore Pallisers Verwendung
100,000 Acker in der Gegend von Eskimobai[1]) auf der Küste von
Labrador zugesichert, und im folgenden Jahre begaben sich Jens
Haven, Drachart und Stephan Jensen mit mehreren anderen
auf einem von der Londoner Brüdersocietät ausgerüsteten Schiffe[2])
dahin. Nachdem sie in Quens Harbour (52° 34′ N. Br.) umsonst nach
den Eskimo ausgeschaut hatten, verfolgten sie die Küste nach Norden
und trafen nach einiger Zeit ihre alten Freunde. „Es war uns bange,
als wir das fremde Schiff sahen", sagte einer derselben zu Haven,
„als wir aber hörten, daß der kleine Jens da sei, verging uns alle
Furcht, denn wir haben dich lieb und sind froh, dich wieder zu sehen."
Ein anderer nahm einen Riemen und band ihn um Drachart's Arm,
indem er sagte: „Dieses Band soll ein Zeichen sein, daß unsre Liebe
nicht aufhören soll. Ich habe noch nicht vergessen, was du mir von
dem Herrn im Himmel gesagt hast, und ich wünsche, in Zukunft noch
mehr davon zu hören." Eine andere Schaar von Eskimo, bei der auch
Mikak lebte, sollte sich südlicher an der Birons=Bai finden. Dort
ging man einige Tage später vor Anker und fand über 100 Einge=
borne. Mikak war hoch erfreut, und um die Brüder in ehrenvollster
Weise zu begrüßen, kam sie in einem Kleid an Bord, welches sie von
der Prinzessin von Wales zum Geschenk erhalten hatte; es war ein
mit goldnen Sternen und Tressen geschmücktes Kleid von weißem Tuch,
und auf der Brust trug sie ein goldenes Medaillon mit dem Bild des
Königs von England. Ihr Vater, der sie ans Schiff begleitete, hatte
in Ermangelung eines entsprechenden Anzugs zu seinem Seehundspelz
ein paar englische Handschuhe angezogen und ein Offiziersschild an die
Brust geheftet.

Auch an dieser Stelle gingen die Brüder wieder ans Land, um
die Eskimo in ihren Zelten zu besuchen. Die Erklärung, daß sie
gekommen seien, sich ein Stück Land auszusuchen, wo sie bei ihnen
wohnen und ihnen Christum verkündigen wollten, wurde mit Freuden
vernommen. Die Eskimo versicherten sie ihrer Freundschaft und Liebe
und versprachen sie zu hören und dann auch nicht mehr zu stehlen
und zu morden. „Wir haben euch lieb, sagten sie, und unser Bund

[1]) 54° N. Br.
[2]) New Jersey Packet.

soll bleiben, so lange die Sonne scheint. Sucht euch ein Stück Land aus, wo es euch gefällt." Die Brüder gingen nun von Zelt zu Zelt und theilten als Preis für den Ankauf des Landes allerlei Geschenke unter ihnen aus, welche mit Freuden angenommen wurden. Von hier fuhren die Brüder wieder weiter nach der Eskimo-Bai, wohin sie die Mikak und ihren Mann Tuglavina in ihrem Schiff mitnahmen.

Dort, wie an einigen andern Orten, fanden sie das freundlichste Entgegenkommen seitens der Eskimo und wählten schließlich den Platz zur Niederlassung (56° 55' N. Br.) aus. Doch auch diese Reise war nur eine Rekognoszirung. Im Herbste kehrten sie nach England zurück.

1771 aber sollte die ständige Labrador-Mission beginnen. Die Gesellschaft zur Förderung des Evangeliums, in nächster Verbindung mit den englischen Brüdergemeinden, beschloß ein eignes Schiff anzukaufen, das zur Anlegung der Station, sowie zur Verbindung mit der Heimat dienen sollte. Es war die „Amity". Zugleich sollte es Handel treiben und dadurch die Kosten der Mission decken helfen. Dazu wurde ein besonderer Agent ernannt, doch mit der Weisung, daß die Bekehrung der Heiden der Hauptzweck der Unternehmung sein solle. Zum Schutz der neuen Station erlangte man eine Proklamation des Gouverneurs von Neufundland, durch die zugleich allen Händlern und Schiffern ernstlich anbefohlen wurde, sich gegen die Eingebornen freundlich zu betragen.

Nach einem herzlichen Abschiede von der Londoner Gemeinde gingen die für diese Mission berufenen Brüder[1] am 8. Mai an Bord der Amity und erreichten nach einer sehr beschwerlichen und gefahrvollen Fahrt am 8. August den Hafen an dem bereits gewählten Platz, den sie Unity Harbour nannten. Zwei Tage später kamen sie ans Land, weihten die zur Ansiedlung bestimmte Stätte und nannten sie Nain. Dann ging es bald an das Bauen und Aufrichten eines fertig mitgebrachten Hauses, das nach mehreren Wochen bezogen werden konnte. Nach und nach fanden sich auch Eskimo bei ihnen ein, unter ihnen Mikak mit ihrem Manne; aber sie kamen und gingen. Viele machten Gebrauch von der Gelegenheit zum Eintausch europäischer Waaren. Auch die Verkündigung des Evangeliums ließen sie sich gefallen. „Ich erzähle ihnen", schreibt Dachart, „vom Heilande und thue dazwischen, um sie aufmerksam zu erhalten, kurze Fragen, welche sehr verschieden beantwortet werden. Einige sagen: „Ja wir sind Sünder und wollen über das denken, was wir von dir hören". Andre sagen: „Nein, das wollen wir nicht", und wieder andre: „Wir verstehen dich nicht, hast du noch Messer zu verkaufen?" (Einer fand es auch sehr natürlich, daß ihn der Heiland lieb habe, da er noch keinen Europäer todtgeschlagen hätte.) Ich aber bitte den Heiland — fährt Dachart fort: Du hast

---

[1] Es waren: Jens Haven, der zum Diakonus ordinirt war, Christoph Brasen und Johann Schneider, diese drei mit ihren Frauen, sowie der Wittwer Dachart und acht ledige Brüder.

in Grönland dumme Menschen verständig und kalte Herzen warm ge=
macht; thue das auch hier und laß uns nicht zu Schanden werden,
denn es ist ja beine Sache."

Den Winter über wohnten nur vier Eskimofamilien zu Nain,
deren eine um ärztliche Hülfe zu erbitten zu den Brüdern gekommen
war, und die Brasen, der die Chirurgie erlernt hatte, gewähren konnte.
Andre kamen zuweilen in ihren Hundeschlitten zum Besuch. Für sie
war ein Eskimohaus gebaut, in dem auch Versammlungen gehalten
wurden. Schon zeigten sich Spuren von Wirkungen des Evangeliums;
wie z. B. einer seine Pfeile, die nicht blos zur Rennthierjagd, sondern
auch zum Menschenmorde gebraucht wurden, auslieferte. Dagegen gab
es auch vielfach etwas von Ausbrüchen heidnischer Roheit zu leiden.
Um vor grober Zudringlichkeit oder gar vor räuberischen Angriffen
sicher zu sein, mußte man die Flinten geladen halten, die den Heiden
immer große Furcht einflößten. — Das enge Zusammenwohnen so
vieler Personen in dem kleinen Stationshause brachte viel Unzuträg=
lichkeiten mit sich, die nicht immer durch Liebe und Eintracht — an
der es zuweilen sogar recht gefehlt zu haben scheint — gehoben werden
konnten.

Mit dem Frühjahr fanden sich wieder größere Schaaren von Ein=
gebornen ein; im Juli waren ihrer 200 auf der Station und zeigten
sich willig das Evangelium zu hören. Haven und Drachart, als mit
der Sprache vertraut, übernahmen das Lehren insbesondere, während
die andern Brüder versuchten für den Unterhalt zu sorgen. Namentlich
glückte der Lachsfang; auch die Eingebornen lernten zu demselben mit
großem Nutzen Netze anwenden, während sie früher nur das Stechen
kannten. Dann und wann wurde ein Rennthier erlegt. Andre Ver=
suche, die Mission mit eigenem Erwerbe zu unterhalten, wollten nicht
gelingen, z. B. die Errichtung einer Sägemühle, die Böttcherei u. s. w.
In den späteren Wintern gab die Jagd eine reichliche Ausbeute an
Bären, Füchsen u. s. w. mit werthvollem Pelzwerk.

Das lange Ausbleiben des Schiffes veranlaßte 1772 ernstliche
Sorge. Doch die Eskimo versprachen, die Brüder im Winter mit Nah=
rung zu versorgen, daß sie nicht stürben. Endlich aber am 30. Oktober
ging die Amity nach schwerer Fahrt bei Nain vor Anker. Die Ma=
trosen wunderten sich über die Veränderung, die schon mit den Einge=
bornen vorgegangen sei. Sie wären nicht mehr die alten Mörder und
Räuber, sondern schienen gute Schafe geworden zu sein. Es fanden sich
auch immer tiefere Eindrücke des Evangeliums. Eine Witwe erzählte,
ihr Mann Anauke habe in seiner letzten Krankheit zu ihr gesagt:
„Sei nicht so betrübt, ich will zu Jesus in den Himmel gehen, der
die Leute so lieb hat". Seine Landsleute aber nannten diesen Ver=
storbenen „den, welchen der Heiland zu sich genommen hat". — Einmal
mußten etliche Brüder auf einer Reise, die sie nach einem todten Wal=
fisch unternahmen, wegen widriger Witterung mehrere Tage in einem
Eskimohause bleiben, auf einer kleinen Insel, sieben Meilen südlich von
Nain, wo sie unsägliche Beschwerden zu ertragen hatten. „Man kann
sich kaum vorstellen, was wir ausgestanden", heißt es in ihrem Tagebuch;

„wir hatten weder Tag noch Nacht Ruhe; wenn die Kälte in der Nacht etwas nachließ, so plagten uns die Läuse; wenn wir unser Essen kochten, welches im Gang unter den Hunden geschehen mußte, so war der Rauch und die Kälte fast unausstehlich". Hungrig und durchfroren kehrten sie endlich nach Nain zurück.

Im Jahre 1773 *am Paul Eugenius Layritz aus der Mitte der Aeltesten-Konferenz der Unität in Begleitung des zum Missionar für die Eskimo bestimmten Johann Ludwig Beck zu einer Visitation der dortigen Mission nach Labrador und verweilte vom 25. Juli bis 29. September in Nain. Es wurde eingehend über die Angelegenheiten der Mission verhandelt und eine Rekognoszirungsreise nach Norden beschlossen. Jens Haven führte dieselbe mit einem Begleiter in der Schaluppe aus, die den Visitator von Neufundland herüber gebracht hatte, unerwarteterweise ein Stück Weges von einem englischen Marine-Schooner geleitet, den die Regierung, um für die Sicherheit der Missionare zu sorgen, gesandt hatte. Der Führer desselben war über die bisherigen Erfolge unter den Eskimo erstaunt und stattete später darüber in St. Johns günstigen Bericht ab. Jens aber fand auf der ganzen Küste bis nach Nachvak hinauf viel Freundlichkeit. Er wurde von solchen, die ihn schon kannten, umarmt und geküßt. Andre, die er in seiner energischen Weise über irgend ein Unrecht zur Rede setzte, baten ihn, sie wieder lieb zu haben und sagten: „Wir können es gar nicht ausstehen, wenn du böse bist". Bei einer andern Gelegenheit wurde gesagt: „O Jens, du bist zwar klein; aber deine Gedanken sind stark und dein Geist ist unüberwindlich." Auch ganz fremde Eskimo hatten bereits die Kunde von den freundlichen Europäern vernommen. Die auf dieser Reise gesammelten Erfahrungen erhöhten das günstige Urtheil, das Layritz von der Station mit nach Europa bringen konnte. Er nannte Nain eine Kanzel, von der das Evangelium schon hunderten von Heiden verkündigt werde.

Mit Schmerz bemerkten indeß die Missionare, wie sehr noch der tief eingewurzelte heidnische Aberglaube und die im Schwange gehenden heidnischen Laster, Weiberraub und Mordthaten, dem Worte Gottes den Eingang in ihre Herzen versperrten, und wie die guten Eindrücke, welche einzelne von ihnen empfangen hatten, bei dem beständigen Umherziehen derselben bald wieder verloren gingen. Und da es unmöglich war, die Eingebornen, welche im Winter zu Nain die Predigt von Christo hörten, auch im Sommer festzuhalten, beschloß man, sobald als möglich noch zwei Missionsplätze nordwärts und südwärts von Nain zu errichten. Vier Brüder, Brasen, der Vorsteher von Nain, Lister, Lehmann und Jens Haven, begaben sich daher im Jahre 1774 auf eine Kundschaftsreise nach Norden, hatten aber das Unglück, auf der Rückkehr 3 Meilen von Nain zu scheitern, wobei Brasen und Lehmann in den Wellen ihr Leben verloren. Dies hielt jedoch die Brüder nicht ab, schon im folgenden Jahre neue Kundschaftsreisen süd- und nordwärts zu unternehmen, wobei 30 Meilen nördlich von Nain auf einer großen Insel an der Bucht Okak der Platz für eine zweite Station erworben wurde. In diesem Jahre traf auch der neuernannte Vorsteher der Labrador-Mission, Samuel Liebisch, mit neuen Gehülfen von Europa ein.

Im folgenden Winter konnte zu Nain der vollendete Kirchensaal feierlich eingeweiht werden (19. Februar 1776), wobei ein junger An= gekok, Kingminguse, nach längerem Unterricht als der Erstling der Labrador=Eskimo die heilige Taufe empfing. Er erhielt den Namen Petrus. Im August wurde die zweite Station zu Okak durch Br. Haven angelegt. Der Platz war günstig, da über 300 Eingeborne immer dort zu wohnen pflegten. Zeigten sie sich zuerst auch noch wild und leichtsinnig, so waren sie doch erfreut, daß „Jens" unter ihnen wohnte. Der aber nennt jene Anfangszeit in Okak die seligste in seinem ganzen Dienste in Labrador, da er fortwährend Gelegenheit hatte das Evangelium zu verkündigen.

Dies brachte denn auch hier bald die ersten Früchte. Schon 2 Jahre nach Gründung der Station konnten 6 Erwachsene getauft werden. Auch bei Nain blieben endlich nach und nach 70 — 80 Eskimo im Winter wohnen. Die Zahl der Getauften stieg dann bald auf 20. Die Missionare nahmen sich ihrer Pflegebefohlenen treulich an und besuchten dieselben auch während des Sommers soviel als möglich auf ihren Erwerbsplätzen, wobei sie sich der Weiberboote (Umiak) bedienten. Einer versuchte sie auf ihren Jagdzügen ins Innere des Landes zu begleiten, was sich jedoch als für einen Europäer unausführbar be= wies. Im Winter dagegen wurden regelmäßige Versammlungen und für die Kinder täglich Schule gehalten.

Um nun auch die Errichtung eines dritten Missionsplatzes südwärts von Nain ins Werk zu setzen, begaben sich Johann Schneider, Lister und Stephan Jensen 1777 nach Arvertok, kauften den Eskimo ein Stück Land ab und bezeichneten es mit Grenzsteinen; der wirkliche Anbau erfolgte aber erst auf wiederholtes Verlangen der Eskimo im Jahre 1782, wobei wiederum Jens Haven thätig war,[1]) und wurde die neue, 30 Meilen südlich von Nain liegende Niederlassung Hoffenthal genannt. Das jährlich von England kommende Schiff, welches alle drei Plätze zu besuchen und mit Vorrath zu versehen pflegte, wurde auch zum wechselseitigen Verkehr derselben benutzt. Aber auch in der Zwischen= zeit unterhielten die Brüder die Gemeinschaft unter einander so viel als thunlich, indem sie des Sommers auf Eskimobooten zu Wasser, des Winters auf Schlitten zu Lande einander besuchten. Was Sam. Lie= bisch und ein andrer Bruder auf einer solchen Reise von Nain nach Okak begegnete, gibt uns einen Begriff von den Gefahren und Mühseligkei= ten, mit denen dabei oft zu kämpfen war. Als sie über die mit Eis bedeckte offene See in Gesellschaft noch eines Eskimoschlittens noch nicht völlig den halben Weg nach Okak zurückgelegt hatten, überfiel sie plötz= lich ein heftiger Sturm, der durch die erregten Meereswellen das Eis

---

[1]) Bald darauf kehrte der alte treue, originelle Mann mit seiner Gattin zum Ausruhen nach Europa zurück. Zwölf Jahre lebte er noch in Herrnhut, die 6 letzten in Blindheit, und ging 1796 selig heim. Drachart war bereits 1778 zu Nain mitten aus seiner Thätigkeit abgerufen.

in eine schwingende Bewegung setzte, so daß die Schlitten im Fahren auf und nieder sich bewegten. Ringsum hörte man das Eis bersten mit donnerndem Getöse. Die Eskimo suchten nun in aller Eile den Strand zu erreichen; die Bewegung des Eises war aber hier am Ufer schon so heftig, daß die Hunde mit schärfster Gewalt ans Ufer getrieben werden mußten. Wenige Minuten, nachdem sie das Land glücklich erreicht hatten, brach das Wasser an eben der Stelle, wo sie herüber gekommen waren, durch das Eis und ergoß sich über dasselbe, so daß sie in kurzem die offene See vor sich hatten, soweit sie bei Anbruch der Nacht sehen konnten. Es war schrecklich, das Wüthen des Meeres, den heulenden Sturm und das Getöse der berstenden und sich stoßenden Eisschollen zu hören. Dreißig Schritt vom Strande bauten die Eskimo ein Schneehaus, in das sämmtliche Reisende, sechs Erwachsene und ein Kind, um 9 Uhr Abends hineinkrochen, dankbar für diesen Zufluchtsort, der sie gegen den heftigen und schneidenden Wind schützte. Sie sangen auf Eskimoisch ein Abendlied und legten sich gegen 10 Uhr dicht zusammengedrängt nieder. Die Eskimo schliefen bald ein; Liebisch konnte aber bei dem Getöse der See nicht schlafen. In der dritten Stunde kam eine fliegende Welle über das Haus, daß es durchtropfte, und bald folgte eine zweite, welche das Schneestück vor dem Eingang hineinstieß. Nun weckte er schnell seine Gefährten, und die Eskimo öffneten sofort mit einem Messer einen Ausgang aus dem Hause und trugen das Gepäck nach einem höhern Orte des Strandes. Kaum waren sie hier angelangt, so wurde das Schneehaus von einer Welle hinweg gespült, und sie hatten nun den Ueberrest der Nacht in der angreifenden Kälte und dem Schneegestöber viel auszustehen, bis am Morgen die Eskimo mit einem neuen Schneehaus fertig wurden, in welchem sie sich so gut einrichteten, als es möglich war. Sie konnten aber dasselbe während mehrerer Tage, in denen sie von Kälte, Nässe und Hunger, welches alles die Eskimo größtentheils verschliefen, noch viel zu leiden hatten, wegen ungestümer Witterung nicht verlassen, bis sie endlich die Rückkehr nach Nain ermöglichten, zur Freude der um sie besorgten Brüder und mit Dank gegen Gott für die erfahrene Rettung.

Ins elfte Jahr hatten die Brüder unter viel Beschwerden und Gefahren ihr Bekehrungswerk getrieben, als ihre Hoffnungen, wie es schien, gänzlich vereitelt werden sollten. Im Jahre 1782 fingen nämlich die Eskimo wieder an, die südlichen Niederlassungen der Engländer an der Küste zu besuchen. Die nach Nain Zurückkehrenden rühmten die gute Aufnahme, die sie dort gefunden, die Geschenke an Flinten und Schießbedarf und andere Annehmlichkeiten. Die Begierde, nach Süden zu reisen, wurde nun allgemein, und die Folge davon war Trotz und Widersetzlichkeit gegen die Missionare, welche davon abriethen. Selbst bei der Unterstützung in einer Hungersnoth während des folgenden Jahres verdiente dieselbe bei den Eingebornen wenig Dank. Das Evangelium fand keinen Eingang mehr, christliches Leben ward mit heidnischem Wesen vermengt, und in einer 1786 bei Hoffenthal gehaltenen sogenannten Rathsversammlung der Eskimo sogar ein scharfes Verbot gegeben, keine begangene Sünde mehr zu bekennen; es wäre einerlei, wie sie lebten, wenn nur die Brüder nichts davon merkten. So verstockten sie sich immer mehr, und als im Jahre 1789 ein herzliches Ermahnungsschreiben des Bischofs Spangenberg an die Getauften erging, machte es auf einige wohl Eindruck, die meisten aber verharrten in ihren Sünden, und selbst Petrus gerieth wieder tief in das heidnische Wesen hinein. Bei Gelegenheit einer ansteckenden Krankheit mit Husten und Seitenstichen, die im Winter 1796 — 97 in Okak und Nain heftig um sich griff, nahmen selbst einige Getaufte trotz der treuesten und aufopferndsten Fürsorge der Missionare zu den alten heidnischen Zaubereien wieder ihre Zuflucht. Doch blieben einige wenige ihrem Glauben treu und gingen selig aus der Zeit. So der Abendmahlsgenosse Daniel, welcher in seiner letzten Krankheit bezeugte: „Alle die Dinge, auf welche ich ehedem mein Vertrauen gesetzt habe, sind in der Tiefe des Meeres; meine einzige Zuversicht ist der Heiland, auf den sind meine Gedanken gerichtet", und die 1789 zu Okak getaufte vielgeprüfte Witwe Esther, die erste Bekehrte unter den Eskimo, welche bis an ihr Ende treu geblieben ist, ohne sich auf etwas Sündliches einzulassen. Oft sagte sie vom Herrn: „Er ist ja mein Vater; ob ich gehe und stehe, ist Er bei mir, und ich kann Ihm alles sagen", und drei Tage vor ihrem Tode sprach sie noch: „Lebe ich, so bin ich des Heilandes, ich mag leben oder sterben, so bin ich Sein; Er hat mich ja mit Seinem Blute erkauft. Er wird mich auch bei sich behalten." Im Jahre 1798 entschlief auch der sechszigjährige Tuglavina, der nach einem Leben voller Sünden sich endlich bekehrt hatte, 1793 in die Gemeinde aufgenommen worden und seitdem ein treuer Zeuge des Evangeliums unter seinen Landsleuten gewesen war, doch nicht frei von geistlichem Hochmuth. Ein anderer bemerkenswerther Fall von Bekehrung war der des angesehenen, bisher sehr feindseligen Angekoks Kapik, der durch auffallende Erscheinung zahlreicher Feuerkugeln[1] am nächtlichen Himmel erschreckt, in sich ging, und in Herzensangst nach Hoffenthal gelaufen kam. Er schloß sich der Gemeinde an; doch zeigte sein Wandel später noch manche Schwankungen. Am Anfang unsers Jahrhunderts befanden sich 228 Eskimo, unter ihnen 110 Getaufte, auf den 3 Missionsplätzen der Brüder. Christian Friedrich Burckhardt, seit 1794 erster Vorsteher der dortigen Mission, konnte berichten: „Hier in Nain haben wir mit unserm Eskimo-Gemeinlein einen recht vergnügten Winter gehabt. In den Versammlungen waltete Gnade und ein bisher noch nie so bemerkter Gemeingeist, wie in den europäischen Gemeinden. Oefters haben wir bei unsern Zuhörern die Thränen über die Wangen rollen sehen. Es läßt sich doch immer mehr und mehr an, daß ein lebendiges Gemeinlein Jesu Christi aus der Eskimo-Nation durch die Pflege des heiligen Geistes gesammelt werden wird. Auch verschiedene Heiden, sowohl hier als in der Gegend von Hoffenthal, sind von der Nothwendigkeit ihrer Bekehrung überzeugt, und darüber freuen wir uns und denken: es kommt schon noch dem Wartenden das Ende."

---

[1] Die Erscheinung (11.—12. November 1799) wurde selbst in Grönland beobachtet.

Eine nachhaltige Wirkung zeigte sich besonders seit dem Jahre 1804, mit welchem ein neuer segensreicher Zeitabschnitt der Mission unter den Eskimo in Labrador beginnt. Es ging eine merkwürdige Erweckung durch oie drei Gemeinden, welche bei einer groben Sünderin zu Hoffenthal, die selbst von den Heiden verabscheut wurde, ihren Anfang nahm. Diese hört einen Vortrag über die Worte: „Des Menschen Sohn ist gekommen, zu suchen und selig zu machen, was verloren ist", und wird davon so betroffen, daß sie sich fragt: „Sollte das wirklich wahr sein, daß der Heiland auch für solche Schlechte, wie du bist, gekommen ist? Hier ist keiner so schlecht, wie du." Sie bleibt in Gedanken in dem Versammlungssaal sitzen, nachdem alle andern ihn schon verlassen haben, läuft, als sie sich erinnert wird, in das Gebirge, fällt dort auf ihre Kniee und schreit: „O Jesu, ich habe gehört, daß du auch für die Schlechten gekommen bist; ist das Wahrheit, so gib es auch mir zu wissen; siehe, ich bin die Allerschlechteste; laß mich denn auch gerettet und selig werden; o vergib mir alle meine Sünde!" So inbrünstig flehend erfährt sie denn auch gleich einen nie empfundenen Frieden in ihrem Herzen. Sie kehrt zurück, und ihr ganzes Wesen ist so verändert, daß es jedem auffällt. Ihr Mund fließt über vom Lobe und Preise dessen, was der Heiland an ihrer Seele gethan hat. — Zunächst machte dies einen tiefen Eindruck auf eine sittsame und verständige, aber selbstgerechte Heidin, die ihre bisherige Gerechtigkeit wegwerfen und die Gnade des Heilandes suchen lernte; zwei andre Frauen schlossen sich bald hernach den beiden an, und dadurch wurden viele Eskimo veranlaßt, ernstlicher als bisher nach dem Herrn zu fragen. Selbst die Kinder wurden von der allgemeinen Bewegung ergriffen. Die Missionare wurden den ganzen Tag über angelaufen. Einer bekannte lange verborgene Sünden, um sein Gewissen zu erleichtern; ein andrer suchte Belehrung; dieser verlangte nach Trost, jener kam mit Jubel über den erlangten Herzensfrieden. Hier und da sah man in der Nähe der Station Erwachsene und Kinder auf den Knien liegen. Aus den Häusern tönten Gesänge und Gebete. Bei den Versammlungen war der Raum oft nicht zureichend, und durch die gedrängte Menge ging eine spürbare Bewegung der Herzen. In Nain bekannten viele ihre Sünden, und Ausgeschlossene kamen und baten um Wiederannahme. „Wir hassen uns selbst", sagten sie, „wegen unserer begangenen Sünden: aber wir möchten gern durch Jesum von dem Bösen befreit werden." Aehnliches geschah auch in Okak, und selbst die neuen Leute kamen einer nach dem andern und leerten aus Drang und Unruhe ihres Herzens den ganzen Brast ihrer Sünden aus. „Es ist erschrecklich", riefen sie oft selbst, „wie wir gelebt, aber wir waren blind und ganz in Satans Stricken gebunden! Wir wollen aber von nun an ihm nicht mehr dienen, sondern Jesu angehören!" Diese Erweckungszeit war aber nicht eine blos vorübergehende Erscheinung. Zwar schwand die erste Gefühlsaufregung und manche taube Blüte verwelkte! aber es blieb ein besserer Zustand, der sich in den Früchten des Glaubens und der Liebe bewährte. So namentlich bei einer Epidemie, die viele schnell dahin raffte und bei der sich viel Glaubensfreudigkeit zeigte, während andrerseits auch wieder unlautere Mitglieder, die ihre Zuflucht zur Zauberei nahmen, offenbar wurden. Binnen zehn Jahren hatte sich die Zahl der Einwohner auf den drei Missionsplätzen verdoppelt und stieg bis Ende 1810 auf 457, von denen über die Hälfte Christen waren; und ohnerachtet dieser vermehrten Einwohnerzahl durfte doch, selbst in Zeiten des geringen Erwerbs, niemand Mangel leiden; ja sie konnten in einer Hungersnoth selbst ihren heidnischen Nachbarn mittheilen, und auch das Labradorschiff hatte meist erwünschte Rückladungen.[1] Die Brüder aber konnten dankbar rühmen: „In den Erd= und Schneehütten der Eskimo im kalten Norden wird nunmehr Jesus der Herr, hochgelobet in Ewigkeit, gepriesen, und sein Leiden, Wunden, Blut und Tod als die einige Ursach unserer Seeligkeit besungen, bedacht und beweint. Den leib=tragenden armen Sündern vergibt er ihre Missethat, Uebertretung und Sünde, und thut sich nahe zu denen, die Ihn anrufen. O Gott! wer sind wir, daß Du uns würdigst, diese Erweckung unter den Eskimo mit anzusehen und mit zu genießen! O daß Dir zu Ehren alle unsere Blutstropfen geheiligt wären!"

Häufige Besuche der Eskimo von Norden her und ihr Verlangen nach Lehrern veranlaßte im Jahre 1811 eine Untersuchungsreise in diese noch unbekannten Gegenden. Die Missionare Kohlmeister[2] und Kmoch übernahmen diese beschwerliche und gefahrvolle Reise, wozu der Eskimo Jonathan von Hoffenthal sein zweimastiges Boot hergab und auch selbst die Brüder nebst vier andern Eskimofamilien begleitete. Denen, die ihm die Gefahren einer solchen Reise vorstellten, erwiderte er: „Nun, wir wollen es versuchen und werden die Gefahren besser erkennen, wenn wir erst dort sind. Jesus starb aus Liebe zu uns, was ist es Großes, wenn wir in Seinem Dienst und nach Seinem Willen sterben?" An der Bai von Nachvak wurden sie von den heidnischen Eskimo mit Jubel begrüßt; auf die Anreden, welche die Missionare wie auch Jonathan und sein Sohn Jonas hielten, rief einer der Anführer, Namens Ona=lik, vor allen mit großem Nachdruck aus: „Ich will mich gewiß zu Jesu bekehren!" Weiter schifften sie nach Opernavik, kamen in die Hudsonsstraße und fuhren längs der Küste fort bis in die Ungavabai und die Mündung des Kosoakflusses, wo sie umkehrten und die Eskimo ihnen nachriefen: „Kommt doch bald wieder zu uns, wir werden gar sehr nach euch verlangen!" Doch fand die beabsichtigte Anlage eines vierten Missionsplatzes in dieser Gegend und dessen Versorgung durch das Handelsschiff der Brüder, welches die Londoner Brüdermissions=gesellschaft vom Jahre 1797 an selbst übernommen hatte, zuerst an den Vorrechten der Hudsonsbai-Kompagnie ein unübersteigliches Hinderniß, und erst im Jahre 1822 ward den Brüdern die Erlaubniß dazu ertheilt.

Als am 9. August 1820 das Labradorschiff, die Harmony in der Bai von Nain vor Anker ging, wurde dasselbe von der Mission unter Aufziehung einer weißen Flagge, auf welcher, mit einem grünen

---

[1] Im Jahre 1811 betrug dieselbe 100 Tonnen Seehundsthran, 2000 Seehunds=felle und 2750 Fuchsfelle.
[2] Basler Missionsmagazin, 1818, I, 132 ff.; II, 294 ff.

Rautenkranz umgeben, die Zahl 50 roth gestickt war, begrüßt. Zugleich
ertönte aus Blasinstrumenten die Melodie: „Nun danket alle Gott 2c."
War's doch seit Anlegung von Nain 1771 das fünfzigste Mal, daß
unter mancherlei Gefahren das Labradorschiff seine regelmäßige Fahrt
von London durch Eis und Klippen nach dieser rauhen Küste glücklich
vollendet hatte, und der jedes Jahr beim Erblicken des sehnlich erwar-
teten Schiffes von den Höhen bei Okak, Nain und Hoffenthal wiederholte Ruf: „Umiakseit, das Schiff ist da!" hallte diesmal mit besonders
lebhaftem Dankgefühl wieder, in Erinnerung der wundervollen Bewahrung desselben während eines so langen Zeitraumes. Der 9. August
1821 wurde als der Jubelgedenktag des Anfanges der Mission in Labrador vor 50 Jahren auf allen drei Plätzen gefeiert. Am Schlusse
dieses Zeitraumes, innerhalb dessen 392 Erwachsene und 388 Kinder
getauft worden, wohnten auf den drei Missionsplätzen 471 Getaufte,
45 Tauf-Kandidaten und 68 neue Leute, zusammen 584.

Seit dem Jahre 1822, in welchem die Brüder die gewünschte
Erlaubniß zur Anlegung eines vierten Missionsplatzes erhielten, richteten sie bei dem zu großen Anwachs von Okak ihr Augenmerk auf
die 20 Meilen nordwärts gelegene Bucht Kangerdluksoak, und die
Brüder Stürmann und Kmoch errichteten daselbst im Mai 1828
ein kleines in Okak gezimmertes Blockhaus, zur großen Freude der hier
auf Erwerb stehenden Eskimo. Mit vieler Willigkeit schafften dann
im Jahre 1830 die zu Okak wohnenden Eskimo auf ihren Hundeschlitten Bauholz und Schindeln zu einem größeren Wohnhaus herbei.
Zwei Jahre nach einander ward in London ein eigenes Transportschiff
mit Baumaterialien zu dem Missions- und Versammlungshause be-
frachtet, um die Errichtung dieser neuen Anlage, welche den Namen
Hebron erhielt, zu beschleunigen. Zu den Familien aus Okak fanden
sich hier einige heidnische Nordländer ein, und am ersten Ostertage
1832 konnten die ersten vier Erwachsenen getauft werden. Die Eskimo
alle bezeigten sich aber sehr dankbar, nun Lehrer bei sich zu haben,
und versprachen von nun an dem Heiland zu leben.

Ein besonderes Anliegen war den Missionaren das Gedeihen der in
ihren Gemeinden selbst heranwachsenden Jugend, und ihre Mühe
beim Schulunterricht blieb nicht unbelohnt, wie bei am Ende jeden
Winters angestellten Schulprüfungen ergaben. Schon die ersten
Missionare hatten angefangen, einzelne Stücke der Heiligen Schrift zu
übersetzen, und ihre Nachfolger hatten diese Arbeit fortgesetzt. Auf
Kosten der englischen Brüder-Missionsgesellschaft wurde zuerst die
Leidensgeschichte, dann eine Evangelien-Harmonie, ein kleines Schulbuch
(die Lehre Jesu und seiner Apostel), ein Gesangbuch u. a. in der
Eskimosprache gedruckt. Die Londoner Bibelgesellschaft aber beförderte
von 1810 bis 1827 nach und nach die einzelnen Theile des Neuen
Testaments zum Druck, welches Geschenk die Eskimogemeinden mit
gerührtem Dank empfingen und dafür im Jahre 1821 und öfter ein Faß
Seehundsthran als Beitrag an die genannte Gesellschaft sandten. 1830
erhielten sie von London die Psalmen, 1841 die fünf Bücher Mose in ihrer
Sprache. Das ihnen 1825 übersandte neue und vermehrte Gesangbuch

machte, wie später die neuen Liturgiebücher, den Geist des Gesanges unter ihnen rege; mehrere Eingeborne lernten die Violine spielen; selbst Arien und Chorgesänge hörte man sie anstimmen. Eine kleine Orgel, welche von Herrnhut der Gemeinde in Nain geschenkt wurde, erweckte, als sie am 7. November 1828 zum ersten Mal gespielt wurde, allgemeine Freude. Und diese Freude war den Brüdern und ihren Eskimo wohl zu gönnen, nachdem das Jahr vorher eine heftige Masernepidemie besonders in Hoffenthal und Nain trotz der treuesten Bemühungen und Hülfs= leistungen der Brüder viele Opfer gefordert hatte. Doch blieb auch diese Krankheit für viele nicht ohne Segen, wie denn z. B ein zehnjähriges Mäd= chen beim Wiederanfang der Winterschule sagte: „Als ich so krank war, fürchtete ich mich sehr vor dem Sterben, weil ich dem Heiland noch nicht mein ganzes Herz hingegeben hatte. Da war mir, als ob jemand zu mir sagte: Fürchte dich nicht, du wirst jetzt nicht sterben, denn dazu bist du noch nicht gehörig vorbereitet, aber gib dich Jesu ganz zum Eigenthum hin. Dies will ich nun aus Dankbarkeit thun". Den Sterbenden aber wurde der Tod erleichtert durch ihr Vertrauen auf den Heiland, und den Hin= terbliebenen der Schmerz des Abschiedes ihrer Lieben durch den himm= lischen Trost versüßt, daß diese daheim sind bei dem Herrn. — Zehn Jahre später trat eine nicht minder schwere Heimsuchung durch Mangel ein. Der Winter 1836—37 war außerordentlich kalt. An Erwerb auf der See war nicht mehr zu denken, und da, wie gewöhnlich bei den Eingebornen, keine Vorräthe vorhanden waren, entstand eine furchtbare Hungersnoth. Viele verzehrten das Leder von ihren Booten, Zeltfelle und dergleichen, um das Leben zu fristen. Die Hunde, jenes unentbehr= liche Zugthier des Eskimo, kamen zum großen Theil um: zu Okak blie= ben von 300 nur 20 übrig.

Inzwischen hatte es auf der jüngsten Station Hebron viel Schwie= rigkeiten andrer Art gegeben. Die nördlich wohnenden Heiden zeigten sich sehr unzugänglich. „Wir haben in unserm Lande noch genug zu essen", lautete ihre Abweisung der Missionare. Dabei verharrten sie hartnäckig in ihrer fast thierischen Wildheit. Besonders war Säglek eine Feste des Heidenthums unter einem dort lebenden Angekok, Namens Pakhaut, der durch Mord und Gräuelthaten berüchtigt war. Lange Zeit zeigte sich wenig Hoffnung auf eine Erweckung jener Leute, denen das Evangelium immer wieder und wieder scheinbar vergeblich angeboten wurde. Endlich aber im Jahre 1848 brach auch dort das Eis. Der alte Pakhaut kam selber nach Hebron mit der Erklärung, daß er sich zu Jesu bekehren wolle. Bald folgten seine Anhänger, so daß im Laufe des Sommers sich 80 bis 90 Personen auf der Station eingefunden hatten, die christlichen Unterricht erhalten konnten. Dies geschah in einer besondern Schule, in der es freilich oft etwas bunt herging, — doch mit Erfolg. Viele der Ankömmlinge, auch namentlich der frühere Angekok, waren wie umge= wandelt. „Wir haben unser Leben in lauter Furcht verbracht", sagten sie, „aber nun ist uns so wohl bei den Gläubigen." Es war für die ganze Gemeinde eine gesegnete Zeit, die Versammlungen waren oft durch= drungen vom lebendigen Gefühle des seligen Gottesfriedens.

Im Süden dagegen wurden die durch den europäischen Verkehr

veranlaßten Schwierigkeiten immer größer. Fischfang und Handel führten immer mehr Europäer dorthin, deren einige sich auf der Küste bleibend niederließen und nicht blos auf die dort noch vorhandenen Eingebornen höchst nachtheilen Einfluß ausübten, sondern ebenso auch auf die von Hoffenthal, die im Sommer gern nach Süden wanderten, sichtlich angezogen von jenen Stätten der Versuchung. Die groben Sünden, in die sie dort geriethen, wurden wohl bei ihrer Rückkehr auf die Station zum Theil erkannt und bereut; wenn auch manche Glieder der Gemeinde hart und verstockt blieben und sich ausschließen ließen, so fehlte es nicht an solchen, die unter vielen Thränen Vergebung suchten und die besten Vorsätze faßten, welche leider bei der Wankelmüthigkeit des Eskimo im nächsten Sommer meistens wieder vergessen wurden.

Außer dieser Verführung zu groben Sünden zeigte sich der steigende europäische Verkehr besonders dadurch höchst nachtheilig, daß er hier wie in Grönland die Eingebornen allmählich an ausländische Nahrungs= mittel und Kleidung gewöhnte, welche ihrer ganzen Lebensweise nicht angemessen sind, dadurch aber noch schädlicher wirken, daß um ihretwillen die nöthigsten Mittel zum Lebensunterhalt preisgegeben werden. War schon früher die Sorglosigkeit der Eskimo groß und fehlte es in der Regel an den erforderlichen Vorräthen für den Winter, so wurde dies immer schlimmer, je mehr die angedeuteten Bedürfnisse sich einbürgerten. Das größte Unheil aber richtet unter allen eingeführten Artikeln der Branntwein an, gegen den es hier nicht wie in Grönland einen festen äußeren Schutz gibt. Die Ermahnungen der Missionare und die Anwendung der Kirchenzucht sind die einzigen Waffen, welche gegen diesen, furchtbare Zerstörungen anrichtenden Feind gebraucht werden können. Gegen die kindische Begehrlichkeit der Eskimo aber erweisen sich dieselben vielfach als zu schwach. Sie sind in diesem Stücke nicht stärker als ihre alten Feinde, die Indianer, die am Feuerwasser dahinsterben.

Entwickelten sich auch diese Zustände zunächst nur auf dem südlichen Theile der Küste, der außerhalb des Einflusses der Missionare liegt, so hat sie die von Jahr zu Jahr steigende Handelsschiffahrt und Fi= scherei immer weiter nach Norden hinaufgetragen und über die ganze Küste verbreitet. In neuer Zeit sind feste Handelsstationen angelegt, und über 500 Fahrzeuge verkehren jährlich in dieser einst so abgelegenen Gegend. Kaffee, Mehl, Sirup u. s. w. sind hauptsächlich die Artikel, für die die Eingebornen ihre nothwendigsten Lebensmittel verschleudern. Unter solcher für jenes Klima unpassenden Nahrung geht die alte Kraft und Abhärtung, deren sie bei ihren Erwerbsarbeiten auf der See so sehr bedürfen, mehr und mehr verlo... Die europäischen Kleidungsstücke geben Veranlassung zur Erkältung. kommen auch hier immer mehr epidemische Krankheiten vor, unter denen das Völkchen bedenklich zusammenschmilzt.[1]) Auch wiederholt sich fast jährlich die Zeit des Man=

---

[1]) Es fehlt uns an den erforderlichen statistischen Daten, um beurtheilen zu können, ob sich die Labrador=Eskimo bereits im Stadium des Aussterbens befinden, oder ob auch hier wie in Grönland sich die Bevölkerung zeitweise durch eine größere Zahl von Geburten wieder hebt. Wahrscheinlich sind hier die Verhältnisse ungünstiger als dort, schon wegen des schädlichen Branntweins.

gels, der zuweilen sich bis dahin steigert, daß manche unmittelbar dem
Hungertode erliegen oder an den Folgen der Entbehrungen sterben.
Die Missionare, denen das kindische und gedankenlose Wesen ihrer
Pflegebefohlenen schon immer viel Sorge machte, haben keine Mühe ge=
spart, um sie durch Belehrung und Ermahnung zur Ordnung und ver=
ständiger Wirthschaftlichkeit anzuleiten. In Zeiten der Noth haben sie
immer mit Aufopferung, soweit ihre Kräfte reichten, Hülfe zu bringen
gesucht. Missionsfreunde der Heimat haben dazu stets reichliche Mittel
dargereicht, nicht bloß die englischen, auf deren Fürsorge die ganze La=
bradormission besonders ruht,[1]) sondern auch deutsche, namentlich in
Würtemberg, wo der unermüdliche Missionsmann, Dr. Barth in Calw,
grade für Labrador und Grönland besonderes Interesse geweckt hatte.
Beträchtliche Sendungen von Erbsen und Backobst werden jährlich von
schwäbischen Landleuten den armen darbenden Eskimo zugesandt.
Doch durch bloße Wohlthätigkeit läßt sich solchen, wie den ange=
deuteten Uebelständen unter einem Volke nicht abhelfen; dadurch kann
sogar unter Umständen der Schade verschlimmert werden. Die Missionare
hatten daher schon immer einen geordneten Handel mit England ver=
mittelt, wie ja das Missionsschiff seit Beginn der Arbeit auf Labrador
Waaren mit in die Heimat führte, durch deren Ertrag zugleich ein
Theil der Kosten dieser Mission gedeckt wurde. In jedem Jahre macht
das Schiff seine Reise. Schon seit lange führt es den Namen
„Harmony" und jetzt ist das vierte dieses Namens in Gebrauch, nachdem
das letzte nach 29 Labradorfahrten im Jahre 1860 außer Dienst gesetzt
worden ist. 1870 unternahm es, geschmückt mit einer zu diesem
Zwecke geschenkten schönen Flagge, die hundertste Jubelfahrt und wurde
diesmal womöglich mit noch größerer Freude als sonst auf allen Sta=
tionen festlich begrüßt.[2])
Jene unmittelbare Verbindung der Handelsgeschäfte mit der Mission
brachte jedoch mancherlei Unzuträglichkeiten mit sich. So ist denn in neuester
Zeit diese äußere Thätigkeit, die man nicht aufgeben durfte, um nicht
die Gemeinden den vielfach unchristlichen Händlern in die Hände gera=
then zu lassen, von der geistlichen Thätigkeit getrennt (seit 1864). Es

---

[1]) Nach jetzt besteht die alte Society for the Furtherance of the Gospel among
the Heathen, welche den ganzen Unterhalt dieser Mission bestreitet.
[2]) Das erste Schiff, welches Eigenthum der erwähnten Gesellschaft war, hieß
„Amity", das folgende „Good Intent". Darauf diente die erste „Harmony" von 1787
bis 1802. Von da bis 1819 waren die 3 Schiffe „Resolution", „Hektor" und „Jemina"
in Gebrauch. Dann folgten drei weitere mit dem obigen Namen. Die jetzige „Harmony"
ist ein Barkschiff (Dreimaster) von 250 Tonnen, fest gebaut und mit allen Vorrichtungen
für die Fahrt durch das Eis ausgestattet. Als Gallion (Verzierung an der Spitze)
hat sie einen Engel mit der Posaune, zu dessen Seiten die Inschrift angebracht ist:
Glory to God in the highest — Ehre sei Gott in der Höhe. Hinten am Stern
zeigen Verzierungen in Schnitzwerk Thiere der kalten Zone, Rennthier, Bär, Fuchs
u. s. w. nebst den jene Gesellschaft bezeichnenden Initialen S. F. G. — So lange ein
Missionsschiff nach Labrador geht, ist bisher kein Schiffbruch vorgekommen. 1817
gerieth es einmal so ins Treibeis, daß es vier Wochen lang besetzt blieb, wurde aber
ohne Schaden wieder frei.

sind jetzt eine Anzahl Brüder als Kaufleute neben den Missionaren in Labrador thätig.[1] Früher wurden nur Felle und Seehundsspeck exportirt. Jetzt, da der Cobfischfang an jener Küste so großen Aufschwung genommen hat, gehen auch jene getrockneten Fische (Stockfische) sowie eingesalzene Forellen und Lachse nach Europa, während man die vom Seehund herrüh=renden Produkte geflissentlich mehr in den Händen der Eingebornen zu lassen sucht. Dies ist um so nöthiger, als die Züge jenes in den arktischen Regionen unentbehrlichen Thieres sich merklich verringert haben und sich nicht mehr im Herbst, sondern erst mit Anfang des Winters einstellen, wodurch der Fang erschwert wird.

Eine andere schwere Heimsuchung, die das Völkchen in neurer Zeit hart betrifft, ist eine Seuche, die ihre nöthigen Zugthiere, die Hunde, hinweggerafft. Dadurch wird auch der Erwerb auf dem Lande sehr gehin=dert.

Doch blicken wir zurück auf den weitern Entwicklungsgang der Mis=sion selbst, so finden wir bei manchen Schwankungen, die den treuen Arbeitern immer viel Kummer machten, doch einen allmählichen Fortschritt zum Besseren und einen außerordentlichen Abstand gegen die Eskimo, welche im Norden noch als Heiden leben. Soweit der Einfluß der Missionare reicht, zeigen sich die wohlthätigen Wirkungen des Christenthums nach innen und nach außen. Die ganze Bevölkerung in den eben angedeuteten Grenzen ist jetzt eine christliche. Steht sie auch mehr oder weniger im ganzen unter jenen andern, vorher genannten schädlichen Einflüssen, und würde sie auch ohne die leitende Hand europäischer Missionare denselben gegen=über nicht Stand zu halten vermögen, so findet sich doch in jeder Gemeinde ein Kern bewährter und treuer Christen, deren christliches Denken und Fühlen auch im alltäglichen Leben sich bethätigt. Es gibt nicht wenige, bei denen es dann auch zu Tage tritt, daß die Gottseligkeit die Verheißung auch dieses Lebens hat, die sich infolge besserer Einrichtung in er=freulichem Wohlstande befinden, in Blockhäusern wohnen, in Zeiten reichlichen Erwerbes sparsamer wirthschaften und für die Zeiten der Noth einigermaßen mit Vorräthen versehen und vor Mangel geschützt sind.

Freilich die größere Zahl der Mitglieder hat ihr Christenthum mehr im Gefühl und in dem Bekenntniß zum Heilande mit dem Munde, als in einem auch im Wandel sich bewährenden Charakter. Sie sind Kinder: gedankenlose, unbeständige Kinder, die gelockt werden von allem, was ihr Gefallen einmal auf sich zieht; zum Theil auch gute Kinder, die ihre Unarten einsehen und unter großer Rührung alle möglichen guten Vorsätze fassen; hie und da aber auch trotzige Kinder, die sich der treugemeinten Arbeit christlicher Liebe entziehen und in ihren Sünden sich verstocken.

Eine Anzahl von Nationalgehülfen steht den Missionaren zur Seite. Viele derselben zeichnen sich durch Frömmigkeit und christlichen Eifer aus. Doch sind sie noch nicht zu einer selbständigen Wirksamkeit reif und bedürfen immer nach der leitenden Hand. Eine Reise, welche zwei dieser

---

[1] Diese Kräftigung des Harbels erweist sich, wie es scheint, sehr segensreich durch Beschränkung der von den fremden Händlern ausgehenden schlechten Einflüsse. Auch dem Brantwein ist dam? eine r?sentliche Schranke gesetzt.

Männer vor einigen Jahren zu den für die Missionare schwer zugänglichen
Heiden auf eigne Hand unternahmen, zeigte zwar einerseits den guten
Willen, andrerseits aber auch den Mangel an der Umsicht und Standhaf=
tigkeit, wie sie ein solches Unternehmen erheischt. In dieser Beziehung
hat die Mission in Grönland wohl schon reifere Früchte hervorgebracht.

In Betreff der äußeren Entwicklung der Labradormission ist aus
dem letzten Jahrzent noch eine Erweiterung durch Anlegung zweier neuen
Stationen zu erwähnen. Veranlassung dazu hatte die Visitation gegeben,
welche 1861 von Br. L. Th. Reichel, Mitglied der Unitäts=Aeltesten=Kon=
ferenz, abgehalten wurde. Seit 1773 hatte eine solche nicht stattge=
funden. Bei dieser Gelegenheit wurde nicht nur die bereits erwähnte
Regelung des Handels angeregt, sondern auch zunächst die Gründung einer
Station zwischen Hoffenthal und Nain. Die in dieser Gegend lebenden Eskimo
konnten von den genannten Plätzen aus nicht unter Pflege und Aufsicht
gehalten werden. Die neue Station liegt in grader Richtung 11 deutsche
Meilen südöstlich von Nain an einer Bucht zwischen bewaldeten Ufer=
höhen, in sehr freundlicher, anmuthiger Lage und führt den Namen
Zoar. Ihre Anlegung war um so größeres Bedürfniß, als an diesem
Theile der Küste ein reger Verkehr von Europäern stattfindet. Nicht
fern von da liegt die Handelsstation Ukusiksalik.[1] Im Jahre 1866
konnte Zoar bezogen werden, und bald siedelten sich auch Eskimo dort
an, bei denen sich ein erfreuliches geistliches Leben bemerklich machte.
Besonders zeigten sie viel „Dankbarkeit für die ihnen zu Theil gewor=
dene Wohlthat und regere Werthschätzung und Benutzung der ihnen
dargebotenen Gnadenmittel". Am 19 Februar 1867 fand eine beson=
dere Feier statt: die Taufe der letzten Heiden jener Gegend.

Dort wie auch in höherem Maße zu Hoffenthal wird fortan —
gleichfalls angeregt durch die genannte Visitation — auch die Fürsorge
für die weißen Ansiedler als ein Theil der Missionsthätigkeit geübt.
Südlich von der letztgenannten Station finden sich dieselben schon seit
längerer Zeit in beträchtlicher Zahl, die stets im Steigen ist.[2] Es
waren größtentheils rohe Menschen, französisch sprechende Kanadier, von
Haus aus katholisch, englische Neufundländer, Irländer u. s. w., viele
mit Eskimoweibern lebend, zum Theil bittre Feinde der Mission. Durch
Besuche der Missionare auf jenen Ansiedlungen hat sich aber schon jetzt
vieles zum Bessern gewendet. Jedenfalls ist dies neue Arbeitsfeld wichtig
genug und verspricht die Arbeit zu lohnen; denn das dort heranwachsende
Mischlingsgeschlecht, das sich schnell vermehrt, wird wahrscheinlich einst für
Labrador eine weit größere Bedeutung als die ursprünglichen Eingebor=
nen erlangen. Früher wuchsen die Kinder in heidnischer Unwissenheit
auf. Jetzt aber kommen schon viele Familien in den Festzeiten nach

---

[1] Diese wie mehrere andere Stationen gehören dem Handelshause Hunt & Co. in
London, andre an der Küste wie auch im Innern sind von der Hudsonsbai=Kompagnie
angelegt.

[2] Auf den nördlichen Theilen der Küste scheinen weniger vereinzelte Ansiedler zu
leben, von denen der eine oder andre, z. B. zu Anlatsivik an der Säglek B., sich freund=
licher zu den Missionaren stellt.

Hoffenthal. Es sind gewöhnlich ihrer 50—70 Personen. Zu Ostern 1868 wurden 4 Erwachsene getauft, unter ihnen der älteste Ansiedler jener Gegend, „ein 80jähriger Greis mit tiefgefurchtem Angesicht und kahlem Haupt, in Sünden grau geworden, dessen Blick aber nun von Freude und Frieden leuchtete." Ein besonderer Missionar ist jetzt für diesen Zweig der Thätigkeit in Hoffenthal angestellt, welcher im Sommer die Ansiedler an ihren Wohnplätzen aufsucht.

Auch werden alle Gelegenheiten benutzt, unter den fremden Handels- und Fischerleuten, die sich an der Küste nur zeitweise aufhalten, eine christliche Wirksamkeit zu üben. Man besucht sie auf ihren Fahrzeugen, gibt ihnen Bibeln und Erbauungsschriften, ladet sie ein zur Station zu kommen und am Gottesdienst theilzunehmen u. s. w. Es finden sich auch öfters Leute unter ihnen, welche in Erinnerung an frühere methodistische Anregungen das Wort Gottes und geistlichen Zuspruch dankbar annehmen. Andre dagegen von katholischer Herkunft zeigen sich sehr feindselig".[1]

Doch auch die Arbeit an den Eskimo hat im Laufe der letzten Jahre noch eine wichtige Erweiterung erfahren durch Anlegung der jüngsten Station jenseits des Gebietes von Hebron, das bis dahin die nördlichste Station bildete. Der äußerste unter Pflege derselben stehende Außenplatz ist Säglek. Die weiter nördlich wohnenden Heiden kamen zwar ab und zu nach Hebron, doch gelang es nicht, sie unter einen regelmäßigen Einfluß des Wortes Gottes zu bringen. Es war schon lange die Absicht, für dieselben eine weitere Station zu gründen, die bereits 1866 mit der Errichtung eines Häuschens in der Nachvak-Bucht der Ausführung nahe kam. Es stellte sich aber heraus, daß dort die Nähe einer Handelsstation der Hudsonsbai-Kompagnie der Mission vielfach nachtheilig sein werde. Deshalb wurde ein viel günstigerer Platz an der etwas südlicher gelegenen Nullatartok-Bucht gewählt. Sie liegt ziemlich in der Mitte zwischen Hebron und dem nördlichsten Punkte der Küste Kap Chudleigh, und schneidet tief ins Land ein, mit etwas sanfteren Ufern als die sonstigen schroffen, unwirthlichen Felsenwände jener Gegend; auch bildet sie einen guten geschützten Hafen. Dort wurde, etwa eine deutsche Meile vom Meeresstrande entfernt, am 22. Juli 1871 mit dem Bau der Station Rama begonnen. Zwei Missionare, sowie zwei christliche Eingeborne von Hebron mit ihren Familien waren die Ansiedler, die dort nur zwei Familien der Eingebornen vorfanden, von denen sie freundlich aufgenommen wurden. Von Hebron war ein fertig gezimmertes Haus mitgebracht, und auch das schon erwähnte Häuschen von Nachvak wurde dorthin gebracht.[2]

---

[1] In den letzten Jahren pflegen jeden Sommer gegen 500 Schooner mit je 10—20 Mann Besatzung an der Küste zu verkehren. Sie ankern in den Buchten und schicken ihre Boote aus, um Dorsche und Lachsforellen zu fangen, was ihnen oft reichlich gelingt, doch zum Schaden der Eskimo, die dann das Nachsehen haben.

[2] Dabei wurde das Missionsboot „Meta" benutzt, welches sonst dazu dient, die Verbindung zwischen den Stationen aufrecht zu erhalten. Ein zweites, die „Amity", ist besonders für den Handel in Gebrauch, während der Schooner „Cordelia" für denselben nach Neufunbland segelt.

Der Anfang war gering. Nur wenige Eskimo haben sich bis jetzt
dort niedergelassen, von denen sich eine Anzahl im Taufunterrichte
befindet. Andre halten sich noch unter Entschuldigungen von der Sta=
tion fern. Zum Theil führen sie ihre Verbindung mit dem Handels=
platz zu Nachwal als Hinderniß an. Es gibt aber unter ihnen auch
unheimliche, verwilderte Gestalten, die in Trotz erklären, sie wollen
sich nicht bekehren. Die Zahl der zu Rama Ansässigen ist bisher wenig
über 40 gestiegen. Es ist aber durch die erwähnten Christen der Kern
einer Gemeinde vorhanden, der sich bald vergrößern wird. Es findet
regelmäßiger Gottesdienst und Schulunterricht statt.

Ein wichtiges Ereigniß für die Labrador=Mission war das im
letztgenannten Jahre gefeierte 100jährige Jubelfest. Schon einige
Zeit vorher war dies Fest vorbereitet worden durch einen in der
Eskimo=Sprache abgefaßten geschichtlichen Aufsatz, der bei den Abend=
versammlungen in allen Gemeinden vorgelesen wurde. So war schon
überall eine festliche Stimmung angeregt. Die Kirchensäle waren mit
Guirlanden von künstlichen Blumen, Inschriften u. s. w. so gut als
möglich geschmückt. Die Eskimo fühlten sich denn auch so wohl in
diesen Räumen, daß einige sagten, es sei ihnen bei der Feier gewesen,
als ob sie schon im Himmel wären. In den Festversammlungen
waltete sichtlich der Segen des Herrn, von dem auch nachher noch
manches Wort des Dankes zeugte.[1]

Zwei einst ins Auge gefaßte Erweiterungen der Eskimo=Mission,
die aber sich als unausführbar erwiesen, übergehen wir mit kurzer
Andeutung. Der erste Versuch ging auf die nördlich von Labrador
gelegene Cumberland=Insel. Eine schottische Handelsgesellschaft forderte
die Brüdermission auf, mit einem ihrer Schiffe einen Missionar für
die bortigen Eingebornen auszusenden. Die Untersuchungsreise 1857
ergab aber die ungünstigsten Verhältnisse. Es sind nur 300 Eskimo
bort — bei Northumberland Inlet — vorhanden, die vollständig unter
dem Einflusse amerikanischer Walfischfänger stehen, durch Brantwein=
genuß heruntergekommen und im Aussterben begriffen sind. Dazu kam
die Schwierigkeit einer regelmäßigen Verbindung mit Europa; und so
wurde der Versuch aufgegeben. Jenem Häuflein, wie so manchen
andern, die in ihrer eisigen Heimat von Europäern kaum einmal oder
noch gar nicht erreicht sind, ist es bis jetzt nicht möglich eine anhal=
tende Verkündigung des göttlichen Wortes zu bringen.

Mehrere solche Häuflein hatte auch der Missionar Miertsching
gesehen, der von Labrador aus berufen wurde, eine der Franklin=
Expeditionen auf dem „Investigator" als Dolmetscher mitzumachen
1850—54, bei der sich die Unmöglichkeit, jenen zerstreuten Resten das
Evangelium zu bringen, deutlich zeigte.

Eine zweite Erweiterung wurde 1854 in Erwägung genommen,
als der Direktor der Niederlassungen der Hudsonsbai=Kompagnie zur
Gründung einer Station bei der Faktorei am Northwestriver, 300
englische Meilen südlich von Hoffenthal, tief im Innern gelegen,

---

[1] Jahresbericht der Brüder-Mission für 1871.

aufforderte. Dort aber ergab eine Untersuchung, daß die wenigen zerstreuten Eingebornen meist Indianer seien und in einer für die Mission
sehr hinderlichen Abhängigkeit von den Handelsbeamten stehen. Sonach
wurde auch von dieser Unternehmung abgesehen.

Zum Schlusse geben wir einige statistische Notizen über den Stand
der Brüdermission in Labrador nach dem Jahresberichte von 1873.

Auf den 6 Stationen: Hoffenthal, Zoar, Nain, Okak, Hebron und
Rama waren 19 verheirathete und 6 unverehelichte Missionare thätig
nebst einer unverehelichten Schwester, unterstützt von 20 männlichen
und 16 weiblichen Nationalgehülfen. Die Zahl der unter ihrer Pflege
stehenden Eskimo betrug 1165, von denen 434 Kommunikanten, 190
getaufte Erwachsene und 422 getaufte Kinder waren. Taufkandidaten
waren 5 und neue Leute, d. h. Heiden die mit der Absicht sich der
Gemeinde anzuschließen auf eine Station (hier Rama) ziehen — 31.
83 Glieder waren ausgeschlossen. Die Schulen umfaßten 255 Schüler
unter 8 Lehrern und 3 Lehrerinnen. Die Seelenzahl der Pflegebefohlenen war vor 15 Jahren größer als jetzt und belief sich damals
auf 1172. Inzwischen sank sie infolge von tödtlichen Epidemien bis
auf 1024, ist aber durch Mehrgeburten sowie Zuzug von den nördlichen
Eskimo wieder fast auf die frühere Höhe gestiegen. Im ganzen wird
die Seelenzahl sämmtlicher auf der 100 Meilen langen Küste lebenden
Eskimo auf 1500 geschätzt.

Die Mission der Brüdergemeinde ist jedoch nicht die einzige auf
Labrador. Zunächst haben wir die der Society for the Propa-
gation of the Gospel[1]) zu erwähnen, welche im Süden die 3
Stationen Battle Harbour, Forteau und St. Augustines hat. Letztere
gehört mit zur Diözese Quebec, die beiden ersteren stehen unter dem
Bischof von Neufundland, der selber in seinem Kirchenschiff von Zeit
zu Zeit die zur anglikanischen Kirche gehörigen Ansiedler an der
Küste bis nach Hamilton Inlet hin besucht. Bis dahin erstreckt sich
das Gebiet der Station Battle Harbour, die etwas nördlich(?) von der
kleinen Insel Belle Isle liegt, nach der die Straße zwischen Labrador
und Neufundland genannt wird. Der Nordspitze des letzteren gegenüber liegt Forteau, dessen Gebiet südlich bis Blanc Sablon reicht. Es
scheinen in dieser Gegend nur noch wenige Eskimo zu leben. Die
Mission nimmt sich ihrer an und einige Familien von ihnen halten
sich zu derselben. Die Berichte aber enthalten darüber leider nur
unzureichende Andeutungen. Nur hier und dort wird erwähnt, daß
einer der Ansiedler eine Eskimofrau hat und sich dabei sehr wohl
befindet. Solche Häuser sollen sich durch Reinlichkeit auszeichnen und die
nettesten Kinder haben. — Die Hauptthätigkeit dieser Mission bezieht

---

[1]) Gesellschaft zur Ausbreitung des Evangeliums in London, die älteste englische
Gesellschaft, von stark hochkirchlichem Charakter. — Quellen: Jahresberichte der Ge-
sellschaft sowie deren Zeitschrift: "Mission Field". Auch das Missionsblatt: The
Net cast in many Waters.

sich jedoch auf die Ansiedler, welche hier im ganzen recht vortheilhaft
geschildert werden als stämmige, handfeste Männer mit wettergebräuntem
Antlitz, die Verlangen haben nach kirchlicher Pflege und dieselbe dankbar
annehmen. Freilich herrscht eine große Unwissenheit, namentlich unter
den Kindern, denen man höchstens an Winterabenden etwas Lesen
beibringt, die aber sonst ohne allen Unterricht aufwachsen. Bei der
Schwierigkeit, die zerstreuten, weit von einander entfernten Ansiedlungen
mit dem Boot oder dem Hundeschlitten (Komatie) zu erreichen, wird
diesem Uebelstande nie genügend abzuhelfen sein. Jedenfalls besteht
ein Theil dieser Bevölkerung aus französisch redenden, katholischen
Kanadiern. Im ganzen sollen auf dem Gebiete der genannten beiden
Stationen 1712 Seelen leben (im Jahre 1868), von denen 1150 zur
anglikanischen Kirche gehören. Fast der ausschließliche Erwerbszweig
ist der Fisch= resp. Seehundsfang, der den größten Theil des Jahres
hindurch alle Kräfte in Anspruch nimmt. Im Winter beziehen die
meisten Ansiedler besondere Häuser, die tiefer ins Land hinein, in der
Nähe der Wälder liegen, um den Brennholzbedarf näher zu haben.
Auch machen sie dann vielfach Faßreifen und Dauben. Die Wohnungen
für den Sommer befinden sich unmittelbar an dem nackten Felsenufer.
In jener Jahreszeit verkehren hier die meist von Nova Scotia
kommenden Händler. Bei dem Fehlschlagen des Fischfangs während
mehrerer Jahre waren die Kolonisten vielfach ihre Schuldner geworden
und sehr zurückgekommen.

Noch mehr gilt dies von der Küstenstrecke, in deren Mitte die
Station Augustines am Flusse gleiches Namens liegt. Auch dort wirkt
die Mission unter den Resten der Eskimo; überwiegend aber unter der
hier noch dünnern weißen Bevölkerung, die zum Theil in erschreckender
Weise verarmt ist, ja zu Zeiten den bittersten Hunger zu leiden hat.
Die Kanadische Regierung sah sich daher veranlaßt, alle jene Ansiedler
zur Auswanderung nach einer günstigeren, den Ackerbau gestattenden
Gegend zu bewegen. Fast alle aber zogen es vor, bei allen Entbehrungen
und Mühsalen in ihrer kalten unwirthlichen Heimat zu bleiben. Die
Mission wird hier besonders als ein großer Segen gespürt. Bis auf
vierzig englische Meilen zu beiden Seiten der Station soll eine Ab=
nahme der Trunksucht deutlich zu bemerken sein.

Hier sei noch erwähnt, daß auch die Mission der Methodisten· von
Neufundland aus für die zerstreuten dieser Denomination angehörigen
Ansiedler sorgt.

Die katholische Mission unter dem Indianern im Innern des Landes,
welche sich auf einzelne Besuche von Missionaren aus Kanada beschränkt,
liegt außerhalb der Grenzen dieses Werkes.

3. Neuere Zustände in Labrador.

Zur anschaulichen Darstellung der neueren Zustände in Labrador
haben wir einen erwünschten Anhalt in der Reisebeschreibung, die der
Prediger (jetzt Bischof) L. Th. Reichel nach der durch ihn im Jahre

1861 ausgeführten Visitation geliefert hat.[1]) Derselbe verließ London
am 8 Juni, um die erste Fahrt der neuen Harmony mitzumachen.
Nach den ersten 5 Wochen der Reise gelangte man in die Region des
Treibeises und bald war das Schiff von Eisbergen umgeben. Ein
wunderbarer Anblick! Zum Theil glänzend weiß, zum Theil grünlich
grau, ins Blaue spielend, hier und da mit gelben Streifen geziert,
schwammen sie majestätisch auf dem dunkeln Wasser daher. Zwei
Tage später kam man in die immer dichter zusammengedrängte Haupt-
masse des Eises hinein, doch war man so glücklich, in 7 gefahrvollen
Stunden den Weg durch dasselbe zu finden. „Es war dies allerdings
eine Zeit großer Aufregung", heißt es im Bericht, „der Anblick, der
sich uns darbot, war aber wohl das Großartigste und Imposanteste,
was ich je gesehen habe, allein schon werth einer Reise über den
Ozean." Hierbei mußte sich das Schiff zwischen den Eisschollen hindurch winden, die es zuletzt völlig umschlossen. „Die großen Eisberge,
die riesigen Wächter der öden Labradorküste" scheinen in gemessenerer
Entfernung geblieben zu sein. Es waren „zum Theil formlose Massen,
zum Theil merkwürdig gestaltet mit Thürmen und Spitzen. Das
Treibeis[2]) war oben glänzend und glitzernd weiß, unten grün und
lasurblau, von allen nur erdenklichen Formen und Gestalten, unter
denen aber die trichterförmige sich am häufigsten wiederholte, da das
Wasser von unten her die Schollen auswäscht. Ganze Reihen von
Eiskegeln, Pyramiden, Marmortischen, Schwänen und Löwen trieben
in buntem Wechsel bei uns vorüber. Das Meer war schwarzblau,
die Temperatur nur 3° R., hinter uns Nebel, ringsum ein überaus
erhabenes prachtvolles Schauspiel. Wunderbar war es, daß nicht eine
dieser treibenden Eismassen das Schiff berühren durfte." — — —

„Am 16. Juli näherten wir uns der Küste, jedoch südlicher als
der Kapitän erwartet hatte, der den vor uns liegenden Berg als den
Allagaijai bei der Kippokak-Bai erkannte. Es war ein schöner Sommer-
morgen, still und warm." Langsam zog die Küste mit ihren wech-
selnden Bergen und Inseln an dem Beschauer vorüber. Oft ragen
hohe Felsen majestätisch, schroff aus dem Wasser empor, und werfen
ihre dunkeln Schatten auf den von leichten Wellen gekräuselten Spiegel
desselben. Zuweilen blickt man etwas tiefer ins Land hinein, wo
Anhöhen mit dichten Fichtenwaldungen und Thäler mit Sumpf und
üppigem Graswuchs wechseln mit nackten Felsen, die von mannigfaltigen
grauen oder silberweiß glänzenden Flechten und Moosen überzogen sind.
Welche Ausbeute würde dort der Botaniker finden unter der — auch
wohl bis jetzt — noch nicht erschöpfend erforschten Menge von Spezies
jener niederen Pflanzengattungen. Fast eben so reichlich sind auch die
Beerenpflanzen vertreten, die an den fruchtbareren Stellen in unzähligen Büschen sich finden — wilde Johannisbeer- und Stachelbeer-
sträucher durchflochten von Brombeerranken und dann wieder ganze

---

[1]) Missionsblatt der Brüdergemeinde 1862, S. 25 ff.
[2]) Vergleiche oben Grönland Nr. 3 (S. 15 und 17.) über den Unterschied des Treibeises und der Eisberge (Kalbeis).

Flächen bedeckt mit üppig wuchernden Heidel= und Preißelbeerpflanzen sowie mit der aromatischen Molterbeere (?)[1] die hier von den Fischern Backapfelbeere genannt wird.[2]

Vom Schiffe aus sieht man jedoch oft lange fast gar keine Vege= tation. Man fährt dahin „zwischen ein Labyrinth von Inseln, lauter kahlen, öden und traurigen Felsklippen", doch hie und da mit Gekreisch umschwärmt von unzähligen Möwen und andern Seevögeln, die dort ihre Brüteplätze haben. Auf einer jener Inseln[3] fiel eine hohe Stange in die Augen, die als Zeichen für die Schiffer aufgerichtet ist. Weiter „zeichnet sich der Kingitok, ein weithin sichtbarer Felsenpfeiler aus. Um 7 Uhr wehte uns ein auffallend warmer Luftzug aus der Kanigiktok= bucht entgegen. Hier kamen die ersten Eskimo zu uns an Bord. Plötzlich hörte der Wind ganz auf, wir standen bewegungslos still; dann erhob sich wieder ein Lüftchen mit einem Regenschauer und ein= maligem Donner und Blitz; unsre Hoffnung, noch vor Nacht die erste Missionsstation zu erreichen, schwand immer mehr dahin. Wir feuerten zwischen 8 und 9 Uhr 2 Schüsse ab, um die Geschwister in Hoffenthal von unserm Nahesein in Kenntniß zu setzen, und schickten einen Eskimo mit Briefen an ie ab".

Bei der Schwäche des Windes aber war das Schiff in Gefahr von der Strömung an das Land und seine Felsen getrieben zu werden. „Die Verlegenheit war groß; zur rechten Zeit aber kamen 2 von Hoffenthal gesandte Eskimo an, mit dem Auftrage, uns einen guten Ankerplatz zu zeigen. Der Anker wurde hinter dem Aniovaktokfelsen ausgeworfen, während ein prächtiges Nordlicht über den Masten spielte. Am nächsten Morgen lagen uns die Felsen der Küste dicht zur Seite, und wir sahen mit Schrecken, wie nahe wir bereits dem Schiffbruch gewesen waren.

Am 17. Juli erreichten wir den ersehnten Hafen. Die Brüder kamen uns in der Bucht entgegen. Der Anker fiel, und bald darauf betraten wir das Land, wo die Eskimo uns mit Gesang und vielen Freudenthränen empfingen, und begaben uns in das Missionshaus, dem Herrn unaussprechlich dankbar, der uns das Ziel so glücklich hatte erreichen lassen.

Der Blick auf Hoffenthal und seine Umgebung mit dem aus kahlen Felsenmassen sich aufbauenden Schiffsberg, weiterhin einige aus= gedehnte Schneefelder und dann wieder kleine Strecken von Fichten= und Lärchenwald erinnert lebhaft an Landschaften des schlesischen Riesen= gebirges — etwa an die Gegend des sogenannten kleinen Teiches — nur daß hier statt der einsamen kleinen Teichbaude die umfangreichen Gebäude der Missionsstation, umgeben von den niedrigen Erdhütten der Eskimo, das Bild beleben. Jene verrathen mit ihren rothgemalten Schindelbächern die deutsche Herkunft der Bewohner, während darüber stolz die brittische Flagge weht.[4]

---

[1] Rubus chamaemorus (= R. arcticus?)
[2] Meist nach Chappel, Voyage of H. M. S. Rosamunde. 1818.
[3] Naujasioluk, englisch Gull Island.
[4] In neuerer Zeit ist der Flaggenbaum auf einen Felshügel aufgepflanzt, daneben eine kleine Kanone.

Warm genug war es zu jener Jahreszeit, so daß man kaum in einer nordischen Gegend zu sein meinte und sich in leichter Sommerkleidung wohl fühlte. Die Temperatur von 21° R. im Schatten hielt — einige kühlere Tage mit Nachtfrösten ausgenommen — längere Zeit an. „Eine große Plage ist bei stillem Wetter die Menge der Moskiten, die hier fast beschwerlicher sind als in Westindien. Selbst Handschuhe, ein Schleier vor dem Gesicht, Tabaksrauch u. s. w. geben keinen genügenden Schutz; nur der Nordwind schlägt sie alsbald aus dem Felde.

Das Missionshaus ist ein geräumiges, zweistöckiges, 1853 errichtetes Gebäude, mit Wohnungen für die Missionsgeschwister, einem Gastzimmer und mehreren Vorrathsräumen im oberen, ebenfalls einer Wohnung, Speisezimmer, Küche, dabei Holzschuppen, Ziegen- und Hühnerstall im unteren Stock. Damit verbunden ist das alte, 1782 gebaute Wohnhaus, das nun als Tischler- und Schneiderwerkstätte, sowie zum Backen und Bierbrauen benutzt wird. Aus diesem kann man in die alte, 1784 gebaute Kirche, die man schon länger durch eine neue ersetzt ist, zu der bereits damals die Fundamente fertig waren. Hinter den Gebäuden befindet sich ein Stück brauchbares Land, das sich, allmählig ansteigend, bis zu den Felsen und Klippen erhebt und von Fichten und Lärchenbäumen bewachsen ist. Durch Wegschlagen der besten Fichten als Bauholz ist Raum zu einem Garten gewonnen, in welchem Karkoffeln, Kraut und Blumenkohl, Salat und Radieschen aufs vortrefflichste gedeihen, da alles in den wenigen warmen Wochen erstaunlich schnell wächst. Selbst Kohlrabi und Gurken werden gezogen. Hinsichtlich der Lebensmittel war damals gerade eine Zeit des Ueberflusses, wie sie lange nicht dagewesen. Rennthierfleisch, verschiedene Seevögel sowie Eier derselben, Cobfisch, Salm und Lachsforelle waren sehr wohlschmeckend. Drei der letzteren Fische gaben eine reichliche Mahlzeit für die aus 17 Personen (incl. Kindern) bestehende Gesellschaft. Ein Mahl von frischem Cobfisch hat etwa den Werth von 1½ Silbergroschen. Ein zur Gemeinde gehöriger weißer Ansiedler fing an einem Tage 300 Stück. Kein Wunder, daß die Fischerei immer stärker betrieben wird. Solch Ueberfluß herrscht aber keineswegs allezeit. Zu einigen Wintern ist der Mangel auch für die Missionare empfindlich, wenn eßbares Geflügel und Seehunde selten sind. Des Morgens nach dem gemeinschaftlichen Morgensegen und Frühstück pflegte Br. Reichel bis 9 Uhr zu schreiben und dann die allgemeinen Missionskonferenzen zu halten, so oft dies in der freilich für alle Geschwister sehr besetzten Zeit während der Anwesenheit des Schiffes möglich war, oder die Lokalitäten und Vorräthe zu besichtigen, die Bücher durchzusehen ꝛc. Nach dem Mittagessen wurden bei Kaffee die Schreiben der Unitäts-Aeltesten-Konferenz und der Londoner Gesellschaft zur Ausbreitung des Evangeliums vorgelesen und durchgesprochen; dann wurde ein Spaziergang gemacht und das Abendbrod genossen, worauf um 7 Uhr die Versammlung folgte, entweder in der Kirche für die Eskimo, oder nur für das Hausgemeinlein im Speisezimmer. Die späteren Abendstunden wurden dann noch zu Besuchen in einer oder der andern Missionsfamilie angewandt. Sonntags wurden Gottesdienste gehalten, in denen auch einzelne Helfer recht beredt und erwecklich zu ihren Landsleuten redeten. Reichel selbst konnte allerdings mit den Eskimo nicht in ihrer Sprache verkehren, dennoch machte er Besuche in vielen Häusern und wurde von vielen Eskimo in seiner Stube wieder besucht, wo sie sich denn so gut als möglich verständigten, und ein paar Worte in der Eskimosprache seinerseits schon einen gewinnenden Eindruck machten. Gewöhnlich begrüßte er sie nach ihrer Sitte mit dem Worte Aksussoai d. h. sei stark! worauf mit freundlichem Lächeln Aheila, ja erwidert wurde. Da kam denn auch die alte Sophia, eine Witwe von 70 Jahren, öfters zu ihm, die ihre Füße gar nicht mehr gebrauchen konnte und auf Händen und Knien fortkroch, dabei aber allezeit fröhlich war, weil sie ihre Freude an dem Herrn hatte, und wiederholt ihre Dankbarkeit aussprach, daß es ihr noch zu Theil werde, einen von den großen Lehrern zu sehen. Selbst so schwach und elend, pflegte sie doch noch eine andere, noch hülflosere und schwächere Witwe mit großer Treue. Ihr Häuschen, in dem Reichel sie besuchte, war freilich ärmlich genug beschaffen. Andere Häuser fand er viel besser eingerichtet, einige wirklich reinlich und nett, ausgestattet mit einem Bett, einem Tisch und einigen Bänken, einem Ofen und sogar einer Wanduhr. Der Eingang ins Haus ist in der Regel sehr niedrig und zugleich der Aufenthaltsort für die Hunde, die man, um hineinzugelangen, erst mit dem Stock heraustreiben muß; im Dach befindet sich das einzige Fenster, mit Seehundsblase statt der Glasscheibe versehen. Gewöhnlich wohnen in einem Hause mehrere Familien in verschiedenen kleinen abgetheilten Räumen beisammen. Von außen sind die Häuser mit Rasen bedeckt, der im Sommer voll Blumen ist. Einige Eskimo haben auch europäische hölzerne Häuser, die aber nur für den Sommer taugen; auf ihren Fischerplätzen leben sie in Zelten. Die Kleidung, Beinkleider von Seehundsfell und wollene Jacken, bei den Frauen hinten mit einem langen Zipfel versehen, ist meistens schmutzig genug, am Sonntag aber erscheinen sie ganz rein und nett gekleidet. Viele Frauen tragen jetzt Röcke, welche zwar kleidsamer und anständiger, aber bei ihrer Arbeit, besonders beim Reinigen der Fische, nicht so bequem sind als die Beinkleider. Alle tragen blaue und rothe Bänder, Chorbänder, in ihrem Haar, welches durchgängig lang und schwarz ist, das aber nur die Abendmahlsschwestern zu flechten pflegen. — Das Land, auf welchem Hoffenthal erbaut ist, hieß früher Arvertok, Walfischbucht, doch kommen jetzt nur noch selten Walfische hier vor. Auf den Felsen findet man noch alte Heidengräber mit Knochengerippen darin und allerhand den Todten mitgegebenen Geräthschaften, welche niemand anrührt oder wegnimmt; auch die Ueberreste ihrer Häuser werden noch gezeigt. Jetzt sind sämmtliche Eskimo dieser Gegend längst Mitglieder der christlichen Kirche, und wenn auch freilich manche in Wort und Wandel ihr noch nicht zur Ehre sind, so gibt es doch unter ihnen auch nicht wenige treue und rechtschaffene Nachfolger Jesu, wie namentlich die Helfergeschwister Christian und Retura, Josua und Bertha, Jeremias und Sarah und manche andere, die als Kinder Gottes wandeln und allgemein geachtet sind. Die gottesdienstlichen Versamm=

lungen aber werden gut besucht, und der Gesang der Gemeinde ist
vortrefflich. Am Sonntage weckten die Eskimo den großen Lehrer,
mit Klarinetten und Posaunen Choräle blasend. Als er dann selber
im Gottesdienst eine Ansprache hielt, die einer der Brüder übersetzte,
war eine große Bewegung in der Gemeinde zu spüren, und es zeigte
sich, wie sehr sein Besuch geschätzt wurde. — — Nachmittags
war noch ein Liebesmahl für die ganze Gemeinde, bei dem Brod und
Bier herumgereicht und vom Chor zur Orgel ein Musikstück gesungen
wurde. Auch für die Seeleute und einige Ansiedler wurde Gottesdienst
in englischer Sprache gehalten. — Die auf den 5. August festgesetzte
Abreise nach Nain ward durch widrigen Wind bis zum 10. verzögert.
Weiter an der zerklüfteten Küste mit ihren unzähligen Inseln hin-
segelnd, zur Rechten stets eine Menge von Eisbergen in Sicht, kam man
am 3. Tage nach jener Station, wo beim Landen wieder die ganze
Eskimogemeinde mit Gesang und Posaunen versammelt war. Die
kirchlichen Versammlungen, bei denen sich ein mit Violinenbegleitung
vorgetragenes Musikstück auszeichnete, wurden an den beiden ersten
Tagen abgehalten, da viele Eskimo sich sofort wieder auf ihre Fischer-
plätze begeben wollten. Es befinden sich zu Nain 3 Abkömmlinge aus
der Geschichte dieser Mission vielfach genannten Tuglavina, sämmtlich
Gehülfen. Die Prüfung der Schulkinder, von denen 12 Knaben und
16 Mädchen anwesend waren, hatte ein recht befriedigendes Ergebniß.
Die Kinder konnten alle gut lesen. Im Winter zählte die Schule 39
Knaben und ebensoviele Mädchen resp. ledige Schwestern, welche letzteren
den Schulbesuch bis zu ihrer gewöhnlich im 20. Lebensjahre erfolgenden
Verheirathung fortzusetzen pflegen.

Nain liegt ebenso wie Hoffenthal auf einer Halbinsel des Festlandes, welche im Norden von der Nunaengoak-Bucht und im Süden
von der Tessinjarsuk-Bucht umschlossen ist. Die Station nimmt sich von der
Seeseite her gesehen nicht so schön aus wie Hoffenthal, obgleich der
Hügel, an dem sie liegt, bedeutend höher ist; doch tritt derselbe nicht so
dicht an den Meeresstrand heran; dagegen bietet die ebenere und
freiere Lage hier mehr Annehmlichkeit und Bequemlichkeit. Das
Missionshaus, 76 bei 32' groß, ist sehr zweckmäßig und wohnlich eingerichtet und würde mit seinen Nebengebäuden zur Aufnahme der
ganzen Eskimogemeinde von 275 Seelen, nach dem Maßstab ihrer
gewöhnlichen Behausungen, zureichen, da die Eskimo nur einen Raum
von 14' Länge und 12' Breite für 2 Familien brauchen und das
größte ihrer Häuser in Nain, von 3 Familien mit 5 Kindern bewohnt,
nur 17' 4" bei 16' 2" hat; dennoch ist für die dasige Missionsfamilie
keineswegs des Raumes zu viel. Die Gebäude sind ganz von
Fichtenholz errichtet, das hier in Labrador gewachsen — es gibt nicht
selten Bäume von 40, ja 60' Höhe — und von den Brüdern mit
Hülfe der Eskimo zum Bau gezimmert und bearbeitet worden ist.
Die Bäume wachsen jedoch in diesem Klima natürlich nur sehr langsam, und gutes Bauholz ist in nächster Umgebung von Nain nicht mehr
zu haben, wohl aber noch Brennholz in größerer Menge als zum
Gebrauch erforderlich ist. Auf dem links vom Hause sich erhebenden

Stück Land befindet sich ein großer, sehr wohlbebauter Garten, welcher im Sommer Gemüse aller Art im Ueberfluß liefert, nur Bohnen und Erbsen nicht, die hier nicht fortkommen. Von dem Garten aus ist ein Kiesweg durch den Wald eine gute Strecke weit angelegt. Die Bucht ist gewöhnlich klar und frisch, und es müßte ein Vergnügen sein, über Berg und Thal umherzuschweifen, wenn die Moskiten nicht wären, die hier noch schlimmer sind als in Hoffenthal.

„Eines Tages" — sagt der Bericht — „erstiegen wir den Gipfel des Akbikse (ungefähr 800 Fuß hoch) im Norden unsrer Bucht und wurden von den blutdürstigen kleinen Feinden fast aufgefressen — bis plötzlich sich ein Ostwind erhob, der sie augenblicklich davon führte. Es wurde nun sehr kühl, und wir machten uns das zu nutze, um den nördlichen Theil der Halbinsel noch zu durchwandern, von einem unsrer Eskimo begleitet, die beim Erklimmen der Felsen und Berge vortreffliche Führer sind. — Einen andern Ausflug machten wir zu den 3 in der Gegend von Nain gelegenen Teichen, deren Umgebung hin und wieder reich an Felsen und Baumwuchs und recht malerisch ist. Charakteristisch nahmen sich innerhalb der Baumgruppen mehrere alte, schon abgestorbene, aber mit ihren dichten Zweigen noch aufrecht stehenden Stämme aus, ein eigenthümlich melancholischer und düsterer Anblick".

Den Häusern der Mission gegenüber steigt ein fast senkrechter Felsen, 800—1000' hoch, aus dem Wasser empor, Sophia genannt zur Erinnerung an Schw. Layritz, welche bei dem Visitationsbesuch der Geschw. Layritz im Jahre 1773 denselben erklomm. Br. Reichel, der ihn auch mit einigen Brüdern bestieg, berichtet: „Vom Gipfel desselben hatten wir eine herrliche Aussicht, Berg über Berg auf dem Festland, Nain brunten am Meeresstrand, ganz klein, aber bei der außerordentlichen Durchsichtigkeit der Luft ganz deutlich zu sehen, umgeben von Walbungen, in der Bucht die Harmony und ein amerikanischer Schooner vor Anker liegend, auf den fernen Gebirgen viel Schnee. Die ganze Landschaft hat einen düstern Charakter, der durch den Gedanken noch erhöht wird, daß diese öden Felsen und moosbewachsenen Thäler sich hunderte von Meilen so weiter fort erstrecken, wo kein menschliches Wesen sie bewohnt. In der That, Labrador ist eine öde und einsame Wildniß, und besonders traurig muß die Einförmigkeit im Winter sein, wenn alles von Eis und Schnee bedeckt ist. — Um mir von der Weise, wie die Eskimo im Winter reisen, einen Begriff zu geben, wurde ein Schlitten gemacht und mit 13 Hunden bespannt. Es war das eine Scene, die sich nicht leicht beschreiben läßt, aber vergnüglich genug anzusehen war, als die Hunde mit dem Schlitten, sich unter einander anknurrend und beißend und mit ihren Strängen sich verwickelnd und verwirrend, über Stock und Stein durch Sumpf und Morrast dahin rannten.[1] Nach einer kurzen Probe wurden

[1] Die Hunde sind eigentlich eine Wolfsart, bellen daher auch nicht, sondern heulen nur. Die Konzerte, welche sie bei nächtlicher Weile aufführen, sind schauerlich anzuhören. Es sind übrigens schöne Thiere.

sie wieder ausgespannt, und die Frauen schlugen nun ein Zelt auf, das in wenigen Minuten fertig dastand."

Nachdem am 29. August der Anker wieder gelichtet worden, langte man nach bei meistens widrigem Winde sehr langsamer Fahrt, auf der das Schiff mehrmals stille liegen mußte, am 5. September Abends 8 Uhr endlich in der Bucht bei Okak (Festung) an, die Schiffs= kanone wurde abgefeuert, die Uferberge gaben ein prächtiges Echo und der Anker fiel.

Die Station liegt auf einer 20 englische Meilen langen und 6 Meilen breiten Insel, die durch den Itevarfuk, einen Wasserdurchgang, getheilt und durch einen 6 Meilen breiten Meeresarm vom Festlande getrennt ist. Sie sieht wie an den dicht bis ans Ufer reichenden Fels wie angeklebt aus. Der Raum ist sehr beschränkt. Die Eskimohäuser liegen theils dicht am Meer, theils 50 Fuß höher auf dem Felsen. Im Winter aber ist alles mit Schnee zugedeckt bis zum zweiten Stock= werk des Hauses, und das Brennholz muß dann auf dem Eis der Bucht kleingehackt werden, weil auf dem Lande nicht Platz genug dazu vorhanden ist. Im Süden der Station erhebt sich ein Berg, die Sonnenkoppe genannt, bis zur Höhe von 1200' und beschattet sie der= gestalt, daß die Geschwister im Winter mehr als 7 Wochen lang, vom 26. November bis 16. Januar, die Sonne gar nicht zu sehen bekommen. Der Charakter der Gegend ist von den südlicheren Plätzen schon sehr verschieden, viel ärmer an Wald und reicher an schroffen, zackigen Gebirgsformen.

Das Haus ist ziemlich eng für 4 Familien, 40 bei 30', es kommt aber bei der Nähe der Kirche der obere Boden der letzteren zu statten und ist zu Stuben benutzt. Der hiesige Helfer Boas ist ohne Zweifel der bedeutendste und einflußreichste Mann unter seinem Volk, weshalb er auch den Ehrentitel Angajokavut, das heißt „unser Häuptling", hat. In der Ungava=Bai geboren, wo er noch Verwandte unter den Heiden hat, kam er als Waisenknabe mit andern Eskimo im Jahre 1812 nach Okak, und hat sich hier durch seine eignen Talente und Anstrengungen zu seiner jetzigen Stellung erhoben. Er ist 56 Jahre alt und wohl um einen Kopf größer als das ganze übrige Volk. Er hält Kinderstunden, wie auch Friedrich, der zweite Gehülfe, ebenfalls ein belehrter Heide. Abraham und Boas der kleinere sind die Kirchendiener, treue Leute, aber von weniger ausgezeichneten Fähigkeiten. Bei einer Schulprüfung sangen die Kinder auch einige Lieder und Kanons; der Gemeindegesang, wobei auch 2 Eskimo die Orgel spielten, war vortrefflich. Es findet sich unter den letzteren nicht selten eine gute Begabung für Musik, wie denn z. B. eine ledige Schwester, Lydia, die überhaupt in jeder Art von Arbeiten durch ihre Geschick= lichkeit vor andern sich auszeichnet und deshalb die „Prinzessin" genannt wird, sogar die Guitarre spielt. Einmal brachte sie eine Probe ihrer Handschrift um zu zeigen, „wie die Menschen schreiben können". Nunmehr stellten sich Anzeichen des herannahenden Winters ein. Am 8. September waren die Bergspitzen längs der Bucht mit Schnee bedeckt, am 13. auch die Thäler mit weißem Reif überzogen,

nd die Gartenfrüchte mußten schleunigst eingebracht werden. Noch
wurde eine sehr beschwerliche aber lohnende Besteigung des 2000 F.
hohen Schmittsberges unternommen. Man hatte bei der Klarheit der
Luft eine prächtige Aussicht weit über die wirren Felsengebirge des
Binnenlandes und den großen 70 englische Meilen entfernten Umia-
ovik-See. Besonders schön nahmen sich die Kaumajet-Berge (die
leuchtenden) mit ihrem schneeigen Gipfel aus und das Kap Mugford,
das steil aus dem Meere aufsteigt, und obgleich 20 Meilen entfernt,
ganz nah zu liegen schien. Zu den Füßen breitete sich das weite Meer
us, mit seinen stolz dahin ziehenden Eisbergen, deren man 140 zählte.
– Trotzdem die ganze Gegend von Baumwuchs völlig entblößt ist,
ntfaltet die Vegetation stellenweis eine reichliche Fülle, nur daß sie
mehr den nördlicheren Charakter trägt. Die sonst auf den Bergen wachsenden Pflanzen wie Alpenrosen u. s. w. findet man unten bis in die
Nähe des Meeresstrandes. Oft sieht man Plätze, die mit blühenden
Pflanzen in den buntesten Farben ganz bedeckt sind.[1]

Die Jahreszeit drängte zur Beendigung der Reise. Nördlich von Okak
hört alle Vegetation auf. Die Küste zeigte nur Felsen, Eis und Schnee.
Besonders merkwürdig erschien die Insel Nenoktut, die aus hohen senk-
rechten Klippen in Gestalt von abgebrochenen Thürmen und Schornsteinen
ohne ein Hälmchen Gras oder eine Spur von Moos besteht, eine Wohnung
ür Polarbären, von denen sie den Namen hat. – Am 19. Septem-
er wurde die schon eingewinterte Station Hebron erreicht. Auch diese
liegt auf einer Halbinsel, nördlich von der Bucht Kangerbluksoak, d. h.
große Bucht". Das Missionshaus ist wohl eingerichtet, ein langes ein-
stöckiges Gebäude mit 20 Fenstern in der Front, geräumig genug für
Familien und für Vorräthe auf 3 Jahre. Auch einige Werkstätten
nd vorhanden, und der lange Flur von 125' ist ein hübscher Spielplatz
ür die Kinder, wenn sie im Winter wegen der Kälte, die nicht selten auf
6—28° R. steigt, und um der tobenden Stürme willen wochenlang das
Haus gar nicht verlassen können. In der ganzen Gegend wächst kein Baum,
nd das Brennholz muß von Napartok, einer entfernten Bucht, mit vieler
Mühe und großer Gefahr herbeigeholt werden, wo ein Häuschen gebaut
worden ist, um der Mission den Besitz der Bucht zu sichern. „Es gehört in
er That eine nicht geringe Selbstverleugnung dazu", sagt Reichel, „auf
ieser rauhesten und traurigsten aller unserer Missionsstationen zu blei-
en." Die Gemeinde daselbst macht mehr als eine andere den Eindruck
iner unmittelbar aus den Heiden gesammelten Christenschaar, und viele
hrer Mitglieder haben erst vor 12 oder 13 Jahren, vom Norden her-
ommend, sich der Gemeinde der Gläubigen angeschlossen. Am 29. Sep-
ember ward das heilige Abendmahl mit ihnen gefeiert, am 1. Oktober
ber die Flagge der „Harmony" aufgezogen zum Zeichen der Abfahrt.
och desselben Tages gelangte sie in das offene Fahrwasser, am 25.

---

[1] Gelbe Potentillen, Ranukeln, Arnika u. s. w. mit rothen Epilobien und
Steinnellen, ferner blaue Glocken, Veilchen, Veronika nebst weißen Cerastien, Anemo-
en, Arenarien und vielen andern bunt durch einander. Cf. Missionsblatt der Brüder-
emeinde, 1869 S. 37

Oktober war Gravesend glücklich erreicht, und am 28. November kehrte Reichel nach dreiwöchentlichem Aufenthalt in England über Rotterdam, Zeist, Magdeburg, Berlin und Neusalz nach Herrnhut zurück.

Zur Schilderung der beiden erst nach dieser Visitationsreise ange= legten Stationen sei nur angedeutet, daß Zoar am Ufer einer von sanfteren Bergformen umgebenen Bucht recht anmuthig zwischen dunkeln Fichten und hellgrünen Lärchenwäldern liegt, die sich weit an die Berge hinauf= ziehen. Ein wohlgedeihender Garten umgibt das freundliche Missions= haus, dem ein Vorrathshaus und einige andere Gebäude zur Seite liegen. Neuerlichst ist auch ein nettes Kirchlein hinzugekommen. Ein ziemliches Eskimodorf, das seit der Anlage der Station entstanden, belebt nun die einst so verlassene Gegend. Das Wort Gottes hat an der bort gesam= melten Gemeinde bereits reichliche Früchte getragen, obgleich wiederum auch zu Tage getreten ist, daß man sich über geistliche Erfolge bei den Eskimo nur mit Zittern freuen kann. Jedenfalls aber haben manche sonst von Hoffenthal und Nain entfernt wohnende Familien jetzt einen festeren Halt gewonnen. Auch für manche Ansiedlerfamilie ist die Sta= tion ein Segen geworden.

Ganz anders zeigt sich uns die Umgebung der jüngsten Station Rama. Weit und breit umgeben die stille Nullotartok=Bucht schroffe, kahle Felsberge, zwischen denen nur hie und da sich niederes Gestrüpp zeigt. Ein ausnahmsweise günstiger Platz wurde dennoch für die Missionsgebäude gefunden. Es ist eine flache 1½ Morgen große Strecke angeschwemmten Bodens, der für den Garten höchst fruchtbar zu werden verspricht, zu= mal er durch hohe Bergzüge im Rücken gegen die rauhen von der See herwehenden Nordwinde geschützt ist; nach Süden zu aber ist die Lage so offen, daß auch an den kürzesten Tagen die Sonne nicht ausbleibt. Es ist schon oben angedeutet worden, wie hier die Missionsarbeit es im wesentlichen mit Heiden zu thun hat, die derselben viel Schwierigkeiten entgegensetzen, während die christliche Gemeinde nur aus einigen Familien besteht, die von Hebron dorthin mitgenommen wurden. Oefters kommen auch heidnische Eingeborne von der Nachvak=Bucht oder noch weiter zum Besuch. Sie suchen sich bei den Missionaren wohl einzuführen mit dem Bekenntniß: „Wir glauben an Jesum, wir glauben sehr groß!" Bald aber verrathen sie ihre eigentlichen Absichten, wenn sie dazwischen die Worte fallen lassen: „Hast du keinen Tabak" oder „gib mir zu essen".

Dieser nach dem Irdischen trachtende Sinn aber — um zum Schluß noch einige charakteristische Züge der Labrador=Mission hinzuzufügen — zeigt sich im großen und ganzen immer wieder auch in den christlichen Gemeinden, besonders bei reichlichem Erwerb, denn gute Tage können sie gar nicht wohl ertragen. Geht der Fischfang gut, und bringen sie ihre jetzt nach europäischer Weise gebauten Boote (die die Stelle der alten Fellbote vertreten) reich beladen nach Hause, so denken sie wenig daran, die Vorräthe getrocknet für den Winter zu bewahren, sondern erhandeln bei dem ersten Schooner, den sie treffen, allerlei Luxus, Tand und Flitterwerk. Ihre Bedürfnisse mehren sich in Besorgniß erre= gender Weise. Darüber zur Rede gesetzt, können sie maulen und trotzen. So lange sie zu essen haben, fühlen sie sich als die unabhängigsten Men=

schen. Werden sie in solchen Zeiten daran erinnert alte Schulden, die sie fast alle bei der Missionshandlung haben, abzutragen, so geben sie wohl einem bösen Geiste des Ungehorsams Raum, wobei einige Haupt=rädelsführer hie und da ein tiefes Mißtrauen gegen die Missionare hindurch=blicken lassen. Doch es kommen andere Zeiten, der Heimsuchung und des Mangels. Der Seehund, die Grundlage für das Leben nach Eskimo=sitte, wird immer seltener. Auf eine gleichmäßige Ausbeute ist nach dieser Seite gar nicht mehr zu rechnen.[1]) Schlägt nun auch der Fischfang fehl, so gilt es am Hungertuche zu nagen. Nun kommen sie zum Vorrathshause der Missionsstation und kaufen Waaren auf Borg. Da ist einer, der will Mehl haben — aber leichtsinnig wie ein Kind, hat er kein Gefäß mitgebracht, in das das Mehl geschüttet werden könnte. Doch ein Eskimo weiß sich immer zu helfen. Flink wird das Halstuch ab=gebunden und bald ist der improvisirte Sack fertig. Ein anderer erschien mit einem Paar alter Hosen. In das eine der zugebundenen Beine mußte Schiffsbrod, in das andre Erbsen geschüttet werden. Oft lassen sich die Frauen die Waare in die lang über den Rücken herabhängende Kapuze messen. An das Bezahlen wird nachher wenig gedacht. In=dessen zu solchen Zeiten erkennen auch die sonst Lauen die große Wohl=that, die sie an der Mission haben. Noch ernstlicher aber pflegen sie durch Heimsuchungen andrer Art angetrieben zu werden, dem Worte Gottes Gehör zu geben. Es sind schon die wiederholt auftretenden Epi=demien[2]) erwähnt worden, durch welche schon ein starker Bruchtheil der Bevölkerung hinweggerafft worden ist, wie z. B. in Hebron ein Sechstel im Laufe eines Winters. Bei solchen Gelegenheiten, oder bei Unglücks=fällen, wie sie dann und wann immer wieder vorkommen, spürt man auch bei den gleichgültigen und todten Seelen einen heilsamen Schrecken, durch den sie zum Fragen nach dem Herrn und zur Beugung unter sein Wort erweckt werden. Auch andre Veranlassungen tragen in dieser Beziehung oft Früchte, wie z. B. die Feier der Gebetswoche. Dabei fehlt es freilich zu allen Zeiten nicht an der äußern gewohnheitsmäßi=gen Theilnahme an den Gottesdiensten, aber es sind verhältnißmäßig doch nur wenigere Glieder, welche sich in einem beständigeren Christen=wandel bewähren, an deren inwendigen Menschen Kräfte der Heiligung spürbar sind, und die auch in Bezug auf materielle Verhältnisse, wenn etwa unverschämte Forderungen zurückgewiesen, das leichtsinnige Schul=denmachen gerügt oder zur Sparsamkeit ermahnt wird, sich mit Entschie=denheit auf die Seite der Missionare stellen. Die Zahl derer aber ist nicht gering, die sich ihr sogenanntes gutes Christenthum und die äußere Beobach=tung der Gemeindesitte zu einem bequemen Ruhekissen machen, dabei aber gefesselt sind von jenem ungebrochenen Willen, mit dem sie von Kind auf das thun, worauf die äußeren Sinne fallen, und der das

---

[1]) Auch der Fuchsfang, der sonst einen sehr ergiebigen Handelsartikel lieferte, — das Fell eines Silberfuchses soll gelegentlich sogar in London mit 200 Thalern bezahlt werden — hat sehr abgenommen.

[2]) Meistens eine Art Grippe. Erkältung infolge des Gebrauchs der europäischen Tracht giebt zu derselben wahrscheinlich viel Veranlassung.

Haupthinderniß für das geistliche Leben eines Eskimo bildet. Solche gerathen denn auch immer wieder in allerlei Unaufrichtigkeit im Handel und Wandel, sind dem verführerischen Beispiel gottloser Europäer gegenüber ohne Halt wie die Kinder, und werden wohl bei Ermahnungen zum Besseren sogar zornig, indem sie auf ihre Theilnahme am Gottesdienst u. s. w. trotzen.

Und doch finden sich fast überall bei ihnen, wenn auch oft tief verborgen, so etliche Körnlein der Kraft des Evangeliums, die hie und da oft unerwartet wieder an den Tag kommen. So ziehen manche, wenn's ihnen zu wohl wird, aus der lästigen Ueberwachung der Missionsstationen fort nach Süden, wo sie im Verkehr mit den Ansiedlern bald in ein sündliches Weltleben mit Trunk, Spiel, Tanz, Unzucht u. s. w. gerathen. Manche aber kommen wieder zurück und gestehen, daß sie dabei doch keinen Frieden im Herzen gehabt hätten. — Unter günstigen Verhältnissen gelingt es ihnen auch wohl mehr ihre Schwachheiten zu überwinden: z. B. wenn im Winter, wo fremde Händler nicht zugegen sind, ein guter Seehundsfang eintritt, so berichtigen sie gern die alten Schulden bei der Missionshandlung und versehen sich mit neuen Kleidern und Geräthen; obwohl in solchen Zeiten auch immer noch viel Vergeudung vorkommt und viel Besuchreisen und Gasteriren getrieben wird, womit eine nachtheilige Zerstreuung Hand in Hand geht. Andrerseits fehlt es in solcher Lage aber auch nicht an herzlicher Dankbarkeit, die dem Herrn die Ehre gibt. — Schließlich muß man auch immer wieder mit dem armen bemitleidenswerthen Völkchen in seiner Schwachheit Nachsicht und Geduld haben.

Oft zeigen sie eine rührende Anhänglichkeit an die Missionare, so wie jener, der bei einem Ausfluge ins Innere dem frierenden Missionar seine warme Jacke leiht, ihm zum Uebernachten ein Obdach baut, während er selber braußen in aller Kälte liegt. Bemerkenswerth ist auch ihre Gelassenheit und Geduld bei Leiden und Verlusten. Einer Gesellschaft war beim Erwerb auf dem Eise all ihr Geräth verloren gegangen, während sich die Menschen retteten. „Der Herr hat's gegeben, der Herr hat's genommen; der Name des Herrn sei gelobt" sprachen sie ganz ruhig und getrost. — Bei den Epidemien war es wunderbar, wie bald alle mit Freuden zum Sterben bereit waren, und bei wenigen zeigte sich auch deutlich ein seliger Heimgang.

Schließlich führen wir noch einige Züge aus dem äußeren Leben und Treiben der Labradoreskimo an, wobei wir freilich bedauern, daß uns hier die Quellen in den Stand setzen, ein umfassendes, anschauliches Bild zu geben. Die folgenden Bemerkungen sind meist dem Nachtrage zur Beschreibung der Visitationsreise von L. Th. Reichel entnommen. (Missbl. d. Br.-G. 1862 S. 57.)

Um Neujahr sind die sämmtlichen zur Mission gehörigen Eskimofamilien auf den Stationen in ihren Winterhäusern versammelt. Kirche und Schule sind dann am zahlreichsten besucht, und die Missionsthätigkeit hat ihren ungestörtesten Fortgang. Haupterwerb ist die Ripper- (Schneehühner-) Jagd und der Fuchsfang. Letzterer wird mit aufgestellten Fallen betrieben, und ist dadurch sehr beschwerlich, daß die oft entfernten Fangstellen täglich auch bei dem tiefsten Schnee und rauhesten Wetter besucht werden müssen, damit nicht etwa ein Wolf sich schließlich des Fanges bemächtigt. Von Seiten der Mission werden zu dieser Zeit Männer und Frauen mit Holzhacken und Schneeschaufeln für Lohn beschäftigt. Die Weihnachtsfeier bildet auch hier einen Glanzpunkt in den traurigen Wintermonaten. Deutsche und englische Missionsfreunde sorgen dafür, daß überall Bescherungen gemacht werden, bei denen außer Eßwaaren allerlei Kleinigkeiten, wie Blechlöffel, Halstücher, Pulswärmer, Bilderbogen u. s. w. viel Freude anrichten. — Im Februar begeben sich viele zu Schlitten auf das Eis des Seeufers, um, wo sie offnes Wasser finden, im Kajak die Seehundsjagd zu treiben. Bei solchen Schlittenexkursionen, die längere Zeit dauern, bauen sie sich zum Uebernachten mit großer Geschicklichkeit Schneehäuser, indem sie mit einem langen, degenförmigen Messer Quadern aus dem Schnee ausstechen, die wie Bausteine zusammengefügt und zur Wölbung der Decke benutzt werden. Ein solches Schneehäuschen gewährt ein gutes Obdach; während draußen der Sturm bei 20—25° R. Kälte wüthet, sitzt man bei einer Temperatur von nur wenigen Graden unter Null recht geborgen. Zuerst ist es ein prächtiger Anblick, wenn die blendend weißen Wände das Licht in tausend glitzernden Sternchen reflektiren. Bald aber ist alles vom Rauche des Kochfeuers geschwärzt. In der Nacht wird der Ausgang fest mit Schneestücken versetzt. Die armen Hunde können sich draußen nach Belieben in den Schnee eingraben, nachdem ihnen ihr kärgliches Futter auf denselben hingestreut war, das sie mit Heulen und sich untereinander beißend verzehrten. Am Morgen probiren die Insassen des Häuschens zunächst durch einige kleine Löchlein, woher der Wind weht, und machen dann auf der geschützten Seite die Thüre. Auch die Missionare müssen bei Winterreisen derartige Nachtquartiere benutzen, wobei sie sich außer den auf den Boden gebreiteten Fellen des Schlafsackes aus Eisbärenpelz bedienen. Die Speisen werden in gefrornem Zustande, in Stücken, mitgenommen und über einem kleinen Kochapparate genügend erwärmt. Ist stilles Wetter, so haben solche Schlittenfahrten, die bei guter Bespannung ungemein schnell von statten gehen, trotz ihrer Beschwerlichkeit viel des Interessanten. Wunderbar ist es in jenen schneeigen Einöden bei stillem Wetter und hellem Himmel das Sternenheer zu betrachten, das dort mit doppelten Glanze hernieder funkelt.

Bei der Seehundsjagd benutzen die Eskimo hier nicht blos die Büchse, sondern auch das Fernrohr, das ihnen beim Aufsuchen der Thiere gute Dienste leistet. Dieser Erwerb bringt manche Lebensgefahr mit sich, besonders bei plötzlicher Zertrümmerung des Eises durch sogenannte Schwingwellen. — (Gegen Ostern werden die Boote reparirt oder neugebaut. Die größeren Fellboote, wie sie früher gebräuchlich waren, sind ziemlich abgekommen; wogegen Holzboote, selbst größere Segelfahrzeuge von 2 bis 8 Tonnen Last gebaut werden. Dabei beweisen die Männer ihre außerordentliche Geschicklichkeit. Dieselbe zeigt sich auch bei ihren Fahrten auf der See, für die sie keinen Kompaß gebrauchen, den sie zuweilen sogar etwas verächtlich als eine Art Eselsbrücke der Kablunät betrachten. Weiber und Männer haben eine erstaunliche Fertigkeit im Gebrauch des selbst gemachten Messers, Ullo genannt, mit dem sogar öfter chirurgische Operationen — einmal selbst eine Staaroperation — glücklich vollzogen werden.

Zur Charwoche finden sie sich womöglich wieder alle auf den Stationen ein. Nach Ostern gehen sie meistens landeinwärts auf die Rennthierjagd, besonders von den nördlichen Stationen; im Süden sind jene Thiere seltener. Ende Juni werden auf den Inseln Eier gesammelt und der Fischfang beginnt, welcher, namentlich der Dorschfang, bis zum September dauert. In dieser Zeit lebt die ganze Bevölkerung zerstreut in den Sommerzelten. Nun sind auch die Schooner der Fischer und Händler an der sonst so wenig belebten Küste thätig. Für die Eskimo ist dies die Zeit der Versuchungen. — Nasse Witterung kann ihnen dann viel Verlust bringen durch das Verfaulen der zum Trocknen aufgehängten Fische. In neuer Zeit fängt man daher auch mehr Lachse und Lachsforellen. Diese Fische sind eingesalzen als Wintervorrath zu gebrauchen, werden aber auch mehr und mehr ein einträglicher Handelsartikel.

Im Oktober ziehen die Eingebornen auf die sogenannten Netzplätze, um wieder dem Seehundsfange obzuliegen, und bleiben da meist bis gegen Weihnachten. In dieser Zeit werden die Seehunde am zahlreichsten in Netzen gefangen, und wenn die Buchten schnell zufrieren und die Seehunde dadurch oft in großen Heerden eingeschlossen und vom offnen Meere abgeschnitten werden, auch vom Eis aus in Menge geschossen. Erst wenn diese Gelegenheit des Erwerbes vollkommen ausgebeutet ist, kehren die Eingebornen zu ihren Winterquartieren zurück, die jedesmal der Reparatur bedürfen.

So verläuft das Leben der Eskimo in einförmiger Weise, Jahr aus, Jahr ein. Durch die Natur ihres rauhen Felsenlandes sind sie genöthigt, ihren Unterhalt als Jäger und Fischer zu suchen. Es wäre jedoch die Frage, die, wie in Grönland von Dr. Rink angeregt, auch in Labrador von der Brüdermission vielleicht in günstiger Weise gelöst werden könnte, ob man die große Geschicklichkeit der Eingebornen nicht zur Hebung ihrer äußeren Wohlfahrt zweckmäßiger Weise für gewisse Zweige der Industrie verwenden könnte? Kürschner- und Beinbrecherarbeiten würden jedenfalls von ihnen ganz sauber ausgeführt werden und dürften ihnen weit angemessener die Mittel bieten zum Ankauf fremder Waaren, deren sie nicht mehr entbehren können, als der jetzige Verkauf eines großen Theiles der Nahrungsmittel, die von ihnen bald nachher schmerzlich vermißt werden.

Möchten die Missionare, die mit so großer Aufopferung an jenen kalten unwirthlichen Gestaden soviel für das arme Völkchen thun, auch nach dieser Richtung hin in aller Weisheit die rechten Wege finden, sein irdisches Wohl zu fördern.

Daß sie bisher nicht umsonst gearbeitet haben, zeigt aufs deutlichste ein Vergleich der christlichen Eskimo mit den im Norden lebenden Heiden, denen in neuster Zeit, wie wir sahen, die Mission auch nahe getreten ist. Dort hat man noch ganz das hinterlistige, mordsüchtige Volk, geknechtet in den Banden des Aberglaubens, wie es vor 100 Jahren geschildert wurde. Und blickt man andrerseits nach Süden, wo sie dann und wann auch noch mit Indianern in Berührung kommen, mit denen sie sonst ohne Blutvergießen nicht zusammentreffen konnten, und sieht, wie sie jetzt mit ihnen in christlichem Frieden verkehren, so zeigt sich auch dort die Kraft des Evangeliums, durch die eine bedeutende Umwandlung des Völkchens schon vollbracht ist. Freilich, es fehlt noch viel, daß alle Lebensmomente gleichmäßig von dieser Kraft durchdrungen seien. Aber die 100 Jahre, welche die Mission bereits hinter sich hat, sind in einem Volksleben nicht eine Periode, über die hinaus nichts Weiteres erwartet werden dürfte. So möge die christliche Liebe in aller Geduld fortfahren, jenen Kindern das Heil der seligmachenden Wahrheit darzubieten und sie anzuleiten zu der Gottseligkeit, welche hat die Verheißung dieses und des zukünftigen Lebens.

Nachtrag
über den neusten Stand der dänischen Mission in Grönland.

Die dänische Mission in Grönland leidet noch immer schwer unter ihrer Stellung als Staatsangelegenheit. Zwar ist es der dänischen Missionsgesellschaft gelungen, manche zweckmäßige Einrichtung durchzusetzen — wohin namentlich die Gründung der beiden Katecheten-Seminare zu Jakobshavn und Godthaab gehört — andrerseits aber werden weitere Verbesserungen durch den Reichstag, der die Geldmittel zu bewilligen hat, aufgehalten oder verhindert. Das dringendste Bedürfniß für die dänischen Eskimogemeinden sind tüchtige eingeborne Geistliche, um so mehr, als es fortwährend an Kandidaten fehlt, die bereit wären 6—8 Jahre lang in Grönland zu arbeiten. Darum stehen denn 2 Missionsdistrikte, Omanak und Egedesminde, unbesetzt, und können nur nothdürftig von den benachbarten Stationen verwaltet werden. Um solchen Uebelständen abzuhelfen, war die Regierung auf Gründung einer Anstalt zur Ausbildung eingeborner Geistlichen eingegangen. Eine Kommission, in der die sachverständigsten Männer vereinigt waren, arbeitete einen eingehenden Bericht aus (1871), in dem aufs sorgfältigste alle Verhältnisse berücksichtigt waren, um den zukünftigen grönländischen Pastoren eine angemessene Stellung sowohl zu ihren Landsleuten als auch zu den Europäern zu schaffen. Aber der treffliche Plan ist bisher nicht zur Ausführung gekommen, da der Reichstag unter politischem Parteihader nicht das nöthige Interesse für Grönland finden konnte.

Dennoch ist wenigstens in der angegebenen Richtung vornehmlich durch die Bemühungen der dänischen Missionsgesellschaft ein Anfang gemacht worden, indem ein eingeborner Katechet, Tobias Mörch aus Upernivik, der seine Bildung größtentheils durch eigenen Fleiß er-

worben und schließlich durch einen Aufenthalt in Kopenhagen vervoll-
ständigt hat, als Pastor für die genannte Station ordinirt wurde (im
Mai 1874). Dieser Erstling rechtfertigt die besten Hoffnungen. Hätte
man für alle Stationen solche Männer, so würde die Predigt des Evangeliums in jenen eisigen Gegenden viel von dem Charakter einer exo-
tischen Pflanze ablegen, den sie bisher nachtheiligerweise immer noch an
sich trägt. Die Aufsicht und Oberleitung durch einige europäische
Missionare würde freilich auch dann noch nicht zu entbehren sein. Am
erfolgreichsten aber würden die europäischen Kräfte jedenfalls verwendet,
wenn sie vorzugsweise an der Ausbildung solcher grönländischen Pastoren arbeiten könnten.

Ueber die einzelnen bereits S. 61 genannten Stationen ist nicht
viel von allgemeinerem Interesse zu berichten. Näheres darüber findet
man in Dr. Kallars Artikel, Allgemeine Missions-Zeitschrift, 1875 S.
175 ff.

Druck von Velhagen & Klasing in Bielefeld.